汽车电子开发
实践丛书

汽车电子
PCB设计

高宜国　编著

AUTOMOTIVE ELECTRONIC
PCB DESIGN

机械工业出版社
CHINA MACHINE PRESS

本书旨在向读者介绍汽车电子线路设计的基本原理、技术要求和实践方法。通过深入探讨原理图的设计与规则、电路板（PCB）的设计与规则、焊盘的设计与规则、过孔的设计与规则、PCB 的布局与规则、PCB 的放置与规则、PCB 的布线与规则、可测试性设计（DFT）、EMC 的设计与规则和 PCB 的后处理与生产文件输出等子主题，使读者能够掌握汽车电子线路设计的关键概念和实践技能，并能够应用这些知识来设计高性能、高可靠性和符合行业标准的汽车电子线路。

本书可供从事汽车电子设计的工程师和技术人员学习参考，包括但不限于元器件库工程师、布局工程师、布线工程师、工艺工程师，以及汽车电子相关专业的学生。无论是初学者还是有经验的设计师，都能从本书中找到有用的信息和灵感。

图书在版编目（CIP）数据

汽车电子：PCB 设计／高宜国编著. -- 北京：机械工业出版社，2024. 8. --（汽车电子开发实践丛书）.
ISBN 978 - 7 - 111 - 76629 - 2

Ⅰ. U463. 62

中国国家版本馆 CIP 数据核字第 2024NN0601 号

机械工业出版社（北京市百万庄大街 22 号　邮政编码 100037）
策划编辑：何士娟　　　　　　　责任编辑：何士娟　赵晓峰
责任校对：贾海霞　张　薇　　　责任印制：郜　敏
北京富资园科技发展有限公司印刷
2024 年 11 月第 1 版第 1 次印刷
169mm×239mm · 23.25 印张 · 453 千字
标准书号：ISBN 978-7-111-76629-2
定价：149.00 元

电话服务　　　　　　　　　网络服务
客服电话：010-88361066　　机　工　官　网：www.cmpbook.com
　　　　　010-88379833　　机　工　官　博：weibo.com/cmp1952
　　　　　010-68326294　　金　书　网：www.golden-book.com
封底无防伪标均为盗版　机工教育服务网：www.cmpedu.com

自　　序

当我第一次告诉朋友想写一本关于汽车电子硬件方面的书时，朋友试图劝阻我。这个领域非常广阔，需要深入了解电子集成电路、逻辑电路、PCB 设计、汽车工程、测试、工业化组装等。当我们沟通的时候，朋友向我展示了这个行业的文献，它们是非常封闭的，缺乏关于各个主题的明确工作的内容，并警告我这是一项规模巨大的工程。

温柔的读者们（年轻的时候，我们总是把一时的创作冲动当成了才能），抵制住这种诱惑吧！通过拓宽你的视野，覆盖这一迷人领域的各个方面，成为一个真正的大师，一个内在的大咖。我们工程师心知肚明；这是不可能的。然而，真正的专业人士是那些学习新事物，应用新发展的技术来解决问题的人。正如金庸借胡青牛之口表达了他对中医的看法：医道本身变化多端，并无定规，同一病症，医者常视寒暑、昼夜、剥复、盈虚、终始、动静、男女、大小、内外……诸般牵连而定医疗之法，变化往往存乎一心，少有定规，因之良医与庸医判若云泥。汽车电子软件和硬件开发人员也面临着同样的情况。

阅读数十页甚至上千页的数据表确实是一项烦琐的任务。这些数据表通常是各种产品或服务的合同材料，其中包含了大量的技术细节、规格和条件。供应商通常会保证其产品在符合规定条件的正常使用情况下能够达到特定的性能指标。如果在使用过程中发生了违反合同条款的情况，例如产品无法达到规定的性能水平，那么可能会触发合同条款中的违约责任或索赔机制。因此，对于设计师来说，仔细阅读和理解数据表是至关重要的。只有确保产品符合规定的规格和性能要求，才能保障投资的安全和有效性。同时，对于供应商而言，提供准确、清晰的数据表内容也是维护声誉和客户信任的重要手段。

工程——无论是硬件还是软件，都是建造产品和解决问题的艺术。学者们可以用枯燥的理论来指导工作，但作为实践开发人员，通常通过观察某些产品是如何工作的来学习。

最后，朋友关于汽车电子的商业周期的话让我产生了强烈的共鸣。我们创建这些产品并不是为了玩得开心（尽管我们确实希望在这个过程中有这样的一个产品），而是为了解决重要的业务问题。我们做的每一个决定都有商业含义。使用的人力太少，开发时间就会暴涨——有时甚至会导致项目不可行。错误的问题分析会导致你使用过量的资源，这可能会导致成本高得无法接受。项目的成功并不是源于获胜的欲望，而是源于对项目的度量。

如果一个专业开发人员 80% 的专业知识是在 20% 的职业时间获得的，那么我希望本书能缩短那 20% 的职业时间的长度，同时增加那 80% 的专业知识的丰度。享受本书，同时也为你的职业生涯提供未来的保障。

当问题第一次出现时是机会，第二次出现时就是你的问题。优秀的公司不是不出现问题，只是不让问题重复出现罢了。

前　　言

近年来，汽车电子占整车价值的比重越来越高，由 2000 年的 15% 增长到 2020 年的近 50%；同时，电子控制越发复杂化，各种功能并不是独立运行，而是与其他系统或域相互配合，因此电子模块的标准化和可复用性越发重要。今后，这种发展趋势必将越发明显。但是，现有的系统功能极其复杂，单一技术人员难以详细掌握所有的电子模块，全面理解汽车电子技术更是不容易。因此，作者深感行业之痛，自告奋勇将汽车电子线路相关知识及其中使用的重要技术编辑成书，旨在帮助技术人员分类学习汽车电子线路设计，掌握重要技术的原理，全面理解电子硬件，并思考今后发展的趋势及技术方法。

在过去的几十年里，汽车电子产品一直在以平均超过 10% 的年增长率增长，这使得汽车电子产品成为目前增长最快的电子产品之一。这种增长与汽车产品的电子化和智能化有关，促进这一显著增长的还有安全性和可靠性。确保汽车电子产品的设计安全性和可靠性已成为新产品工程的内在和基本部分。在这方面作者做了大量工作，并在本书中介绍了这个过程的所有技术方面。

汽车电子涵盖很多主题，如汽车电子电路设计、汽车电子线路设计、汽车电子工艺设计、汽车电子测试设计，可以任选几个主题进行杂糅，但作者没有选择这条路，因为作者认为万变不离其宗。

本书的内容涵盖了汽车电子线路设计的全过程，包括原理图设计、电路板（PCB）设计、焊盘设计、过孔设计、PCB 布局、布线规则、可测试性设计（DFT）、EMC 设计和规则，以及 PCB 后处理与生产文件输出等。作者力图提供清晰、准确、实用的内容，以帮助读者理解和掌握每一个环节的知识和技巧。

需要特别说明的是，本书既有国际标准单位又有英制单位。相关原因介绍如下：

1）历史原因：EDA（Electronic Design Automation，电子设计自动化）工具的发展始于二十世纪六七十年代，当时美国是电子设计和半导体产业的主要发展地区。因此，最早的 EDA 工具使用了英制单位，这在一定程度上成为传统和惯例。

2）行业标准方面的原因：一些行业标准和规范仍然使用英制单位。例如，一些国防和航空航天领域的标准要求使用英制单位进行设计和制造。为了满足这些标准，EDA 工具需要使用英制单位。

3）与供应链兼容性方面的原因：在电子设计中，与供应链的兼容性非常重要。供应商、制造商和组装商通常都采用不同的单位制。使用英制单位可以更好地与美国和其他国家的供应商进行沟通和合作。

4）保持一致性方面的原因：在许多设计项目中，设计团队和制造团队可能使用相同的单位制。使用英制单位可以在设计和制造之间保持一致性，减少单位转换带来可能的误差和问题。

尽管 EDA 工具使用英制单位的传统和惯例仍然存在，但随着国际化和全球化的发展，国际单位制单位的使用也越来越普遍。一些现代的 EDA 工具已经支持使用国际单位制单位进行设计，以满足全球范围内的需求和标准。

在本书中，长度单位有 mil（密耳）和 mm（毫米）两种单位。为了正确理解和应用相关概念和数据，需要进行换算。换算关系为 $1mil = 0.0254mm$，$1mm = 39.37mil$。

此外，本书描述 PCB 的铜厚度时"借用"了质量单位 oz（盎司），$1oz = 28.35g$，表示 $1ft^2$ 铜箔的质量为 $1oz$，其厚度相当于 $0.035mm$。

因此，在阅读本书时，请注意进行 mil 和 mm 之间的换算，以及 oz 与 mm 之间的换算，以便正确理解和使用相关数据和概念。

还需要特别说明的是，本书的图形符号既有国际标准图形符号又有国家标准图形符号，使用国际标准图形符号是因为与芯片供应商的图形符号保持一致。基于本书使用 EDA 软件进行介绍，为了便于读者对照阅读和理解，涉及 EDA 软件的，本书保留 EDA 数据库中的图形符号和文字符号。

作者相信本书可以为汽车电子行业提供更多的思路和机会。本书构思明了，因此有经验的工程师，以及产品开发人员也可以将本书作为一种有价值的参考。

编　者

目　　录

第 1 章

电气图形符号和文字符号系统

　　电气图形符号和文字符号系统是一套标准化的符号，用于在电路图中表示不同的电子元器件和要素。这些符号的使用使得任何人都可以轻松阅读电路图，并相对快速地理解电路的功能和结构。

　　电气图形符号系统包括各种图形符号，用于表示电路中的不同元器件和机械部件。以下是一些常见的电气图形符号。

　　电源图形符号：用于表示电流源和电压源，常用的符号包括电池图形符号和电源图形符号。

　　无源元件图形符号：用于表示电路中的电阻、电容和电感等无源元件。例如，电阻用一个长方形表示，电容用两条平行线表示，电感用一条螺旋线表示。

　　半导体器件图形符号：用于表示半导体器件，如二极管、晶体管和场效应晶体管等。

　　逻辑电路图形符号：用于表示逻辑门电路，如与门、或门和非门等。这些图形符号通常由特定的几何形状组成，如长方形。

　　集成电路图形符号：用于表示集成电路中的各个元器件和要素。这些符号通常是由不同的几何形状和连接线组成的复杂图案。

　　电气图形符号和文字符号系统的标准化有助于提高电路图的可读性和交流效率。无论是电子工程师、电路设计师还是电子爱好者，都可以使用这些符号来理解和设计电路。

1.1　电气图形符号和文字符号

　　电气图形符号和文字符号是设计和定义电子电路的关键，每种不同类型的元器件都有自己的电气图形符号和文字符号，可以简明地绘制和阅读电路。电气图形符号和文字符号包括：电阻，电容，电感、线圈、扼流圈和变压器，二

1

极管，双极晶体管，场效应晶体管，电线、开关和连接器，模拟和功能电路模块。

自电气和电子科学一开始，就使用不同的符号来描述电路中不同类型的电子元器件。通过在原理图中使用一组通用的电气图形符号和文字符号，全球的电子工程师都可以简明扼要地传达电路信息，而不会产生歧义。

尽管全球不同的电气图形符号和文字符号使用了许多不同的标准，但差异通常很小，而且由于大多数系统都是众所周知的，因此通常不会有歧义的地方。

1.1.1 图形符号

全球有各种不同的电气简图用图形符号。尽管它们之间存在一些差异，但不同的标准机构意识到需要通用符号并且大多数是相同的。主要的图形符号系统和标准有：

IEC 60617：此标准由国际电工委员会发布，此图形符号标准基于较旧的英国标准 BS 3939。IEC 60617 是国际电工委员会（International Electrotechnical Commission，IEC）发布的一个关于电子元器件符号的标准。这个标准定义了电子原理图中使用的图形符号，以确保不同国家和制造商之间的一致性和清晰度。IEC 60617 标准基于较旧的英国标准 BS 3939，而 BS 3939 本身又是从更早的英国标准 BS 530 发展而来的。随着国际标准化的推进，IEC 标准逐渐取代了国家特定的标准，以便于全球范围内的交流和协作。该数据库总共包括大约 1750 个图形符号。

ANSIY 32：此图形符号标准是美国标准，也称为 IEEE315。此 IEEE 图形符号标准有不同的发布日期。

GB/T 4728：中华人民共和国国家标准。它主要基于 IEC 60617 标准，并增加引用了 IEC 61346 – 2 的内容。

其中 IEC 和 ANSI/IEEE 图形符号标准是最广泛使用的标准。尽管存在许多差异，但两者都非常相似。然而，由于全球通用，因此大多数电子工程师都熟悉这两种系统。

1.1.2 文字符号

在开发电路图或原理图时，有必要识别各个元器件。这在使用元器件清单时尤其重要，因为电路图上的元器件可以与元器件清单或物料清单交叉相关。识别元器件也很重要，因为它们通常标记在印制电路板（Printed Circuit Board，PCB）上，这样可以识别电路和物理元器件以进行维修等活动。

为了识别元器件，使用了所谓的文字符号。该文字符号通常由字母和数字组成。字母表示元器件的类型，数字定义了该类型的特定元器件。示例如：R13

或 C45 等。

为了标准化原理图中识别元器件的方式，IEEE 引入了标准 IEEE 200—1975 作为 "电气和电子元器件和设备的标准参考名称"。该标准后来被撤销，美国机械工程师协会（ASME）发起了新标准 ASMEY 14.44—2008。

表 1-1 为常用的电气参考文字符号。

表 1-1 常用的电气参考文字符号

文字符号	元器件类型
ATT	衰减器
BR	桥式整流器
BT	电池
C	电容
D	二极管
F	熔断器
IC	集成电路（广泛使用的非标准缩写）
J	连接器插孔（通常但不总是指母触点）
L	电感
LS	扬声器
P	插头
PS	电源供应
Q	晶体管
R	电阻
S	开关
SW	开关（广泛使用的非标准缩写）
T	变压器
TP	测试点
TR	晶体管（广泛使用的非标准缩写）
U	集成电路
VR	电位
X	传感器
XTAL	晶体（广泛使用的非标准缩写）
Z	齐纳二极管
ZD	齐纳二极管（广泛使用的非标准缩写）

1.1.3 基本电气图形符号

标准中有很多不同的图形符号，涵盖了所有类型的元器件，并已根据类别进行了拆分，见表 1-2。

3

表1-2 各种标准图形符号

类型	图形符号	备注
电阻		电阻是一种无源电气元件,在电路中引入电阻(与其中的电流相反)以降低电流、分电压或偏置其他有源器件
电感		电感是一种无源电气元件,以磁场的形式存储能量。它是绕在铁心周围的线圈中的绝缘线。它具有随频率增加的感抗,因此充当直流电的短路线。它们可用于频率滤波器、扼流圈、变压器和电机等
电容		电容是一种无源电气元件,以电场的形式储存能量。它由金属板制成,金属板之间有电介质。它的容抗随着频率增加而减小,因此它们可以阻挡直流,同时充当高频信号的短路线。电容常应用于滤波器、噪声过滤等中
开关		开关是用于断开或接通电路的电气元件。它们用于停止电路中的电流流动或开始其传导
转换开关		转换开关是一种用于改变或引导电流从一个端子流向另一个端子的开关
按钮		按钮是一种开关,能够通过手指施加力而操作电路接通或断开。有不同类型的按钮开关,例如其中一些在释放后或再次按下后恢复到正常位置。根据需求,它们被用于许多应用中
阳接触件或插头		它是一种将电线连接到插座以完成电路连接的电连接器
阴接触件或插座		电线末端的插座用于将插头的插脚插入其中,使其连接到匹配的插头
熔断器		熔断器是一种提供过电流保护的电气安全装置。它内部的细金属线由于大电流产生的热量而熔化,并断开电气连接以阻止电流流动
电线		该图形符号表示电路原理图中的电导体,例如电缆、电线等
接地		电路中的接地代表一个公共参考点,从该参考点测量电压,是所有电流的返回路径
二极管		二极管是由半导体构成的有源电子器件。它由形成 PN 结的 N 型和 P 型半导体材料制成。PN 结只允许电流在一个方向流动。二极管主要用于整流电路
双向触发二极管		双向触发二极管(Diode for Alternating Current, DIAC)是一种双向半导体器件,由两个反并联连接的二极管组成。它的命名来自于二极管交流(Diode + AC)开关的缩写。 DIAC 的工作原理是在一定的击穿电压下,当电压增加到该电压极限时,它能够以双向导通的方式传导电流。这意味着 DIAC 可以在正向和反向电压下进行导通,具有非线性的特性。DIAC 通常用于触发其他半导体器件,特别是 TRIAC(Triode for Alternating Current)。TRIAC 是一种双向可控硅,用于控制交流电的导通和截止。通过将 DIAC 与 TRIAC 的栅极端子串联连接,可以实现对 TRIAC 的触发。当 DIAC 的电压达到其击穿电压时,它会导通,将电流传递到 TRIAC 的栅极端子,从而触发 TRIAC 的导通。这种组合可以实现对交流电的精确控制,广泛应用于交流电调光、交流电控制和交流电触发等领域

（续）

类型	图形符号	备注
晶闸管		晶闸管是一种 4 层 PNPN 半导体器件。它具有 3 个端子，即阳极、阴极和栅极。就像二极管一样，它是一个单向器件，但具有用于触发晶闸管的栅极控制输入，当电路电压增加到高于正向击穿电压或向栅极施加电流时导通
双向三极闸流晶体管		双向三极闸流晶体管（TRIAC）的名称中的"Triode"一词指的是它具有三个电极，而实际上它是一个双向可控硅器件。与晶闸管相比，TRIAC 的主要改进之一是能够控制双向电流，这使得它在交流电路中更加灵活。TRIAC 的栅极输入用于触发器件在两个方向上的导通。 在调光器和电机速度控制等应用中，TRIAC 通过控制交流电的导通角来实现对功率的调节，从而实现调光或者速度控制的效果。而 DIAC 则负责确保 TRIAC 在合适的时机被触发，以实现精确控制
集成电路		它是通用集成电路（IC）的标志。集成电路是由半导体材料制成的小型芯片，在其上制造多个微型电子器件以执行特定任务并减小尺寸
放大器		放大器是用于放大或增加信号幅度的电子电路或设备。应用不同类型的放大器取决于需要放大的电量，例如电压放大器、电流放大器、功率放大器、射频放大器等
晶体管		晶体管是由半导体材料制成的三端器件，用于弱信号的切换或放大。该符号表示双极结型晶体管（BJT）。它是电流控制电流器件
真空管		真空管或电子管是具有真空和 2 个电极的密封管。电极之间有一个加热器件，可以像二极管一样控制电极之间的电流
七段显示器		七段显示器由 7 个特定模式的 LED 组成。它用于显示十进制数字和英文字母。它也可以设计为显示许多字符
电流表		电流表或安培表是一种测量仪器，用于测量电源线中的电流。它与需要测量电流的电路串联
电压表		电压表或伏特表也是一种测量仪器，用于测量电路上两点之间的电压。它始终与测量点并联

（续）

类型	图形符号	备注
欧姆表	Ω	欧姆表或电阻表是用于测量各种器件电阻的测量仪器。欧姆表可用于检查电线的连通性
频率计	Hz	频率计用于测量周期性信号的频率，例如电力线中交流电的频率。根据测量范围，有不同类型的频率计
功率计	W	功率计用于测量通过电力线提供的电力。功率的单位是 W
电子钟		该图形符号表示在电路原理图中由电力供电的时钟
电子计数器	*	这是用于计数的通用计数器的图形符号，例如能量单位计数器。星号由计数量的文字符号代替
录音仪器	*	这是用于记录的记录或测量仪器，星号由记录的量的文字符号代替
天线		天线是将电信号转换为射频的电子传感器，反之亦然。天线可以发送和接收信号
扬声器		扬声器是一种电子换能器，可将电信号转换为可以听到的音频信号（波）
传声器		传声器是将音频信号转换为可由任意电路处理的电信号的换能器
灯泡		灯泡是一种将电能转换为光能的电气设备
直流电		直流电是不改变方向的电荷流动。它是单向的，在一个方向上流动。电池或太阳能电池是直流电的主要来源
交流电		交流电是周期性改变方向的电荷流动。交流电用于长距离电力传输
正极性	+	电路原理图中的加号表示电位的正极。正极端子的电位高于负极（参考）端子
负极性	—	负号表示与正极相比电位相对较低的负极。电池有正极和负极
两电极压电晶体		两电极压电晶体是一种石英晶体，当与振荡器电路连接时会产生时钟信号的电脉冲

6

（续）

类型	图形符号	备注
继电器		继电器是具有一组控制端子和触点端子的电气开关。控制端子由单个或多个控制信号操作以切换触点端子。继电器用于使用低功率信号控制相对高功率的电路
变压器		变压器是电力系统中常见的重要组件，用于改变交流电的电压水平。它由两个或更多个线圈组成，这些线圈通过电磁感应原理相互耦合。当主线圈中通入交流电时，变压器会根据线圈的绕组比例将电压从一个电路传输到另一个电路，同时保持频率不变。通过调节输入和输出线圈的绕组比例，变压器可以实现电压升压或降压的功能。这使得变压器成为电力系统中不可或缺的元件，广泛应用于输电、配电和电子设备等领域
电动机	M	这是在任何电气原理图设计中用于电动机的通用图形符号。电动机是将电能转换为机械能的电机
发电机	G	发电机是将机械能转换为电能的电机。此图形符号表示通用发电机。不同类型的发电机具有不同的图形符号
电池	− +	电池是直流电源，其内部具有产生电能的电化学电池。它们用于以化学能的形式存储电能并在需要时提供电力

在原理图中使用对应的标准电路符号，与使用非标准符号相比，可以创建一个不仅易于阅读，而且易于理解的原理图。

1.2 电阻图形符号

电阻是无源元件的一种形式，也是使用最广泛的元件之一。尽管它们是无源元件，但它们仍然被广泛使用。因此，几乎在所有电路图或原理图中都可以找到电阻电路符号。

电路原理图中的图形符号通常与设计 PCB（Printed Circuit Board，印制电路板）时使用的元器件相关联，以便利用电路的电子副本开发 PCB 设计。不同类型的电阻需要不同的图形符号，见表 1-3。

表 1-3 电阻图形符号

电阻类型	图形符号	备注
定值电阻器		它是定值电阻的图形符号，代表 NEMA 和 IEC 标准系统中的定值电阻
电位器		电位器是具有 3 个引出端，阻值可按某种变化规律调节的电阻元件。电位器通常由电阻体和可移动的电刷组成。当电刷沿电阻体移动时，在输出端即获得与位移量成一定关系的电阻值或电压 电位器既可作三端元件使用也可作二端元件使用。后者可视作一可变电阻，由于它在电路中的作用是获得与输入电压（外加电压）成一定关系的输出电压，因此称为电位器
可变电阻		这种类型的可变电阻具有连续电阻，即滑动或旋转触点会产生连续的电阻值。它可以实现从最小值到最大值的无限多个电阻值
光敏电阻（LDR）		光敏电阻的阻值取决于光的强度。LDR 的电阻值随着光照强度的增加而降低
热敏电阻（通用）		热敏电阻的电阻取决于周围温度。根据热敏电阻类型的不同，其阻值会随着温度的升高而降低或升高
热敏电阻（PTC）		NTC 代表负温度系数，PTC 代表正温度系数。NTC 热敏电阻阻值随着温度的升高而降低，用 $-t°$ 符号表示。PTC 热敏电阻的阻值随着温度的升高而增加，用 $+t°$ 符号表示
压敏电阻（MOV）		压敏电阻或 VDR（电压相关电阻）是一种电阻，其电阻阻值取决于所施加的电压，电阻值随外加电压的变化而变化。这个符号代表压敏电阻

尽管电阻只是无源元件，但仍有许多不同的类型。此外，其他类型的无源元件在后续章节中介绍。

1.3 电容图形符号

与电阻一样，电容也被广泛使用。电容不仅可以用作电路内的耦合元件，或在振荡器或滤波器等上形成谐振元件，而且广泛用于去耦合。鉴于以上这些用途，所有类型的电容都可用于电路图或原理图中，并且许多电路图上都可以看到电容图形符号。几种不同类型的电容图形符号，见表1-4。

表1-4 电容图形符号

电容类型	图形符号	备注
固定电容		电容是一种在其电场中储存能量的电气元件。左图是通用电容的图形符号。它是具有固定电容值的无极性电容，可以在任一方向连接
可调电容		可调电容用于在制造或排除电路故障时校准电路。可调电容的电容值在操作过程中通常不会被用户改变
极性电容		这种类型的电容使用电解质作为其电极之一，这就是它被极化的原因。它具有正极端子和负极端子，连接电路时必须对应连接，否则会发生爆炸，典型的有铝电解或钽电解（+符号经常省略）电容器
预调电容		它是一种可变电容，用于在制造或排除电路故障时校准电路。这种电容的电容量在操作过程中通常不会被用户改变
双极电容		也被称为无极性电解电容。它由两个电解电容组成，可以任意极性使用。这种电容器与普通陶瓷无极性电容的不同之处在于具有大电容量

1.4 电感、扼流圈和变压器图形符号

基于电感的元件种类繁多，如线圈、扼流圈、电感、变压器，它们可以具有各种磁心，包括铁氧体和铁。图形符号必须以独特的方式识别这些不同的元件。因此，需要很好地选择对应的电感和变压器的图形符号，见表1-5。

表1-5　电感、线圈、扼流圈和变压器图形符号

电感/变压器类型	图形符号	备注
通用电感、扼流圈或线圈		这是用于表示电感值固定的通用电感的符号。电感有许多名称，如线圈、扼流圈等。它在磁场内存储能量
铁氧体（铁粉）磁心电感器		顾名思义，这种电感具有铁氧体磁心。铁氧体材料提供高磁导率和低电导率，以减少磁心内部的损耗，用于高频场所
可变电感		这种类型的电感具有可变电感值。它的电感值可以在电路运行期间（例如在收音机中）发生变化
铁心电感		这是一种电感，其磁心由铁磁材料制成。磁心由于具有高磁导率而增加了电感值
电流互感器		电流互感器是一种仪表互感器，用于将线路中的高交流电流降低到安全水平以进行测量。其二次产生的电流与其一次（导体）中的电流成正比，并通过将其与传统电流表连接来测量
空心变压器		这个符号代表空心变压器。空心变压器没有磁心，绕组缠绕在塑料（非磁性材料）上，磁心中的磁心损耗会随着频率的增加而增加，这就是为什么将空心变压器用于射频应用的原因
降压变压器		降压变压器是一种将一次高电压转换为二次低电压的变压器，还将一次低电流转换为二次高电流。降压变压器的二次绕组比一次绕组少，电压转换取决于变压器的匝数比
升压变压器		升压变压器将一次低电压转换为二次高电压，还将一次高电流转换为二次低电流。它主要用于线路传输，以减少传输线路中发生的线损并满足电路中的电压要求。它的一次绕组匝数比二次绕组匝数少

（续）

电感/变压器类型	图形符号	备注
带抽头的 空心变压器		中心抽头变压器在二次绕组的中心有一个抽头点，这可以使用一半匝数的二次绕组。中心抽头点和绕组任意端之间的电压是全绕组电压的一半
铁氧体磁心 变压器		此图形符号表示由铁氧体磁心组成的变压器。铁氧体是一种磁性材料，具有非常高的磁导率，可增加变压器铁心内的磁通量。铁氧体还具有非常低的电导率，可减少发生在磁心内部的涡流损耗
铁心或叠片 铁心变压器		该变压器的铁心由铁制成。铁具有高磁导率，使其能够携带高磁通量，从而增加绕组之间的感应。铁心的缺点是涡流损耗（磁心损耗），取决于电源频率。因此，这种变压器应用于低频

1.5 二极管图形符号

表 1-6 为各种形式二极管的图形符号：二极管、齐纳二极管、发光二极管、肖特基二极管等。不同形式的二极管有不同的图形符号。这些二极管图形符号中的每一个都包含二极管的一般符号形式，但经过修改以表示不同的功能。

表 1-6　二极管图形符号

二极管类型	图形符号	备注
二极管	阳极 阴极	此图形符号代表通用二极管或整流二极管。它是一种由半导体制成的电子器件，允许电流沿一个方向流动并阻止它反向流动 通常省略阴极和阳极注释
发光二极管 （LED）		LED 是一种 PN 结二极管，当配置为正向偏置时会发光。它将电能转换为光能，光的颜色取决于半导体的能隙

11

（续）

二极管类型	图形符号	备注
光电二极管		光电二极管将光能转换为电能。当光撞击 PN 结时，会产生一个电子空穴对，并以电流的形式流出。这个图形符号代表一个光电二极管
肖特基二极管		这种二极管由 N 型半导体和金属之间形成的结制成。它没有像普通二极管那样的 PN 结。由于没有电容结（PN 结），因此它具有非常低的正向电压降和快速开关
齐纳二极管		齐纳二极管在电路中常用"ZD"加数字表示，英文名称 Zener Diode。此二极管是一种直到临界反向击穿电压前都具有很高电阻的半导体器件。在这个临界击穿点上，反向电阻降低到一个很小的数值，在这个低阻区中电流增加而电压则保持恒定。齐纳二极管又叫稳压二极管，是根据击穿电压来分档的，因为这种特性，稳压二极管主要被作为稳压器或电压基准元件使用其中每两个二极管转换一相
隧道二极管		这种类型的二极管由重掺杂的 PN 结半导体制成，其工作原理是隧道效应。隧道效应是由于重掺杂而导致 PN 结之间的电子逃逸现象。隧道二极管具有负电阻区域，其中电流随着电压的增加而减小，并且二极管在该区域中工作
变容二极管		变容二极管（或可变电容二极管）是具有可变 PN 结电容的压控电容。它的电容值随反向电压的变化而变化
双向击穿二极管		双向击穿二极管是一种用于抑制高压尖峰的二极管，用于保护反向偏置电路（单向 TVS）
桥式全波整流器		它由 4 个二极管组成，将交流信号转换为直流信号。从交流电到直流电的转换过程称为整流
可变桥式整流器		这种桥式整流器由 SCR（晶闸管）组成。晶闸管的开关时间可以通过栅极输入控制，因此，这种整流器输出可以通过控制其栅极输入来改变
三相整流器		三相整流器将三相电信号转换成直流整流输出。它是全波桥式整流器的改进形式

注：表中二极管图形符号提供了阴极和阳极的注释，但这些注释通常不包含在电路图中，因为它们占用了原理图空间。

双极晶体管图形符号

表1-7 为双极晶体管图形符号，由不同的图形符号来表示 NPN 和 PNP 晶体管。除此之外，一些晶体管图形符号周围有圆圈，而另一些则没有。那些没有的圆圈的晶体管图形符号被广泛用于详细描述 IC 内部电路的电路，因为不包括圆圈，所以更容易合并多个发射极和基本晶体管的其他变体。其他双极晶体管图形符号包括光电晶体管和达林顿晶体管等。

表 1-7　双极晶体管图形符号

晶体管说明	图形符号	备注
NPN 晶体管		由 3 层半导体材料组成的 NPN 晶体管（BJT）。P 型半导体材料夹在两种 N 型材料之间。它是一种用于开关或放大的电流控制电流器件。通过基极端子输入的电流被放大成通过集电极输出的电流
PNP 晶体管		此图形符号代表 PNP 晶体管。它由夹在两种 P 型材料之间的 N 型半导体材料组成。PNP 晶体管在其基极相对于集电极和发射极为负时放大。换句话说，它放大了流出其基极的电流
雪崩 NPN 晶体管		这是一种专门设计用于在出现负微分电阻现象的雪崩击穿区域工作的晶体管。此时，增加电压会导致电流减小。因此雪崩晶体管具有快速切换大电流的能力
肖特基 NPN 晶体管		它由一个肖特基二极管和一个晶体管组成。肖特基二极管连接在基极和集电极之间。它通过分流过大的电流来防止晶体管饱和。由于在饱和模式下移除存储电荷的时间延迟，所以有助于它快速切换
多发射极 NPN 晶体管		它是一种特殊类型的双极结型晶体管，具有多个发射极。发射极彼此独立，通过每个发射极的电流取决于其相对于晶体管基极的电压。它主要用于 TTL（晶体管 - 晶体管逻辑）与非门
NPN 光电晶体管		光电晶体管是一种依赖光的晶体管，可将光能转换为集电极和发射极之间的电流。它的工作原理与光电二极管相同，但它对额外的增益因子更敏感，用于光传感应用

（续）

晶体管说明	图形符号	备注
无基极的 NPN 光电晶体管		—
晶体管光耦合电路		—
NPN 达林顿晶体管对		它是一种特殊类型的晶体管，通过将一个晶体管的发射极与另一个晶体管的基极连接以增加电流增益和灵敏度。通过这种配置连接，它可以由 NPN 或 PNP 晶体管制成。达林顿晶体管的总增益是单个晶体管增益的乘积，基极发射极的电压降是单个晶体管 2 倍
西克莱晶体管		西克莱（Sziklai）晶体管由 2 个 NPN 和 PNP 晶体管以达林顿对的形式组合而成。西克莱晶体管的主要优点是它以 0.7V 电压开启，而总增益与达林顿晶体管保持相同

1.7 场效应晶体管图形符号

　　表1-8 为各种形式的场效应晶体管（FET）的图形符号，包括 N 型沟道、P 型沟道、增强型、耗尽型、结型、金属氧化物半导体、双栅极等场效应晶体管。

　　FET 有多种不同的类型。每种类型的 FET 都有自己的图形符号，因此了解不同类型的 FET 及其图形符号，有助于准确读懂电路原理图。

　　结型场效应晶体管（JFET）是第一种类型的 FET，它用一个独特的图形符号来表示二极管结。包括金属氧化物半导体场效应晶体管（MOSFET）在内的栅极 FET 具有指示栅极绝缘的图形符号。显然，双栅极 FET 有两个栅极，都需要合并到图形符号中。

表 1-8　场效应晶体管图形符号

场效应晶体管类型	图形符号	备注
N 型沟道结型场效应晶体管（JFET）		结型场效应晶体管是单极晶体管，因为其电流是由单载流子类型引起的。JFET 是电压控制的，即电流由其栅极端的电压控制。电压增加或减少控制电流的耗尽区。N 型沟道 JFET 在源极和漏极之间具有 N 型沟道，而栅极由 P 型材料制成
P 型沟道结型场效应晶体管（JFET）		此图形符号表示 P 沟道 JFET（由指向外的箭头表示）。P 型沟道 JFET 由漏极和源极之间的 P 型通道组成，而栅极由 N 型材料制成。P 型沟道 JFET 通过保持正栅、源电压关闭
绝缘栅场效应晶体管（IGFET），增强型、单栅、N 型沟道、衬底与源极内部连接		当栅源电压为零时，增强型 MOSFET 通常不导通。它通过对 N 沟道施加正栅源电压和对 P 型沟道增强型 MOSFET 施加负栅源电压来开启。增强型类似于常开开关，而耗尽型类似于常闭开关
绝缘栅场效应晶体管（IGFET），增强型、单栅、P 型沟道、衬底有引出线		
绝缘栅场效应晶体管（IGFET），耗尽型、单栅、N 型沟道、衬底无引出线		其栅极与载流通道完全隔离，这就是为什么它也被称为 IGFET（绝缘栅极 FET）的原因。它是一种电压控制的电流装置。耗尽型 MOSFET 通常在零栅源电压时导通。它通过分别在 P 型沟道或 N 型沟道 MOSFET 施加正或负栅源电压来关闭（OFF）
绝缘栅场效应晶体管（IGFET），耗尽型、单栅、P 型沟道、衬底无引出线		

汽车电子·PCB 设计

（续）

场效应晶体管类型	图形符号	备注
绝缘栅场效应晶体管（IGFET）耗尽型、双栅	P型沟道　　N型沟道	双栅 MOSFET 是一种特殊类型的 MOSFET，它包含两个串联的单独栅极。栅极更精确地控制放大系数。例如，可以通过改变栅极 2 处的信号来控制栅极 1 处信号的放大系数，从而为各种幅度的信号提供自动控制
绝缘栅场效应晶体管（IGFET）增强型、双栅	G2　B　G2　B　G1　S　G1　S	这是一种增强型双栅 MOSFET。它的工作方式与耗尽型 MOSFET 相同，唯一的区别是耗尽型通常导通，而增强型通常在栅源电压为零时不导通

注：FET 的图形符号用 D、G 和 S 分别表示漏极、栅极和源极。这些字母通常不包含在电路图中，但为了清晰和解释方便，本书将它们包含在其中。

1.8　电线、电缆、开关、连接器的图形符号

电线、电缆、开关和连接器等机械元器件也需要图形符号，见表 1-9。尽管在某些方面它们并不总是以与电阻、电容和有源元器件相同的方式对电路运行做出贡献，但它们仍然同样重要并且具有相应的图形符号。

电线、电缆、开关和连接器的图形符号种类繁多，表明可用的选项种类繁多。

表 1-9　电线、电缆、开关、连接器的图形符号

项目	图形符号	备注
电线交叉但未连接		
导线的 T 形连接		注意接头处的点

16

（续）

项目	图形符号	备注
导线的双 T 连接		双接头符号通常用于连接交叉线，以消除混淆的可能性
导线的双 T 连接		为避免与未连接的导线混淆，通常最佳做法是使用双接头符号
同轴电缆/馈线		
测试点标示符		
端子	○	通常位于 PCB、电路等的边缘
常开单刀单掷开关		它是处于断开状态的通用开关的图形符号
常闭单刀单掷开关（SPST）		它是闭合开关的通用图形符号。闭合的开关意味着电路完整并且电流可以流过它
自动复位的手动常开按钮开关		此图形符号表示处于断开位置的按钮开关。手动按下并按住按钮会将其触点闭合到 ON 位置，松开按钮后，开关返回断开状态
自动复位的手动常闭按钮开关		该开关通常处于闭合状态，即电路导通。当手动按下按钮并按住它时，会断开电路；松开按钮后，它会返回其正常闭合状态
双刀单掷开关（DPST）		它有 2 个极，意味着可以连接 2 个不同的电路，单掷意味着只有一个 ON（闭合）位置。它可以同时断开或闭合 2 个电路
单刀双掷开关		这种开关具有 3 个端子，包括 1 个公共端子。其公共端子与其他 2 个端子之一连接
单刀四掷开关		它有 4 个位置，可以将其与 4 个端子中的任何 1 个连接来切换单个电路

1.9　模拟和功能模块图形符号

　　许多电路中的模拟和功能构建模块的图形符号包括：衰减器、放大器、混频器、滤波器等，见表1-10。在某些情况下，可能需要将功能模块用于模拟或其他电路模块。没有必要展示其内部工作原理——实际上这些可能是未知的。在这种情况下，或者只是为了简化电路，可以使用功能模块的图形符号。与其他电路符号一样，这些模块已标准化，因此任何阅读电路的人都可以理解它们。

表1-10　模拟和功能模块图形符号

模块类型	图形符号	备注
衰减器		衰减器与放大器相反。它在不失真的情况下降低了信号的功率。它在自己的电阻网络中消耗信号的功率
衰减器（可变）		衰减器（Attenuator）是一种用于衰减信号强度的电子器件。它可以通过降低信号的功率水平来控制信号的强度。衰减器通常由固定或可变的电阻网络组成，通过调整电阻值来改变信号的功率
放大器		放大器是用于放大或增加信号幅度的电子电路或设备。不同类型的放大器取决于它可以放大的电量，例如电压放大器、电流放大器、功率放大器、射频放大器等
混频器		混频器（Mixer）是一种用于无线通信和射频电路中的重要组件。它可以将2个或多个不同频率的信号进行混合，产生新的频率组合。混频器的作用是实现频率的转换，可将高频信号转换为低频信号或者将低频信号转换为高频信号
通用滤波器		这是表示频率滤波器的通用图形符号。频率滤波器是一种电子电路，可以抑制或衰减特定频率并允许其他频率。此图形符号仅代表一般的频率滤波器，而不是特定类型
低通滤波器		低通滤波器阻止或衰减任何高频信号并允许低频信号。此图形符号表示高频被阻塞

（续）

模块类型	图形符号	备注
高通滤波器		只允许高频信号并阻止或衰减低频信号，称为高通滤波器 此图形符号代表 2 个波（信号），即分别类似于低频和高频的下信号和上信号。较低的曲线信号表示低频被阻塞
带通滤波器		带通滤波器阻止低频和高频，但允许低频和高频之间的频率。允许的频率范围形成一个频带，这就是为什么它被称为带通滤波器。此图形符号显示上下信号阻塞，而中间的信号通过
带阻滤波器		带阻滤波器也称为陷波滤波器。顾名思义，此滤波器会阻止或拒绝特定频带。高于或低于该特定频带的频率通过而没有任何衰减

1.10 逻辑电路图形符号

电路中的逻辑元器件有多种不同的符号，见表 1-11。与非门（NAND）、或非门（NOR）和与门（AND）和或门（OR）是最常见的图形符号，但也使用其他符号。

图形符号基于那些使用最广泛的符号。

表 1-11 逻辑电路图形符号

逻辑模块类型	图形符号	备注
通用 IC		它是通用 IC（集成电路）的标志。它是由半导体材料制成的小型芯片，在其上制造多个微型电子器件以执行特定任务并减小尺寸
缓冲门		缓冲门具有单输入和单输出。它不会改变输入逻辑，主要用于增加信号传播延迟
反相器（非门）		非门也称为逻辑反相器，是单输入单输出的逻辑门。它反转输入逻辑，当输入为逻辑"高"时，输出为逻辑"低"；当输入为逻辑"低"时，输出为逻辑"高"

逻辑模块类型	图形符号	备注
与门		与门（AND Gate）又称与电路、逻辑积、逻辑与电路，是执行"与"运算的基本逻辑门电路。有多个输入端，一个输出端。当所有的输入同时为高电平（逻辑 1）时，输出才为高电平，否则输出为低电平（逻辑 0）
与非门		与非门是与门或"非与"门的反转。当任何输入为逻辑"低"时，其输出为逻辑"高"，当其所有输入为逻辑"高"时，其输出为逻辑"低"
或门		或门执行逻辑连接（任何"真"输入的"真"输出），当或门的一个或多个输入为逻辑"高"时，或门的输出为逻辑"高"；仅当其所有输入均为逻辑"低"时，输出才保持逻辑"低"
或非门		或非门是或门或"非或"门的非或反转。当所有输入为逻辑"低"时，它给出逻辑"高"；当任何输入为逻辑"高"时，它给出逻辑"低"
异或门		异或门（Exclusive OR Gate）实现异或（只有一个输入为"真"时，输出为"真"），当只有一个输入为高时，异或门的输出为高，否则输出为低
异或非门		异或非门是异或门的反转。它实现了相等的功能。仅当输入的逻辑相同时输出为"真"，即仅当所有输入为"高"或"低"时输出为高

第2章

原理图符号库和元器件符号库的创建

元器件符号库包含电气图纸中使用的基本文字符号和图形符号，它们需要链接到将出现在 PCB 布局中的 PCB 封装。

在设计电气系统时，设计师都必须创建电路图和电气原理图。电路图、电气原理图都需要图形符号和文字符号来表示各种元器件，但设计师不需要从头开始制作图形符号。许多基本电子元器件都有标准化图形符号，但大型集成电路和连接器等更复杂的元器件需要非常准确和结构化的图形符号。

开始原理图绘制之前，重要的是要验证 EDA（Electronic Design Automation，电子设计自动化）数据库中的图形符号是否可用。元器件创建由 EDA 部门执行。对于元器件创建，必须将请求和数据表提供给 EDA 部门，并将 3D 尺寸数据提供给 MCAD 部门。

图形符号并不仅仅包含原理图中用到的元器件，它包含了能够从设计到制造定义一个完整设计所需的全部模型，其中包括 PCB 封装、信号仿真和信号完整性模型、3D 物理模型、供应商与采购库之间的链接等。

 ## 2.1 符号库

原理图中使用的所有元器件都在符号库中进行了描述。通过按主题（按功能、制造商）对元器件进行分组，见表 2-1，使用多个库来提供相当简单的元器件管理。

表 2-1 库中的符号分类

元器件库	元器件种类	简称	元器件名
RCL. LIB（电阻、电容、电感库）	普通电阻类，包括 SMD（Surface Mount Device，表面安装器件）、碳膜、金属膜、氧化膜、绕线、水泥、玻璃釉等	R	R
	排阻	RA	RA + 电阻数 – 端子间距
	可调电阻类，包括各种规格单路可调电阻	VR	VR – 型号

（续）

元器件库	元器件种类	简称	元器件名
DQ.LIB（二极管、晶体管库）	普通二极管类	D	D
	MOS管类	Q	Q-型号
IC.LIB（集成电路库）	集成电路（IC）、三端稳压IC类，包括78系列三端稳压IC	U	U-型号
CON.LIB（连接器库）	端子排座，包括导电插片、四脚端子等	CON	CON+端子数
DISPLAY.LIB（光电元器件库）	发光二极管	LED	LED-型号
OTHER.LIB（其他元器件库）	按键开关	SW	SW-型号
	晶振	Y	Y-型号

符号库包含多种预装库。此外，库管理器菜单有助于修改库，例如：构建新库、从库中添加和删除元器件以及将元器件从一个库传递到另一个库。

2.2 定义库的类型

在选择库方法时，没有通用的解决方案。虽然一些小型企业用户可能只需要最基本的要素，但很多企业用户可能需要高度特定的只读表示，并带有供应链的链接。介于两者之间的许多不同类型的用户可能有完全不同的需求。在大型组织中，投入适当的资源来支持原理图符号库开发可能会面临一些挑战和障碍。以下是一些主要的障碍：

首先，IT支持是一个重要的方面。为了将符号库连接到公司的系统中，需要有多个程序员来处理此任务。他们需要编写代码和脚本，以确保符号库可以与公司的设计和生产流程无缝集成。

其次，元器件工程支持也是关键。开发原理图符号库需要对元器件的技术规格和封装要求有深入的了解。因此，公司需要有专门的元器件工程师来提供技术支持和指导，以确保符号库的准确性和一致性。

另外，有经验的人员创造封装是非常重要的。封装是将元器件与PCB连接的关键步骤。为了确保连接正确，需要有经验的人员来创建和验证封装。初学者可能没有足够的经验和知识来确保封装的准确性，因此需要有严格的监督和检查过程。

此外，来自制造商或DFM（可制造性设计）团队的反馈也很重要。制造商或DFM团队可以提供关于设计中的潜在制造问题和改进建议的反馈。这些反馈可以帮助改进原理图符号库的设计，以确保它们在生产过程中的可制造性和可靠性。

同样，来自布局团队的反馈也是关键的。布局团队可以提供关于布线和布局方面的建议和反馈。他们可以确保图形符号在 PCB 上正确放置和连接，并避免潜在的信号干扰和噪声问题。

此外，交期和可用性的采购交互也需要考虑。在设计过程中，需要与供应商和采购团队进行交互，以确保所需的元器件和材料的及时供应和可用性。这需要有效沟通和协调。

另外，管理元器件请求也是一个挑战。为了保持符号库的更新和准确性，公司需要有一个系统来处理新元器件的添加和旧元器件的更换。这个系统应该能够确保元器件的合规性，以及对符号库中当前使用的元器件进行审查和更新。

2.3 定义库方法简介

有几种不同的库类型和方法可以满足这种广泛的需求，如集成库、数据库库和元器件库，以及原理图符号库和 PCB 封装库，哪种库方法最适合？首先要了解有几种不同的库方法可以满足不同的用户需求，这一点很重要。只需简要概述各种库方法和每种库类型的说明，库的主题就变得易于理解和管理，如图 2-1 所示。

从元器件库的管理图可以看出，一个元器件库由 5 个部分构成。

原理图符号：用于绘制电路的原理图。它是一个图形化的表示，用来表示元器件在电路中的功能和连接方式。原理图符号可以帮助设计师快速理解电路的结构和功能。

封装库：用于 PCB 布局布线。它定义了元器件在 PCB 上的物理尺寸、引脚布局和引脚位置等信息。封装库还包括 3D STEP 模型，用于进行三维模拟和可视化。

SPICE（Simulation Program with Integrated Circuit Emphasis）模型：用于电路仿真。它是一个数学模型，用于描述元器件在电路中的行为和响应。SPICE 模型可以用于进行电路性能分析和验证。

IBIS（Input/Output Buffer Information Specification）模型：用于信号完整性分析。它提供了元器件输入和输出引脚的电气特性和响应。IBIS 模型可以用于评估信号在元器件之间传输时的时序、噪声和波形完整性等方面的性能。

元器件属性定义：包括元器件的各种特性和参数。这些特性和参数可以包括元器件的工作电压范围、工作温度范围、功耗、带宽等。元器件属性定义可以帮助设计师选择合适的元器件，并进行电路设计和分析。

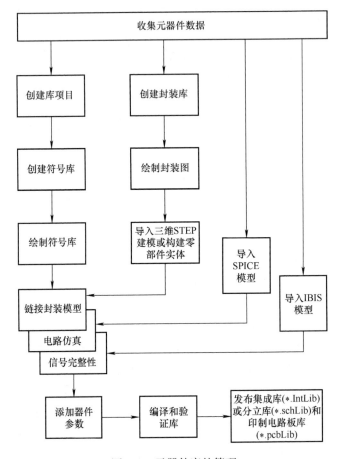

图 2-1　元器件库的管理

这些部分共同构成了一个完整的元器件库,可以提供给设计师使用。设计师可以通过使用这些库中的元素来进行绘制原理图、布局和布线、电路仿真和信号完整性分析,并对元器件的特性和性能进行评估和选择。

其中原理图符号、封装库、元器件属性定义是最常用的 3 个部分,对于 PCB 设计不可缺少。

2.3.1　基本库

首先,无论选择哪种集成库方法,都需要讨论基本库类型。无论特定的库管理方案如何,创建 PCB 都至少需要两种主要库类型,即原理图库(∗.SchLib)和印制电路板库 (∗.PcbLib)。

原理图库包含一个或多个原理图元器件,这些元器件由原理图符号以图形和电气方式表示。特定参数信息(例如元器件编号和元器件值)通常添加到每个元器件中，并且可以在生成物料清单（BoM）期间访问。一个或多个 PCB 封装以及可选的 SPICE 仿真（*.MDL 或 *.CKT 文件）和信号完整性（SI）（*.IBIS)模型与原理图元器件相关联，如图 2-2 所示。

印制电路板库包含一个或多个 PCB 布局封装，代表物理焊盘排列和元器件的其他机械属性。或者，可以将 STEP 格式的实体模型 3D 信息（*.STEP 文件）添加到封装中，以在 3D 模型下表示元器件的物理形状。

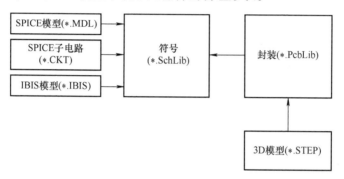

图 2-2　基本库－原理图和 PCB

作为最基本的方法，这些基本的原理图符号和 PCB 库可用于管理元器件。在实践中，基本的原理图符号和 PCB 库通常用于管理元器件。在这种方法中，原理图元器件充当容器，代表了设备所有可能的视图，包括图形符号、电气连接、实体模型、SPICE 混合信号仿真和 SI 模型。这种方法提供了简单性和灵活性，使得设计工程师可以更方便地管理元器件，并在设计过程中进行必要的模拟和分析。

然而，尽管这种方法在许多情况下都是有效的，但它并不完全支持严格的企业级要求。管理许多单独的文件可能会变得复杂，而且可能会出现与库相关的设计错误。企业级要求可能包括更严格的版本控制、权限管理、标准化和审查流程等。因此，对于大型的、具有严格要求的项目，可能需要更复杂的元器件管理系统。这些系统通常包括更强大的数据库支持、工作流程管理、自动化工具以及更严格的审查和验证机制。通过采用这些系统，企业可以更好地管理和控制其电路设计流程，确保设计的准确性、一致性和可追溯性。虽然这提供了极大的简单性和最大的灵活性，但这种方法并不真正支持严格的企业级要求。管理许多单独的文件可能很困难，并且增加了与库相关的设计错误的机会。

2.3.2　集成库

高一级方法包含所谓的集成库（*.IntLib)，如图 2-3 所示。集成库的概念非常简单：将基本库级别使用的完全相同的信息组合在一起，代表包含许多元器件的整个原理图库。

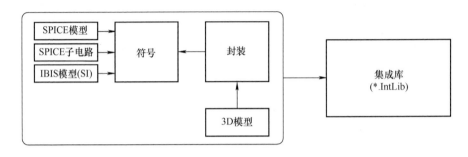

图 2-3 集成库

1. 集成库的优点

集成库在 PCB 设计中确实具有许多优点。

（1）永久性的链接

集成库中的元器件与符号、封装、仿真和 SI 模型的链接是永久性的。这意味着一旦建立了链接，它们将保持不变。相比于使用单独的基本库文件，集成库可以最小化与库相关的设计错误。因为所有链接都是永久性的，所以在进行设计时不会出现链接错误或丢失链接的问题。

（2）只读属性

集成库是只读的，这意味着无法任意或轻易地修改库的参数或其他属性。这可以防止不经意更改或错误更改。如果需要修改库的参数或属性，必须重新生成整个集成库以支持这些修改。这种只读属性确保了库的准确性和一致性。

（3）分发和管理的便利性

集成库生成的是代表整个库的单个文件，这使得分发和管理变得非常方便。通过将整个库作为单个文件进行分发，可以确保库的完整性和一致性。此外，由于集成库是只读的，所以可以确保每个设计团队都使用相同版本的库，避免了不同团队之间的库不一致性问题。

（4）提高设计效率

使用集成库可以提高设计效率。由于所有元器件、符号、封装和模型都已经链接在一起，因此设计人员可以更快地找到所需的元器件和信息，无须在不同的库文件之间切换或进行额外的搜索。这样可以节省宝贵的设计时间并提高工作效率。

（5）标准化和一致性

集成库可以帮助实现标准化和一致性。通过使用预定义的元器件、符号、封装和模型，可以确保所有设计中使用的要素都是一致的。这可以减少设计中的混乱和错误，并确保设计符合特定的标准和规范。

（6）提高设计可复用性

集成库可以提高设计的可复用性。一旦创建了一个库，可以在多个设计项目中重复使用。这样可以节省时间和资源，并确保在各个项目之间保持一致性。通过使用集成库，可以快速构建新的设计，而不需要从头开始。

（7）简化版本控制

集成库可以简化版本控制。通过将整个库作为单个文件进行管理，可以更轻松地跟踪和管理库的不同版本。这使得在不同的设计项目之间切换和更新库变得更加容易和高效。

（8）支持团队协作

集成库可以促进团队协作。设计团队中的成员可以共享和访问同一库，从而确保他们都使用相同的元器件和参数。这样可以避免由于不同团队之间要素的不一致性而导致的问题，并提高整个团队的协同效率。

（9）提高设计的可靠性和稳定性

通过使用集成库，可以确保所使用的元器件、符号、封装和模型是经过验证和测试的。这可以提高设计的可靠性和稳定性。通过使用经过验证的要素，可以减少故障和问题的风险，并提高设计的品质和性能。

总结来说，集成库在 PCB 设计中具有诸多优点，包括减少设计错误、保持链接的永久性、只读属性、便于分发和管理以及提高设计效率。同时，集成库还具有标准化和一致性、设计可复用性、简化版本控制、支持团队协作以及提高设计的可靠性和稳定性等多个优点。这些优点使得集成库成为现代 PCB 设计中的重要工具，并能够提升设计团队的工作效率和设计质量。

2. 集成库的缺点

虽然集成库在 PCB 设计中有许多优点，但也存在一些缺点需要考虑。

（1）依赖库的准确性

集成库的准确性对于设计的成功非常重要。如果集成库中的元器件、符号、封装或模型存在错误或不准确的信息，可能会导致设计出现问题。因此，使用集成库时必须确保库中的所有要素都是准确和可信的。否则，可能会导致在设计中出现错误或不一致的情况。

（2）受限于库中的可用元器件

集成库中的元器件、符号、封装和模型是预定义的，因此设计人员可能会受到库中可用元器件的限制。如果需要使用特定的元器件或某些特殊的功能，而集成库中没有相应的元器件，可能需要额外的开发工作来定义元器件。这可能会增加设计的复杂性和工作量。

（3）库的更新和维护

随着时间的推移，元器件和技术不断发展和演变。因此，集成库需要进行定期的更新和维护，以确保库中的元器件和信息与最新的技术和标准保持一致。这可能需要投入额外的时间和资源，以确保库的准确性和可靠性。

（4）学习和适应成本

使用集成库可能需要一些学习和适应成本。设计人员需要熟悉库的结构、使用方法和约束。如果设计团队中的成员不熟悉或没有足够的经验来使用集成库，可能需要额外的培训和支持。这可能会增加设计项目的时间和成本。

（5）缺乏灵活性

集成库通常是预定义的，设计人员可能会受到其固有的限制。如果需要进行一些定制化的设计或使用非沿用元器件，可能需要绕过集成库的限制，这可能会增加设计的复杂性和风险。

集成库的一些潜在缺点包括依赖库的准确性、受限于库中的可用元器件、库的更新和维护、学习和适应成本以及缺乏灵活性。在使用集成库时，需要仔细权衡其优点和缺点，并确保根据具体的设计需求和情况做出正确的决策。

2.3.3 数据库库

如果访问存储在企业数据库中的参数信息对于元器件管理至关重要，则应考虑使用数据库库（*.DBLib），如图2-4所示。在数据库库中，元器件作为一组数据库行和列进行管理。数据库表中的每一行都以一个键查找标识符开头，该标识符通常是制造商元器件号或内部组织元器件号。剩余的列信息将每一行定义为元器件的符号、封装、仿真模型、SI模型和任意数量的附加参数属性。

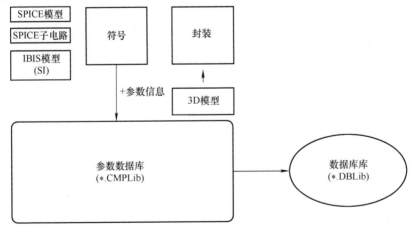

图 2-4　数据库库

数据库的主要优点是可以从组织内的一组通用元器件信息中访问元器件的参数数据。数据库的使用能够准确反映采购和会计部门使用的信息而创建 BoM。每个唯一的元器件 ID 都是来自一个或多个供应商的单个可订购项目，避免了使用正确的原理图符号而使用错误的元器件封装的错误。值得注意的是，数据库库分别从基本原理图（∗. SchLib）和 PCB（∗. PcbLib）库中访问所需的符号和封装。

数据库库可以进一步升级为 SVN 数据库库（∗. SVNDBLib），其中可以在版本控制下管理各个符号和封装。这使得对单个符号或封装的变更能够被唯一修订。

2.3.4　元器件库

元器件库（∗. CompLib）用于将给定元器件的所有方面（原理图捕获、2D/3D PCB 布局、仿真、信号完整性）作为一个单独的、可修订的项目与集中访问的库关联起来。

元器件库是一个用于存储和管理所有元器件信息的中央库。每个元器件都被视为一个独立的实体，并具有自己的属性、符号、封装、模型、参数和文档等。通过使用元器件库，可以方便地访问和管理所有元器件信息，提高团队的协作效率和设计的一致性。

在元器件库中，可以关联各个方面的元器件信息。比如，可以将特定的符号与对应的封装和模型关联起来，以确保在原理图和 PCB 布局中使用相同的元器件。这有助于避免由于不一致性而引起的问题，并确保设计的准确性和一致性。

此外，元器件库还可以与版本控制系统结合使用，以管理元器件的修订。每个元器件都可以有不同的版本，并且可以跟踪和管理每个版本的变更历史。这使得设计团队能够更好地控制元器件的演变和使用，并确保设计的稳定性和可靠性。

元器件库的中央可访问性是其最重要的特点之一。由于所有元器件信息都存储在一个中央库中，设计团队成员可以随时从库中获取所需的元器件信息。这消除了团队成员之间传递和同步元器件信息的烦琐过程，提高了设计的效率和质量。

总之，如图 2-5 所示，通过元器件库，可以方便地访问和管理元器件信息，并确保设计的一致性、稳定性和可靠性。

在这种建模范式下，设计元器件与制造商或供应商数据是分开的。此类信息未定义为元器件的一部分，而是定义为单独的保管库项（元器件选择列表项），用于将设计元器件映射到一个或多个制造商元器件。这可以提供实时供应

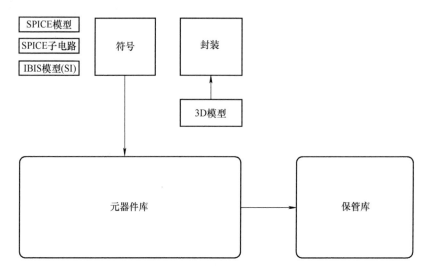

图 2-5　用于将元器件发布到保管库（Vault）的元器件库

链信息，例如每个供应商的价格和数量。

　　除了与供应链的实时链接外，保管库还可以对授权或批准的元器件、项目更新和修订以及元器件生命周期状态进行严格控制。

2.3.5　旧版本库

　　一些库格式不再或很少使用。首先是 3D（*.Pcb3D）库，它曾经用于链接到元器件符号以表示其实体形状。然而，随着将 STEP 模型嵌入 PCB 封装内部，这种库格式不再使用。虽然如此，为了向后兼容性，仍然支持这种库格式以满足旧版本的需求。

　　接下来是硬件描述语言（HDL）支持库，它是为 FPGA 项目环境中的集成和仿真而专门设计的。Verilog 库（*.VERLIB）和 VHDL（*.VHDLib）的支持仍然存在，但现在很少使用了。

　　这种情况反映了技术的进步和演变。随着科技不断发展，旧的库格式可能无法满足新的需求或无法与新的工具和技术兼容。因此，为了跟上发展的步伐，人们需要适应并采用新的库格式和技术。然而，为了确保向后兼容性和满足旧版本的需求，有时仍然支持过时的库格式。

2.4 符号库管理

在开始处理符号之前，通常需要考虑符号库管理。首先，应仔细考虑 SchLibs 和 PcbLibs 的文件夹结构和文件使用情况。将所有原理图符号转存到一个文件中会非常方便。然而，这使得版本控制有点像噩梦。大多数版本控制系统无法区分原理图库文件，因此很难追溯文件的变更。如果使用可能由多个用户同时提交变更的分布式版本控制系统（例如 PLM），则尤其如此。

出于版本控制的原因，如果不是为了文件的整洁，请坚持每个库文件只有一类器件符号，这确实让工作变得更轻松。它还使得查找哪个库文件中包含哪个符号或封装变得更加简单。如果将符号名称或封装名称放在文件名中，可以非常轻松地找到要打开的正确文件。不要将所有符号放在一个大文件中，而是将各个文件分组到文件夹中，以使它们易于管理。按目的对主要库方法进行分类，更容易关注每个方法的价值和具体实现细节。

2.5 原理图符号库的指南

用于表示元器件的原理图符号是原理图设计的核心。符号的质量及其排列方式可能是影响原理图可读性的最关键因素之一。质量差的原理图符号会导致原理图不可读，难以理解。质量好的原理图符号更具可读性。

2.5.1 原理图符号的创建

电路图是通过为元器件创建原理图符号来构建的。尽管电路图是真实电路的概念表示，但符号需要包含与真实元器件相关的重要信息。

轮廓：根据器件的性质创建轮廓，不同器件的轮廓是不同的。

引脚编号和名称：通常需要包含在原理图符号中，以指示元器件的接线方式。

制造商元器件号（MPN）：除非元器件是通用元器件，否则 MPN 应包含在原理图符号中作为注释。

参考标号：每个元器件都需要一个参考标号，通常位于电路原理图符号的左上角。

其他说明：某些元器件需要其他说明才能将重要信息传达给设计师。一个例子是变压器，通常将匝数比作为注释放在设计数据中。

2.5.2 符号的标准化

如果正在创建的元器件已经有行业标准符号，就不要另起炉灶，只需使用标准符号，并保持简洁，以便符号与其他符号兼容。

需使用 2.54mm × 2.54mm 默认网格。作为公制用户，习惯将原理图默认网格切换为公制网格，但这只是自找麻烦。如果在创建符号时弄乱了网格，将永远无法使用其他来源的符号，因为它们无法与元器件正确对齐。此外，应确保所有基本元器件保持标准化的尺寸和跨距，否则将无法建立连接或发现原理图会变得非常混乱，线条未与网格对齐。

原理图符号标准化是确保电路设计中的一致性和可读性的重要步骤。

1. 引脚编号

引脚编号是原理图符号中的关键要素之一。通过为每个引脚分配唯一的编号，可以准确地确定引脚之间的连接关系。一般情况下，引脚编号按照从左到右、从上到下的顺序进行。这种标准化的编号方法有助于不同设计者之间的交流和理解。

2. 引脚信号命名/标签

每个引脚都应具有清晰的信号命名或标签，以表示其连接的功能。这些标签可以是通用的，如 VCC（电源正极）和 GND（地），也可以是特定的，如 IN（输入）和 OUT（输出）。一致的命名约定有助于减少错误连接的机会，并提高设计的准确性和可读性。

3. 与封装相匹配的引脚数量

原理图符号应与其对应的器件封装相匹配，包括引脚数量。这包括考虑用于安装的引脚，如焊盘或插针。确保符号与器件封装匹配有助于在布局和布线阶段正确连接元器件，并确保电路的功能和性能。

4. 纯逻辑部分的符号

原理图符号应该表示电路的逻辑部分，而不是物理外观。它们应该被简化和抽象，以准确地描述电路的功能和连接方式。机械方面的细节应该保留给接线图或布局阶段。

5. 引脚留在网格上

在绘制原理图时，保持引脚在网格上对齐是一个重要的准则。这可以确保连接的连续性，并使更改更加容易。保持引脚对齐在电路设计过程中起到一定的规范作用，有助于减少错误和提高可读性。

通过遵循这些原理图符号标准化的要素，可以提高电路设计的一致性和可读性，并促进设计者之间的交流和协作。这有助于减少错误连接的机会，并提高设计的准确性和效率。同时，标准化的符号设计可以提高设计文档的可维护性和可复用性。

2.5.3 集成电路符号

如何使集成电路符号可用，并有助于产生可读的原理图？简单地将引脚排列在一个矩形周围以匹配封装引脚是不可行的。封装引脚不是为了创建清晰的原理图设计的，而是为了最方便地从硅片上获取信号，对封装内的硅片具有最大的电气意义。这意味着可以将接地和电压电源引脚与 I/O 引脚混合在一起。在微控制器上，端口号可能不会按封装上的数字顺序排列，甚至不会始终放置在具有相同引脚数的不同封装之间。

理想情况下，每个低电压差（LDO）线性稳压器符号本质上都应该是原理图中任何其他 LDO 的直接替代品，无论封装或封装的引脚排列如何。因此，可以制定如下规则和约定来实现这一点。

将原理图符号分成 4 个逻辑区域，左侧、右侧、顶部和底部，如图 2-6 所示。

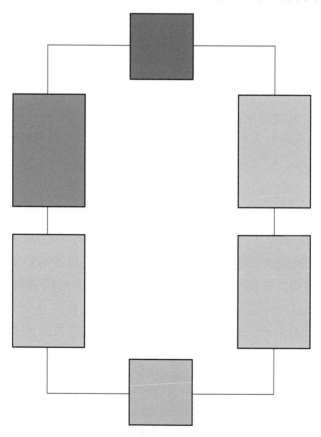

图 2-6　集成电路符号分区

一般来说，电气符号中的信号流应该是从左到右的。对于许多现代复杂的集成电路，这可能并不总是可行的，但在适当的地方这样做会有所帮助。

1. 左侧

元器件符号的左侧是大多数元器件调用管理功能的理想位置。这些是集成电路运行所必需的引脚，它们具有固定的连接或在电路工作时不会改变的信号。此类引脚的一些示例如下。

1）电源引脚。

2）复位/启用/欠电压锁定引脚。

3）时钟/振荡器引脚。

4）开关模式设置引脚（软启动、频率设置、补偿、同步）。

5）软关断（延迟）引脚。

6）在线编程引脚（如果它们是独立的）。

7）内部稳压器的电源去耦合引脚。

2. 右侧

右侧是传送信号或执行某些操作的输出引脚。例如将稳压器输出或 RF 输出等功能与任何相关引脚（如自举引脚或开关引脚和电压反馈）一起保留在右上角。聚集相同功能引脚并分隔不同功能引脚，能够以尽可能少的网线交叉连接到元器件，使最终的原理图尽可能整洁。如果元器件没有足够的空间或需要不断相互交叉的连接，就不会有一个可读性很强的原理图。

3. 底部

如果地线或 0V 线朝向底部，可以显著帮助布局。任何电气符号上都可能有一条或多条地线，但如果 0V 线位于原理图上任何电路部分的底部，则会对布局有所帮助。将直接连接到地的引脚保留在最底部，并通过其上方的无源元件连接到地的任何引脚，这将尽可能地减少杂乱，并减少网线需要相互交叉的可能性。

将电源和接地引脚组合在一起，在每个不同的电位和域之间（例如模拟和数字信号之间）有一个网格间距。当隔开其他功能时，请考虑它们之间可能需要多少间距才能添加它们将要连接的元器件。

4. 顶部

就像 0V 线位于底部一样，电源线通常位于顶部。将较高的电压放在原理图的较高位置几乎是第二天性。

5. 微处理器符号

对于许多微处理器电路，不可能让信号从左向右流动。通常，此类电子电路设计的主要器件（例如处理器本身）可能位于原理图的中心，而外围设备则位于外围。

在处理微控制器或其他逻辑元器件时，按端口对连接进行分组，并将引脚按端口顺序放置，尽量包含对端口的完整描述。有了这个详细的描述，虽然符号会变得更大，但是，可以得到更完整的端口信息。有了完整的端口描述，每次想要连接微控制器或进行引脚交换时，就不需要再参考数据表来确定引脚是否具有特定的外围功能。

2.5.4 添加元器件

大多数 EDA 软件允许将一个符号分成多个部分。这样就可以放置多个符号来定义单个元器件。那么，应该在什么时候使用此功能？下面是一些建议。

1. 少引脚数元器件

很明显，如果一个多引脚数的元器件太大而无法放在页面上，那么它就需要分成多个部分。但是，有时将较少引脚数的元器件分解为多个部分也是有意义的。如果该元器件具有一系列相同的功能，例如四路运算放大器，则将每个放大器分开可能会很有意义。这可以使原理图非常整洁，因为可以在每个放大器之间提供分离。在这种情况下，若将电源引脚添加到第一部分，其他部分则只是标准运算放大器符号。

除非元器件具有需要在逻辑上分离的一组相同功能，正如上述所讨论的，否则应该尝试将少引脚数元器件保留为单个符号。

2. 多引脚数元器件

元器件子部分最常见的用途是单个元器件太大而无法放在页面上。如果考虑最小的标准页面模板的大小，如 A4 或 A3，尽量不要让符号的长度大于页面高度的一半。

在拆分微控制器或其他多引脚数元器件时，应考虑分组。对于微控制器，尽量将一个完整端口的连接保持在一起，不要在一组端口中拆分符号。这可能意味着某些符号将比其他符号小得多。

如果多引脚数元器件有很多管理引脚，例如电源、振荡器或静态/固定功能通信引脚（如以太网或 USB），应考虑为这些功能和所有信号的子部分制作引脚。

2.5.5　考虑原理图捕获中的符号

设计原理图符号时最重要的是查看数据表，考虑典型应用的图纸，并思考如何重新排列原理图以使其更整洁。经常会发现移动几个引脚可以显著减少网络布线交叉的数量或提高布局的整洁度。在设计原理图符号时，应考虑它们的连接方式以及它们周围需要哪些支持元器件。确保将所有按逻辑分组的引脚放置在一起，并保持相似元器件类型的引脚放置位置的一致性。这使得它们可以互换使用，意味着可以快速查找原理图中特定的引脚功能。

第3章

原理图绘制规则

原理图是一种基本的二维电路表示，显示了不同电气元件之间的功能和连接性。对于 PCB 设计师来说，熟悉代表原理图上元器件的图形符号至关重要。

 3.1 **电气简图用图形符号标准**

3.1.1 电气简图用图形符号国外标准

图形符号在全球范围内使用 2 个标准进行监管：

IEC 60617：国际电工委员会（IEC）已发布此标准。它基于较旧的标准，即英国标准（BS 3939）。该数据库包括超过 1750 个原理图符号。

ANSI Y32：美国国家标准协会（ANSI）。这提供了最初用于飞机应用的各种专用符号。该标准执行的一系列细微变更使现有文件与 IEC 保持一致。

3.1.2 电气简图用图形符号国内标准

图形符号在国内使用 GB/T 4728 标准进行监管。

GB/T 4728：中华人民共和国国家标准。它主要基于 IEC 60617 标准，并增加引用了 IEC 61346 - 2 的内容。

GB/T 4728 标准规定了图形符号的设计要求、表示方法和应用范围，以确保在中国范围内使用的图形符号符合统一的标准，方便工程师之间的交流与理解。

根据 GB/T 4728 标准，图形符号应该具备以下几个方面的设计要求：

1）一致性：图形符号的设计应该尽量保持统一和一致，避免不同厂家或不同工程师使用不同的图形符号，造成混淆和误解。

2）简洁性：图形符号应该简洁明了，能够清晰地表达被表示元器件或功能的特点和作用，避免过于复杂和冗长的图形符号设计。

3）易于识别：图形符号应该易于识别和理解，使得工程师能够快速准确地理解整个电路图的结构和功能。

4）规范性：图形符号的设计应该符合相关的电气标准和规范，确保使用的符号能够在实际工程中得到正确的解读和应用。

GB/T 4728 标准中还规定了图形符号的表示方法，包括元器件符号、连接符号、功能符号等，以及符号的排列方式和标注要求。

同时，GB/T 4728 标准还参考了国际标准 IEC 60617 和 IEC 61346－2 的相关内容，以确保中国的图形符号与国际接轨，方便与国际标准接口和交流。

总之，GB/T 4728 标准为中国的图形符号设计和使用提供了统一的规范和指导，使得图形符号能够在工程实践中得到正确的应用和理解，促进了工程师之间的交流和合作。

3.2　原理图符号注释

原理图中，每个元器件都有一个具有不同属性的注释。元器件的属性可以是文字符号、电气参数值、尺寸、符号、额定电压、功率和封装等。图 3-1 的基本原理图使用一组标准化符号来表示不同的电子元器件。

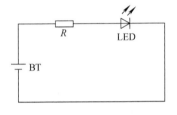

图 3-1　基本原理图

该电路有 3 个元器件（电源、电阻和发光二极管）。这些元器件通过网络/走线连接在一起。电阻的属性可以是文字符号、电阻值、图形符号、额定电压、功率和封装；同样，电源和发光二极管也会有它们的属性。

3.2.1　值和属性

元器件可以通过它们的文字符号来识别。例如，考虑图 3-1 所示的基本电子电路图。电路为电源 U 的正极通过电阻 R 连接到发光二极管 LED，但是没有关于这些元器件的其他属性（电阻值和电池的电压容量）的信息。

原理图应提供具体属性信息以确保选择合适的元器件，如电阻值应以欧姆（Ω）表示；电源应以伏特（V）表示其电位差。其他元器件用不同的术语描述，例如，电容以法拉（F）表示电容值；电感以亨利（H）表示电感值。

有时可以为符号赋予附加属性（额定功率和公差等），这有助于确定适合电路的元器件。元器件的一些常见属性如下：

1）带有形状和引脚的图形符号。

2）元器件的电阻、电容或电感值等。

3）文字符号，例如 L_1、R_1、C_1 等。

4）最大工作条件，示例：电容的最大电压，电阻的最大瓦数。

5）公差，示例：对于电阻，$\pm 1\%$、$\pm 5\%$。

6）制造商元器件号（MPN）。

7）元器件封装（对于电阻：0402、0805；对于 8 引脚 IC：SOIC8）。

3.2.2 国际单位制词头

属性的值可以从非常小的单位变化到非常大的单位。为避免在电路图中填充像 1000000000 或 0.0000000001 这样的长重复零字符串，可以使用国际单位制（SI）词头。

表 3-1 为常用于原理图的国际单位制词头。

表 3-1   国际单位制词头

字首	符号	词头名称	值	因数
tera	T	太［拉］	1000000000000	10^{12}
giga	G	吉［咖］	1000000000	10^{9}
mega	M	兆	1000000	10^{6}
kilo	k	千	1000	10^{3}
milli	m	毫	0.001	10^{-3}
micro	μ	微	0.000001	10^{-6}
nano	n	纳［诺］	0.000000001	10^{-9}
pico	p	皮［可］	0.000000000001	10^{-12}

注：无方括号的词头名称为全称。方括号中的字，在不致引起混淆的情况下可以省略。

3.3 原理图的层级

在电气和电子工程中，使用不同类型的图纸或图表来表示特定的电气系统或电路。这些电路用线来表示电线，用文字符号或图形符号来表示电气和电子器件。它有助于更好地理解不同组件之间的连接。电路图有 3 个层级：系统框图、电路原理图、PCB 板图（线路图）。

1）系统框图：电路设计的最高层级，通常用于表示一个系统或设备的总体框架或结构。在系统框图中，各个主要的功能模块或部分被表示为方框，通过箭头或线来表示这些模块之间的连接或数据流。每个方框内部的详细电路设计并不在这一层级中展开，这让设计者可以先从宏观角度理解并设计系统。

2）电路原理图：电路设计的中间层级，对每个功能模块或部分的内部电路进行详细描述。电路原理图使用标准的电子元器件符号来表示电路中的各种元器件，如电阻、电容、二极管、晶体管等，并使用线来表示这些元器件之间的电气连接。电路原理图提供了电路设计的重要细节，包括元器件的类型、数值、连接方式等。

3）PCB板图：电路设计的最低层级，描述了元器件在实际物理设备或PCB上的布局和连接。这个层级的设计需要考虑到许多实际因素，如元器件的尺寸、线路的长度、PCB的大小等。PCB板图既包括元器件的位置和方向，也包括元器件之间的连接线路（通常称为"走线"）。

这3个层级的电路图共同构成了完整的电路设计，设计者可以通过这3个层级的电路图，从宏观到微观，全面地理解、设计和实现一个电气系统或电路。

3.3.1 系统框图

系统框图是一种电气绘图，如图3-2所示。它以方框的形式表示复杂系统的主要组件。方框的形式由表示它们之间关系的线互连。它是最简单的电气图形式，因为它只突出每个组件的功能并提供系统中的过程。

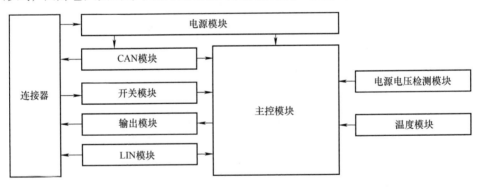

图3-2 系统框图示例

系统框图更易于设计，是为任何项目设计复杂电路的第一步。它缺少有关各个模块的接线和放置的信息。它只代表系统的主要组件，忽略任何小组件。用较简单的符号或带有文字的方框，简单明了地表示电路系统的最基本结构和组成，直观表述电路中最基本的构成单元和主要特征及相互间关系。

系统框图提供了一个想法，即如何通过不深入研究电气术语来完成该过程，但这不足以实现电路。每个模块都是一个复杂的电路，可以使用下面描述的其他绘图技术来解释。

3.3.2 电路原理图

电路原理图使用符号和线条显示组件之间的完整电气连接，如图 3-3 所示。在电路原理图中，线用于表示导线，符号用于表示元器件。原理图未显示元器件之间的实际连接或其位置，它只包含符号和线条，元器件之间的连线不代表它们之间的真实距离。它有助于显示组件之间的串联和并联以及它们之间的确切端子连接。应用电子电路理论，可以很容易地对某个原理图进行故障排除。它是最常见的电气图纸类型，主要用于技术人员实施电路。大多数电子工程师在开发各种电气项目时都依赖电路原理图。

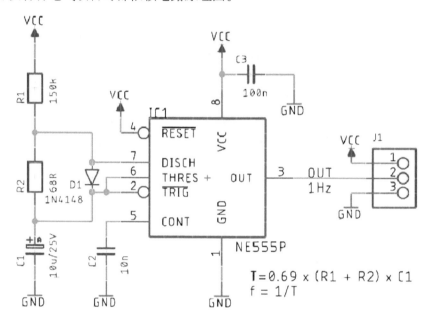

图 3-3 电路原理图仿真示例

3.3.3 PCB 布局

如图 3-4 所示，PCB 布局是以电路原理为依据绘制而成的。PCB 布局中各元器件图形符号、位置及相互间连接关系与元器件的实际形状、实际安装位置及实际连接关系相一致。

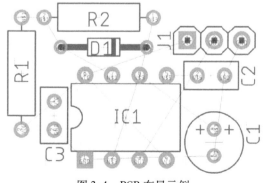

图 3-4 PCB 布局示例

3.4 原理图的组成

要了解原理图,我们必须了解原理图上的元器件是如何连接的。它包含有关各种元器件和电路工作条件的信息。原理图在电子电路设计中非常重要,包含了一系列关于电路设计的详细信息。

1)框图:是电子设备或系统的简化表示,提供了设备或系统的主要功能部分及其相互关系的高级视图。在原理图中,整个电路可以分解为多个功能块或模块,每个模块都可以被表示为一个独立的框图。

2)修订历史:如果有的话,原理图可以包含一个修订历史部分,列出该设计的所有重大变更。这是跟踪设计变更和版本控制的重要工具。

3)使用的元器件:原理图明确列出了构成电路的所有元器件。元器件包括但不限于电阻、电容、二极管、晶体管、集成电路等。元器件的型号、参数、封装和数量都会在原理图上进行详细注解。

4)元器件引脚之间的电气连接:原理图通过连线来表示元器件之间的电气连接关系。每一条连线表示一个电气路径,即电流将通过这条路径在元器件之间流动。

5)注释:原理图通常包含大量的注释,用于提供设计中关键部分的属性信息。这些信息可能包括元器件的工作电压、电流、功率等参数,也可能包括设计的公差或精度要求。

6)特殊说明:对于一些特殊的元器件或设计要求,原理图会进行详细的说明。例如,阻抗走线 SE(单端)、差分对,这些都是信号传输的方式,而去耦合电容、晶振等元器件的位置则关系到电路的稳定性和性能。原理图上会对这些特殊元器件的位置和连接方式进行详细规定和注解。

3.4.1 原理图网络

原理图网络是一种用于表示电路设计中元器件之间连接关系的方法。在这种网络中,元器件被视为节点(node),而元器件之间的连接被视为网络。每个网络(net)代表一个电气连接,即电流可以通过它从一个元器件流动到另一个元器件。

以下是原理图网络的一些主要特点:

1)定义元器件间的连接:原理图网络最主要的功能就是定义了电路中各元器件之间的连接关系。例如,一个电阻和电容串联,这个连接关系就可以在原理图网络中表示出来。

2）网络名称：每个电路网络通常都有一个独特的名称，这有助于设计者更好地理解和跟踪电路中的连接。例如，电源网络可能被命名为"VCC"，地线网络可能被命名为"GND"。

3）易于理解和分析：原理图网络以图形符号方式展示元器件之间的连接，这使得电路设计易于理解和分析。通过查看原理图网络，设计者可以清楚地看到电路中的各个部分及其相互作用，从而更好地理解电路的工作原理。

4）有助于电路设计和优化：通过原理图网络，设计者可以在早期阶段就发现可能的设计问题，如冗余连接、接地错误等，并进行必要的改进和优化。

5）用于电路仿真：原理图网络通常可以被导入到各种电路仿真工具中，用于进行功能验证、时间分析、噪声分析等。

原理图网络是电路设计中的一种重要工具，它提供了一种有效的方法，用于描述和理解电路中的各种连接关系和交互作用，如图 3-5 所示。

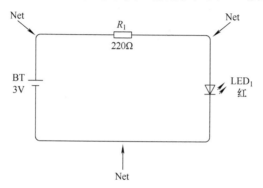

图 3-5　基本原理图中的网络

3.4.2　连接点和节点

在电子电路原理图中，连接点和节点有着重要的作用，它们帮助阐释电路中的电气连接，如图 3-6 所示。

1）连接点：是两条或更多导线在原理图中相互交叉的地方。在这个点上，导线是相互连接的，电流可以从一条导线流到另一条导线。在画原理图时，为了清晰

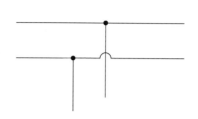

图 3-6　电子电路原理图中节点的表示

表示这个电气联系，通常会在交叉点上绘制一个小的实心圆，称为节点（junction）。这样，一看到这个节点，就可以明确知道在这个地方存在一个电气连接。

2）节点：是原理图中的一个重要概念。在电路分析中，节点定义为电路中任意两个或两个以上的电路要素相连接的点。节点是电流进出的地方，也就是说，电流可以在节点处分布或集合。除此以外，按照基尔霍夫电流定律，经过每个节点的电流总和为零，这一性质常用于电路的分析计算。

3）无电气连接：如果两条导线在原理图上交叉但并未真正连接在一起，那么在交叉点上不会画节点。这表明这两条线是分开的，没有电气连接，电流不能从一条导线流向另一条导线。

因此，通过对连接点和节点的标示，电路原理图成功地传达了电路中的电气连接关系，使得电路的阅读和理解变得更加容易。

3.4.3　原理图网络命名

为了使原理图更清晰易读，网络标有其名称，而不是绘制线条来显示连通性。即使没有任何可见的连接，也假设具有相同名称的网络已连接。

原理图网络的命名规则是电路设计中的一种重要实践，它能够帮助设计者更好地理解和跟踪电路中的连接。这些规则通常包括以下几点：

1）唯一性：每个网络的名称都应该是唯一的，以便可以清楚地辨别每个网络。

2）描述性：网络的名称应具有描述性，便于理解网络的用途或功能。例如，提供主电源电压的网络可能被命名为"VCC"或"VDD"，地线网络可能被命名为"GND"。

3）一致性：在整个电路设计中，相同的网络应始终使用相同的名称，以保持一致性。

4）避免混淆：网络名称应避免与元器件的符号或其他网络名称混淆。例如，不建议使用可以与电阻符号"R"混淆的网络名称。

5）明确性：在某些情况下，可能需要在网络名称中包含一些属性信息，以提供更具体的细节。例如，如果一个网络是用于 I2C 通信的数据线，那么可以将其命名为"I2C_DATA"，以明确其用途。

6）隐含连接：在原理图中，如果两个网络具有相同的名称，那么它们就被认为是电气上连接在一起的，即使没有明显的线路连接它们。

7）规范遵循：网络命名应遵循相关的电子工程标准和规则，例如 IEEE 标准。

通过遵循这些原理图网络命名规则，电路设计者可以创建出清晰、一致和易于理解的电路原理图，从而使电路设计的过程更加顺畅，也方便后续的电路分析和故障排查。

3.5 原理图和布局的区别

原理图是定义 PCB 上元器件之间逻辑连接的图形符号，它基本上展示了元器件是如何电气连接的。原理图包含一组网表，它是一种简单的数据结构，列出了设计中的每个连接，如图纸所指定。图 3-3 为电路原理图的示例。相比之下，PCB 布局为 PCB 上每个元器件安排了确切物理位置，并显示了将它们连接在一起的物理线（走线）。PCB 布局的示例如图 3-4 所示。

3.6 原理图的创建

如果设计使用分层原理图，其中许多功能图相互关联，那么它定义了不同原理图中的元器件组之间的关系。

以下是使用 EDA 工具创建原理图的步骤：

1）符号生成：此过程包括绘制元器件本体、添加引脚和引脚编号、定义符号属性以及分配封装。

2）元器件符号放置：元器件符号的本体是通过在原理图库编辑器中放置闭合符号形状来创建的。

3）引脚编号：引脚定义了元器件上输入和输出信号的连接点。进行引脚编号是为了确保原理图中显示的连接最终通过 PCB 上的封装引脚正确连接。

4）符号属性：主要由类别、值、制造商、制造商元器件号和供应商组成。建议电路上的每个符号都需要有自己独特的参考标识符，以便每个部分都易于识别。

3.7 绘制原理图的规则

原理图是电气电路的逻辑和视觉表示。它是电子产品设计的第一步。原理图主要由元器件符号和表示元器件之间连接的线条组成。原理图的可读性对于设计师设计成功的 PCB 非常重要。建议设计师遵循标准原理图指南，以获得结构良好且无错误的设计。

3.7.1 原理图规则的重要性

原理图是 PCB 设计的重要方面之一。一个好的原理图显示了一个结构良好的电路图，清楚地描绘了各种电子元器件之间的电气连接。还应该注意的是，技术上正确但拥挤的原理图仍然很糟糕，因为它可能会使设计师感到困惑。原理图可以是非常有价值的故障排除工具，因为它可以追踪电路中的连接。

3.7.2 绘制原理图的基本规则

要实现成功的设计，请遵循这些原理图的以下基本规则。

1. 页面大小选择

大多数设计工具提供不同的页面大小。通常，工具会选择页面大小为 A4。但是，应该注意的是，也可以使用各种其他页面大小。设计师应根据其电路设计的尺寸选择合适尺寸。

2. 页面命名约定

原理图的逻辑块应以页分隔。页面可以使用字母 A、B、C 等命名。通过这样做，可以按字母顺序放置页面。下面显示了此类命名约定的示例：

A_系统框图；B_电源；C_输入电路；C_微控制器电路；D_输出电路；E_连接器接口；F_修订历史。

大多数设计师通常会忽略系统框图和修订历史以节省时间。但是，它们对于试图理解原理图的其他设计师非常有帮助。

3. 网格设置

虽然这不是设计者的直接要求，但该工具需要有一些参考。因此遵循网格系统。网格化有助于设计师正确参考元器件并进行连接。电路元器件和连接必须始终在网格上，这有助于在分析过程中探测网络。

4. 页面标题栏

页面标题栏位于原理图页面的页脚中。最好填写所有必需的详细信息，例如：页面大小、更新日期、修订版、文档编号、电路名称/功能和组织标志（LOGO）。

页面标题栏一般格式如下：

标题 1（第一行）将与项目的正式名称相同。

标题 2（第二行）将是模块的名称（例如 COMMAND、POWER 等）。

标题 3（第三行）将更具有页面功能性（例如电源、输入、逻辑等）。

其他标题栏字段可以根据组织情况填写。

5. 注释/备注

设计师需要编写有关电路的必要注释。注释可以写在独立文档或原理图页面上。通常，对于复杂的设计，注释会在单独的页面上提供。注释示例可以是跳线状态、PCB 布局约束或指南等。

6. 修订历史记录

修订历史包含对设计所做的变更。该文档提供了诸如所做变更的日期和描述、作者和审阅者的姓名以及审阅意见（如果有）等信息。修订历史通常放置在原理图的第一页或最后一页。

修订历史旨在追溯原理图的变更。如果修订历史表已满，则可以在其他页上继续进行。这些附加的表应该是图的最后一页，名称为"变更记录"。

1）变更字段：必须列出所有变更。这些变更可能在电气图、图纸、元器件特性、标题栏，以及使用的元器件的重新分配等方面。

2）修订字段：每次修改原理图时，修订版本都会增加。修订级别以字母描述（大写）。

7. 原理图文件目录

目录列出了原理图文档中的主题。此页面可帮助设计师轻松定位复杂大型设计中的特定模块。如果设计小而简单，则可以跳过此步骤。目录的示例见表3-2。

表3-2　原理图文档的目录示例

序号	文件名	页码
1	根目录	1
2	系统框图	2
3	电源模块	3
4	输入电路	4
5	控制单元	5
6	输出电路	6
7	通信接口	11
8	连接器	13
9	修订历史	17

当一个原理图包含多个页面时，第一页必须包含一个表，该表包含子电路的名称和相关的页码。

8. 构架框图

构架框图代表了设计和信号流中的不同模块。这极大地帮助审阅者为了审阅目的而理解设计。

原理图超过几页时，建议在第一页上放置一个构架框图，该构架框图将包括功能模块，块之间的连接以及电源。

子页面将对应于每个功能模块。模块框图子页面的名称为《模块框图》，其余各页的名称将与所示功能模块的名称相同。

框图的绘制规则：

1）框图必须在第一页上。

2）使用总线时，必须严格使用具有相同电气特性的信号。

3）规范中描述的所有输入、输出、电源将用关联的导线数表示（例如：CAN高速总线有两根导线）。

4）指示每个模块的电源。

5）每个单元模块由一个矩形表示。

6）输入将在左侧，输出在右侧，电源在顶部，参考地在底部。

7）在每个模块内，将有一个代表其功能的名称或注释。

8）单元模块也可能包含其他信息。

9. 分层原理图设计

如果设计复杂，包含很多模块，最好采用分层设计。分层原理图清楚地显示了从一个模块到另一个模块的信号流，通过单击分层原理图中的相应模块，可以访问每个模块的详细视图。

10. 元器件文字符号

表3-3为常用电子元器件的名称，以及它们在任何原理图中使用的相应文字符号，代号是根据IEEE标准分配的，建议使用其标准文字符号来命名元器件。此外，始终使用大写字母来指定原理图符号。

表3-3 元器件文字符号

元器件	文字符号	元器件	文字符号	元器件	文字符号
电阻	R	插头/连接器	P/CON	电源	PS
电容	C	跳线	JP	晶振	X 或 Y
二极管	D	电缆/电线	W	振荡器	OSC
齐纳二极管	Z	测试点	TP	散热器	H
电阻网络	RN	继电器	K	基准	Fd
电感/磁珠	L	熔断器	F	蜂鸣器/扬声器	LS
集成电路	IC	开关	SW	电池	BT

11. 图形符号调用

原理图由不同类型的元器件组成，例如有源元器件、无源元器件和机电器件。有源元器件包括晶体管、二极管、逻辑门、处理器IC、FPGA、运算放大器等。电容、电感和变压器等元器件称为无源元器件。除非标准库中不存在该元器件的图形符号，否则不建议创建新图形符号。

（1）电阻

电阻的图形符号，如图 3-7 所示。设计者应注意保持所用图形符号的一致性。

图 3-7　电阻图形符号

电阻的单位是 Ω，用文字符号"R"表示。设计师应确保在整个设计中应遵循一致的单元表示。应在设计工具中输入有关元器件的所有必需数据，这使得在设计结束时创建 BoM（物料清单）变得更加容易。

（2）极化和非极化电容

极化电容有两个端子，一个正极，一个负极，应注意标记这些端子的极性。电容端子极性错误可能导致电容爆炸。图 3-8 为电容图形符号。

设计师还应确保分配给图形符号的引脚编号应与封装布局完全匹配。

（3）晶体管

如图 3-9 所示，晶体管是一种三端半导体元器件。三个端子分别为基极（b）、集电极（c）和发射极（e）。设计师在将封装布局中的引脚映射到原理图图形符号时，应始终参考元器件数据表。

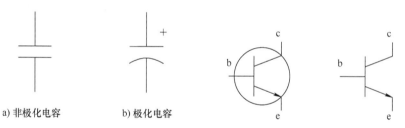

a) 非极化电容　　　　b) 极化电容

图 3-8　非极化和极化电容图形符号　　图 3-9　带有引脚编号的晶体管图形符号

创建图形符号时，输入元器件的描述很重要。这对于将来参考或当元器件已经过时需要更换时非常有用。将这些详细信息放在 BoM 上可以提高可读性。

（4）运算放大器

按照 IEEE 标准创建运算放大器的图形符号非常重要，如图 3-10 所示。许多设计师经常根据自己的方便来绘制运算放大器，这往往会降低可读性。这可能是由于对 EDA 原理图工具缺乏了解和经验造成的。

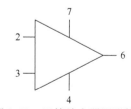

图 3-10　运算放大器图形符号

创建图形符号时，建议将所有输入引脚放在左侧，将所有输出引脚放在右侧。同样，电源和接地引脚可以分别放置在顶部和底部。在显示的图像中，输入引脚为 2 和 3，输出引脚为 6，电源和接地引脚分别为 7 和 4。

设计师在翻转或改变符号的方向时应该注意，正极和负极端子很可能会转换它们的位置。因此，应注意将每个图形符号与制造商的数据表进行交叉检查。

（5）异构原理图图形符号

FPGA、存储器、微处理器等复杂元器件称为异构元器件。这些元器件具有大量不同类型的引脚，例如数据线、输入/输出、地址线、控制线和电源线。为保持清晰度和可读性，设计师应创建单个封装的多个元器件，例如 UxA、UxB、UxC 和 UxD。

（6）电源和接地符号

电源图形符号如图 3-11 所示。

用"+"号表示电压，因为 PCB 上可能存在负电压。设计师应遵循标准和一致的约定来表示芯片内部的电压电平及其部分。例如，+ 3.3V_IO、+ 3.3V_DG、+ 3.3V_AN、+ 1.8V_Core、+ 1.2V_LVCore、+ 2.5_Vref 等。

同样，PCB 上可能存在不同类型的接地，图形符号如图 3-12 所示。

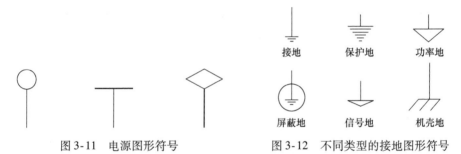

图 3-11　电源图形符号　　　　图 3-12　不同类型的接地图形符号

12. 线连接

每当有两条电线形成一个连接点并共享一个电气连接时，该交叉点就需要有一个连接点，这是每个原理图设计中的标准做法，如图 3-13 所示。

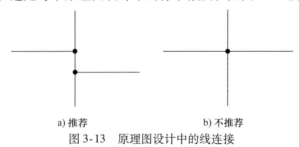

a) 推荐　　　　　　　　b) 不推荐

图 3-13　原理图设计中的线连接

（1）网络标签约定

原理图的目的是使设计师更容易理解电路，应尽量减少不必要的网络连接。在原理图上绘制集成电路（IC）的图形符号时，通常会观察到这种情况。

设计师不是在整个原理图上绘制数连线，而是为特定引脚指定一个网络名称，该网络名称与另一个元器件上的引脚相关联，这些引脚将具有相同的名称。假定具有相同名称的引脚已连接，这提高了原理图的可读性。

（2）页内连接

当网络在同一页面上直接连接到另一个 IC 时，不需要网络命名。但是，如果要将网络连接到另一页上的 IC，则需要为其命名。设计师在命名网络时可以遵循网络命名规则，具体可参见后续章节。

（3）页外连接

为了提高可读性，设计师通常在原理图中命名网络。当信号要连接在同一页面上时，可以正常工作。如果需要将网络连接到不同页面上的引脚，则应使用页外连接器符号。

（4）信号流表示

在原理图页面上，信号从页面的左侧流向右侧。任何电源和接地连接都显示在页面的顶部或底部。

13. 元器件放置

在原理图中放置元器件是重要的任务之一。布局工程师将参考原理图和组装文件来放置元器件。

14. 晶体放置

原理图中的晶体放置如图 3-14 所示。连接到晶体的元器件总是放置在它附近，因为信号可能是高频的。

15. 设计规则检查

设计规则检查（DRC）是 EDA 软件提供的一项智能功能，用于检查设计的逻辑和物理完整性。根据所有启用的设计规则进行检查，并且可以在设计时在线进行。

16. 网表验证

当原理图设计完成并准备好在布局中导入时，将生成网表。网表文件显示元器件引脚之间的所有连接/网络。

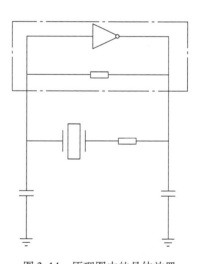

图 3-14　原理图中的晶体放置

17. 物料清单（BoM）

目前，EDA 工具提供了一个称为 BoM 创建的关键功能。只有设计师在从库中创建或导入元器件时在工具中提供了所有输入，才能生成完整且足够的 BoM。BoM 的输入可以是制造商元器件编号（MPN）、封装、供应商名称等。建议在符号创建期间提供所有必需的信息。

第4章

原理图设计

4.1 目的

原理图是电气/电子电路的图形表示，作为不同活动或客户之间的沟通纽带。为了提高原理图的设计质量，尽量在原理图单板设计阶段，排除各种可能出现的问题和隐患，确保投板的一次成功率。引入原理图设计规范后，通过每个设计师严格遵行，将非常有助于提高原理图的可阅读性、可维护性、可评审性、可复用性、可靠性等。这会带来产品质量的提高、产品开发进度的加快；另外，更可以为实现资源共享（复用技术）提供良好的平台。

4.2 范围

本书中描述的准则适用于所有软件平台绘制原理图，包括为电路研究、PCB研究、原型、测试或生产板生成的所有原理图。

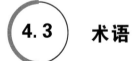

4.3 术语

1）电路图或原理图：这是使用图形符号来表示电子元器件和它们之间连接的图形化文档。这些图形符号按照特定的约定和规则进行排列和连接，以清楚地表达电子电路的工作原理和功能。电路图或原理图是电子工程师设计、理解和修复电子系统的关键工具。

2）主图或主原理图：这是详细展示了整个 PCB 及其所有元器件的原理图。它包括元器件的所有可能版本和变型，并将用于指导 PCB 的实际布局和制造。主图或主原理图通常是电路设计过程中最重要的文档之一。

3）框图：这是电子系统或电路的高层次视图，用于显示电路中各个功能模块及其相互关系的简化描述。框图中的每个方框代表一个功能模块，箭头显示了信息或信号的流向。框图有助于快速了解系统的整体架构和工作原理。

4）布局规范：这是一组用于指导 PCB 设计布局的信息和规则。布局规范可能包括元器件的物理尺寸、元器件之间的最小间距、信号线的布局和走线规则、接地和电源分布等要求。

5）元器件：是构成电子电路的基本构件。它可以是电阻、电容、电感、二极管、晶体管、集成电路芯片等电子元器件，也可以是连接器、开关、仪表刻度盘等机械器件。元器件通常是通过焊接等方式固定到 PCB 上，并通过焊盘和电路线实现电气连接。

6）原理图捕获（Diagram Capture）：也称为原理图输入，是将框图转化为原理图的过程。设计师使用特定的软件，如 OrCAD、Altium Designer 等，将元器件图形符号以及它们之间的电气连接绘制成原理图。这通常是电子电路设计流程的第一步。

7）印制电路板（Printed Circuit Board，PCB）：是一种机械支撑和电气连接电子元器件的装置。元器件被固定到 PCB 的一面，并通过焊接到预先设计的铜导线路径，即"走线"，实现电气连接。

8）网表（Netlist）：是电路设计的另一种表示形式，详细描述了电路中所有元器件的连接关系。

9）物料清单（Bill of Material，BoM）：是电路设计中所使用的所有元器件的清单，包含元器件的类型、数量、制造商和制造商元器件编号等信息。BoM 对 PCB 的制造和采购过程至关重要。

10）Gerber Files：是一种用于在 PCB 制造过程中描述铜层、焊盘、元器件轮廓等信息的标准文件格式。

11）设计规则检查（Design Rule Check，DRC）：是检查电路设计是否满足一组预定义规则的过程，比如检查走线是否符合最小间隔要求、焊盘是否足够大等。DRC 有助于确保设计的可制造性和功能性。

12）电气规则检查（Electrical Rule Check，ERC）：主要用于检查电路设计中的电气连接和信号完整性方面的规则，包括器件连接、电气特性匹配、电源连接等，确保电路在电气层面上正常工作并符合设计要求。

以上是电子电路设计中的一些基本术语,它们涵盖了设计流程的各个阶段,包括原理图设计、PCB布局设计、电路仿真、设计规则检查、元器件采购和PCB制造等方面。理解这些术语对于电子电路设计师来说非常重要。

4.4　原理图捕获

原理图捕获(原理图输入)过程需要包括工作所需的电路设计中的所有内容,包括与其环境的电气连接。因此,对细节的关注至关重要;当事情没有按预期工作时,电路设计中的任何遗漏都可能导致令人头疼的问题,并且可能会导致昂贵的诊断和纠正措施。

4.5　原理图

如果一个产品是由多个PCB组成的,则每个PCB将具有单独的原理图。原理图最多只能创建一个PCB。一个包含所有产品变型的主原理图将仅生成一个PCB。在主原理图中,必须标识所有元器件的属性。

4.6　纸质打印

4.6.1　颜色

所有原理图应仅以黑色打印。在原理图绘制期间,如果使用黑色以外的颜色,请确保可以将颜色转换为黑色以进行打印。

4.6.2　页面格式

如图4-1所示,最好在"297mm×420mm(A3)"的纸上打印原理图,原理图必须清晰易读。

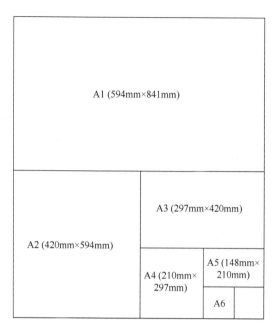

图 4-1   图幅尺寸

 4.7   电气原理图

4.7.1   绘图的一般规则

原理图绘制必须在 2.54mm（100mil） 工作网格上进行，尽可能将输入放置在左侧，将输出放置在右侧。元器件图形符号的大小未定义，可以根据需要进行调整，但最大长宽不要超过所选图纸长宽的一半。

4.7.2   电源

原理图上必须显示所有集成电路电源连接，必须使用两种可能的替代方法之一。第一种是在集成电路的图形符号上显示集成电路电源连接。第二种是与集成电路图形符号分开显示集成电路电源连接。如果使用第二种解决方案，则集成电路电源连接必须与集成电路图形符号在该图的同一页上。

具有正电压的电源将始终放在顶部。带负电压或接地符号将始终放置在底部。接地符号将尽可能对齐或在一个水平线上。

4.7.3　元器件

1. 文字符号

元器件标记规则涉及如何在电路图上标记元器件。这通常涉及元器件的类型和编号。例如，电阻可能被标记为"R1"，电容可能被标记为"C1"等。元器件编号通常按照电路图上的顺序递增，通过使用一个或几个大写字母后跟两到三位数字来标识元器件。

2. 元器件编号

一旦为元器件分配了编号，该元器件编号就必须在原理图的有效期内用于该元器件。如果不遵循此准则，则将导致其他文档和机器程序等的修改。如果在修订过程中删除了元器件编号，则以后的所有修订版本均不应使用该编号，例如：如果在修订期间删除了元器件编号 R13，则在以后的修订中将不再使用元器件编号 R13。

3. 图形符号

图形符号是电子设计自动化（EDA）软件中元器件的一个重要组成部分。每种元器件都有自己的图形符号，用于在电路图或 PCB 设计图中表示该元器件。图形符号包括两部分：不带引脚的元器件图形符号和带引脚的元器件图形符号。

在大型组织中，通常由专门的 EDA 部门负责定义、创建和维护图形符号。需要根据元器件的物理特性和电路性能定义图形符号，然后利用 EDA 软件的图形工具创建图形符号，并在元器件数据库中存储图形符号。在电路设计或 PCB 设计过程中，设计师可以从元器件数据库中调用图形符号，将其插入到电路图或 PCB 设计图中。

对于小型组织，由于没有专门的 EDA 部门，图形符号的定义、创建和维护工作通常由专门的库管理员来完成。库管理员需要具备一定的电子技术知识和 EDA 软件操作技能，他们既要负责图形符号的创建和维护，也要负责元器件数据库的管理。

无论是大型组织还是小型组织，图形符号的定义、创建和维护都是一个重要的工作，因为图形符号是电路设计和 PCB 设计的基础，直接影响到电路和 PCB 的质量和性能。

4. 元器件注释规则

元器件注释规则可以确保设计人员在电路图上恰当地注释元器件，从而保证设计的有效性和准确性。

元器件属性注释规则：元器件属性注释规则涉及如何在电路图上注释元器件的属性。这可能包括元器件的值（如电阻值、电容值）、工作电压、电源/地等。这些信息对于理解电路的工作原理和进行故障诊断非常重要。

元器件注释规则通常由组织或部门定义，并在设计指南中进行详细说明。设计人员需要遵循这些规则来完成他们的设计工作，同时，对于复查或审查人员来说，这些规则帮助他们更好地理解和评估设计的有效性和准确性。

（1）电阻注释规则

电阻以如下形式注释：阻值/精度/功率（可选），见表4-1。

示例：0.2Ω 可注释为：0R20；

示例：$56.8k\Omega$ 可注释为：56K8/1%。

表4-1　电阻注释示例

元器件		标注规则
电阻	$\leq 1\Omega$	可表示为 0R××，例如，0R47（0.47Ω）、0R033（0.033Ω）
	$\leq 999\Omega$	整数表示为 ××R，例如，100R（100Ω）、470R（470Ω）
	$\leq 99.9k\Omega$	表示为 ×K×，例如，4K7（$4.7k\Omega$）、4K99（$4.99k\Omega$）、49K9（$49.9k\Omega$）
	$\leq 999k\Omega$	表示为 ××K，例如，100K（$100k\Omega$）、470K（$470k\Omega$）
	$\geq 1M\Omega$	整数表示为 ××M，例如，1M（$1M\Omega$）、10M（$10M\Omega$）

（2）电容注释规则

注释需显示元器件参数值，见表4-2。电容以皮法（pF）为最小单位，以1000 为量级，$1\mu F = 1000nF = 1000000pF$。

电容以如下形式注释：容值/额定电压/公差。

表4-2　电容注释规则示例

元器件		标注规则
电容	$\leq 1pF$	以小数加 p 表示，表示为 0p××，例如，0p47（0.47pF）
	$\leq 10pF$	表示为 ×p×，例如，4p7（4.7pF）、6p8（6.8pF）
	$\leq 1000pF$	整数表示为 ××p，例如，100p（100pF）、470p（470pF）
	$\geq 1000pF$	采用指数表示，例如，1000pF 为 102
	$\geq 1000pF$	采用纳法表示，表示为 ×n×，例如，4n7（4.7nF）、6n8（6.8nF）
	$\leq 1\mu F$	表示为 0.××μ，例如，0.1μ（0.1μF）、0.22μ（0.22μF）
	$\geq 1\mu F$	整数表示为 ××μF/耐压值，例如，100μF/25V、470μF/16V

5. 公差

电阻和电容默认公差将在原理图上声明，这些默认值以外的公差可以以公差代码的形式显示在元器件上。电容公差代码可以参见表4-3，电阻公差可以参见表4-4。公差可以分为以下两类：

第一类，绝对公差，通常以电容量的值的绝对公差表示，以 pF 为单位，即 B 代表 ±0.1pF、C 代表 ±0.25pF、D 代表 ±0.5pF，Y 代表 ±1pF，A 代表 ±1.5pF，

表4-3 电容公差代码

代码	公差值	备注
A	±1.5pF	
B	±0.1pF	
C	±0.25pF	
H	+0.25pF	
L	−0.25pF	
D	±0.5pF	小于10pF
Y	±1pF	
V	±5pF	
D	±0.5%	大于10pF
P	±0.65%	
F	±1%	F 对于小于10pF 的数值，F = ±1pF，对于大于或等于10pF 的数值，F = ±1%
R	±1.25%	
G	±2%	
U	±3.5%	
J	±5%	
K	±10%	
M	±20%	
S	−20%，+50%	
Z	−20%，+80%	

表4-4 电阻公差代码

代码	公差（%）	备注
Y	±0.001	
X	±0.002	
E	±0.005	
L	±0.01	
P	±0.02	
W	±0.05	
B	±0.1	
C	±0.25	
D	±0.5	
F	±1	
G	±2	
J	±5	
K	±10	
M	±20	
N	±30	
Z	+80%，−20%	

V 代表 ±5pF。这种表达方式通常用于小容量电容。

第二类，相对公差，以电容量标称值的偏差百分数表示，即 D 代表 ±0.5%，P 代表 ±0.65%、F 代表 ±1%，R 代表 ±1.25%，G 代表 ±2%，U 代表 ±3.5%，J 代表 ±5%，K 代表 ±10%，M 代表 ±20%，S 代表 50%/−20%、Z 代表 80%/−20%。

6. 电阻额定功率

缺省情况下，电阻额定功率默认为 125mW，当超过 125mW 时，显示电阻额定功率。

7. 电容电压

原理图上将声明默认的陶瓷电容电压和类型（COG、X7R 等），这些默认值以外的规格将显示在元器件上。如果使用铝电容或钽电容，则在属性栏中输入为 Al 或 Ta。

8. 集成电路

集成电路（或集成电路的一部分）的文字符号将以大写字母显示在图形符号上方。

9. 元器件变型

所有元器件应在主原理图上显示。如果需要，可以识别特定于变型的元器件。

10. 未使用部分元器件

元器件的所有未使用部分或功能必须显示在原理图上。示例：对于 4 路比较器，即使只使用 3 个比较器，原理图上也应显示 4 个比较器。

11. 元器件位置及其功能

功能所需的元器件有时会与其关联的元器件分开。以下规则将适用：

（1）去耦电容

去耦电容必须位于与其相关的集成电路引脚附近，而不要使用集中去耦。

（2）上拉或下拉电路

添加到极化输入（IO 输入、MOS 栅极、双极型基极……）的上拉或下拉电路将放置在靠近相关输入的位置。

（3）限流电阻

用于限制电流的串联电阻应尽可能靠近会产生过电流情况的电路引脚放置（源端，包括阻尼电阻）。原理图上的电阻位置并不总是代表布局中元器件的位置。从布局的角度来看，最好将串联电阻放置在过电流的源端附近。

4.7.4 信号命名

选择的信号名称应该是明确的，并有助于理解原理图。对于连接器上的信号名称，优先以客户命名的信号名称命名。

1. 电源命名

电源名称必须使用大写字母，见表 4-5。如果客户规范中包括电源名称，则必须在原理图上使用该名称。除非电源实际连接到该 IC 引脚，否则请避免使用 IC 标注的电源名称。示例：如果 VDD1 是未连接到 VDD1 节点的 IC 引脚的标准名称，则不要使用 VDD1 作为电源名称。

除了 VCC 或 VDD 以外，所有正电源的名称前均带有"＋"符号。VEE 或 VSS 以外的所有负极电源的名称前均带有"－"符号。为了配合 PCB 布局，可专门确定其命名规则，除非是一些多电源的特殊场合，可以取其他名字，一般情况下必须遵循表 4-5 规则。

表 4-5　电源命名

类型	简称	命名
数字电源	VCC	命名方法：电源引导符＋加号或减号＋电压值＋V＋序号（可选） 其中： V：电源引导符 ＋：正电源 －：负电源 V：以伏特为单位 序号：可选，默认情况为无序号
		示例：V＋12V、V＋3.3V、V－12V、V－5V
模拟电源	VCCA	命名方法：电源引导符＋加号或减号＋电压值＋V＋序号（可选） 其中： VA：模拟电源引导符 ＋：正电源 －：负电源 V：以伏特为单位 序号：可选，默认情况为无序号
		示例：VA＋3.3V、VA＋5V、VA＋5V1、VA＋5V2
特殊电源	—	命名方法：电源引导符＋加号或减号＋电压值＋下划线＋特殊电源描述信息（可选）＋序号（可选） 其中： CAN：CAN 电源 M：电动机 P：保护 R：防反保护 序号：可选，默认情况为无序号
		示例：V＋5_CAN、V＋12_M

2. 地的命名

当使用多个接地符号时，必须添加注释以指示每个接地所服务的电路类型或电路功能（模拟/数字，大电流/电动机等）。这些注释也必须在布局规范中，见表4-6。

表 4-6　地的命名

类型	简称	命　　名
数字地	GND	命名方法：GND
		示例：GND
模拟地	GNDA	命名方法：GNDA + 模拟地序号（可选）
		示例：GNDA、GNDA1、GNDA2
特殊地	GND（X）	命名方法：GND + 下划线（可选）+ 特殊符号 特殊符号： P：保护地 E：大地地 M：电动机地 H：外壳地 S：敏感信号地 OSC：晶振地 RF：射频地 默认情况为无序号
		示例：GNDM、GNDE、GNDP

3. 板内信号

板内信号以主控单元的端口为基础进行命名，便于阅读和理解，见表4-7。

表 4-7　板内信号命名

类型	前级	命　　名
数字输入	MI	命名方法：MI + 下划线 + 信号有效性 + 下划线 + 信号类型 + 下划线 + 信号名称 + 序号(可选) 其中： MI：主控制器输入 信号有效性：高有效（H），低有效（L） 信号类型：开关输入（SW），脉冲输入（PWM） 信号名称：连接器端信号名称 序号：可选，默认情况为无序号
		示例：MI_H_SW_IGN

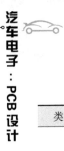

（续）

类型	前缀	命　　名
数字输出	MO	命名方法：MO＋下划线＋信号有效性＋下划线＋信号类型＋下划线＋信号名称＋序号（可选） 其中： MO：主控制器输出 信号有效性：高有效（H），低有效（L） 信号类型：开关输出（SW），脉冲输出（PWM） 信号名称：连接器端信号名称 序号：可选，默认情况为无序号
		示例：MO_H_SW_Relay
模拟输入	MI	命名方法：MI＋下划线＋信号类型＋下划线＋信号名称＋序号（可选） 其中： MI：主控制器输入 信号类型：模拟输入（ANI），模拟输出（ANO） 信号名称：连接器端信号名称 序号：可选，默认情况为无序号
		示例：MI_ANI_Temp
专有信号 （时钟）	CLK	命名方法：CLK＋频率值＋序号（可选） 示例： （a）27MHz 晶振输出：CLK27M （b）两路 24.576MHz 输出：CLK24.576M1、CLK24.576M2
专有信号 （复位）	RST	命名方法：RST＋下划线＋描述信息（可选）＋下划线＋L（低电平有效时可选）＋序号（可选）
		示例：RST_Watchdog_L1

4. 板外信号

板外信号以连接器端口为基础进行命名，便于阅读和理解，见表4-8。

表4-8　板外信号命名

类型	前缀	命　　名
数字输入	CI	命名方法：CI＋下划线＋信号有效性＋下划线＋信号类型＋下划线＋信号名称＋序号（可选） 其中： CI：连接器端口输入 信号有效性：高有效（H），低有效（L） 信号类型：开关输入（SW），脉冲输入（PWM） 信号名称：连接器信号名称 序号：可选，默认情况为无序号
		示例：CI_H_SW_IGN

（续）

类型	前缀	命 名
数字输出	CO	命名方法：CO + 下划线 + 信号有效性 + 下划线 + 信号类型 + 下划线 + 信号名称 + 序号（可选） 其中： CO：连接器端口输出 信号有效性：高有效（H），低有效（L） 信号类型：开关输出（SW），脉冲输出（PWM） 信号名称：连接器端信号名称 序号：可选，默认情况为无序号
		示例：CO_H_SW_Relay
模拟输入	CI	命名方法：CI + 下划线 + 信号类型 + 下划线 + 信号名称 + 序号（可选） 其中： CI：连接器端口输入 信号类型：模拟输入（ANI），模拟输出（ANO） 信号名称：连接器端信号名称 序号：可选，默认情况为无序号
		示例：CI_ANI_Temp
通信接口	COM	命名方法：COM + 下划线 + 描述信息（可选）+ 序号（可选） 其中： 描述信息：ETH（以太网）、LIN（局部互联网）、CAN（控制器局域网）
		示例：COM_CAN1H、COM_CAN1L
专有信号（诊断）	DIAG	命名方法：DIAG + 下划线 + 描述信息（可选）+ 序号（可选）
		示例：DLAG_RLY
专有信号（测试）	BIST	命名方法：BIST + 下划线 + 描述信息（可选）+ L（低电平有效时可选）+ 序号（可选）
		示例：BIST_CLK、BIST_EN

5. 板与板外组件之间的连接

板与板外组件之间的所有连接名称的后缀均为"_COB（Component Out Board）"。

如果可以改善原理图的理解，则可以在原理图中包括板外组件，但必须明确指出该组件不在模块内，并且未包含在布局中。

6. 产品外部连接

当有外部输入或外部输出时，优先按照客户规范中的定义命名。

4.7.5　连接器

连接器注释规则涉及如何在电路图上注释连接器的连接方式。这可能涉及连接器的引脚编号、连接线的标记等。这些信息对于正确地连接连接器和理解电路的工作原理也非常重要。

1. 板间连接器

所有板间连接器名称的后缀为"_IBC（In Board Connector）"。如果板上连接器不止一个，则名称后应带有数字。

2. 产品连接器

产品连接器的名称和编号必须与客户规范中定义的名称和编号相同。

3. 板对板外组件连接器

所有板对板外组件连接器名称的后缀为"_OBC（Out Board Connector）"。如果有多个，则名称后应跟数字。

4.7.6　电线交叉

如果可能的话，所有导线的交叉都应减至最少并相互垂直。

4.7.7　电线连接

电线连接在电路中起到非常重要的作用，因此需要进行清晰的标记。每对线都应该被明确地标记，以显示其自己的连接。

为了实现这一点，可以采用以下措施：

标记颜色：使用不同颜色的标签或套管来标记每对线的连接。这样可以直观地区分不同的连接，并避免混淆。

标记编号：为每对线分配一个唯一的编号，并在电路图或布局图上进行标记。这将使得在电路中容易识别和查找特定的连接。

标记符号：使用符号或图形来表示不同的连接。例如，可以使用特定的符号表示地线连接、交流电源连接或直流电源连接等。

标记标签：为每个连接使用标签或名称，并在电路图或布局图上进行标记。这将有助于清楚地标识每个连接的用途和功能。

通过以上方法标记电线连接，可以确保每对线的连接都清晰可见。这将有助于电路的维护和故障排除，因为可以准确地识别和跟踪电线的连接状态。此外，对于大型电路或系统，可以制作连接表格或记录册，详细记录每对线的连接信息，以便参考和更新。

4.7.8　备用元器件

如果备用元器件与布局不兼容（不同的封装或是诸如SMT与通孔之类的元器件），则有时会在图上显示并连接这些元器件，并将它们放在布局的相同节点上。要求在元器件区域中放置注释以指示它们是备用元器件。替代元器件的文字符号应共享大写字母/数字，但要有其他字母后缀以区分替代位置。

4.7.9　特别标注

有时会添加特殊注释或图形表示，以提高对原理图的理解或指示布局的特定要求。在任何情况下，这些注释都不能替代布局规范。

1. 大电流

如果指定了走线宽度，则必须用粗线标识该导线。

2. 高电压

如果由于电压而需要特殊的走线要求，则可以通过添加带框的注释来识别，其中包括对地的最大电压。

3. 布局约束

在某些情况下，从布局规范中添加有关图的其他信息可能会有所帮助，包括：

1）散热：当某个元器件需要在 PCB 上放置一个散热器时，建议在原理图上注明。

2）元器件：某些元器件是由布局制造的（例如 RF 天线、熔断器、电容等），这应该在原理图上指出。

3）接地：必须指出所需的位置。

4）分流器：应在所有分流器上添加注释以指示电压差测量点。

5）布局选项：当所有设计要求尚未最终确定时，可以在图中显示电路替代方案。

6）计划降低风险的元器件（EMC/EMI 等）：表明仅添加这些元器件是为了降低风险，并且将来可能会删除。例如：电阻可能已串联放置在信号线上，以限制感应电流，如果在测试后不需要该电阻，则将其替换为布局上的走线。

7）敏感布线：可以用诸如 "S" 之类的符号来表示。

4. 功能界定框

为了指示原理图上的功能区域，可以使用虚线框对其进行功能模块定界。

5. 具有特定功能的测试点

如果测试点具有测试以外的功能要求，则需要在原理图上指出。例如，测试点也可以用于对 EEPROM 进行编程的电气接口。

6. 布局属性

1）布局属性可以添加到原理图中，这使 EDA 工具可以自动检查此要求。

2）布线宽度（指定宽度以满足电流要求）。

3）元器件之间的最大距离（可能表明去耦电容应位于靠近集成电路的位置）。

4）差分信号（允许信号并排布线，例如 COM_CAN_L 和 COM_CAN_H）。

4.8 电路原理图布局指南

尽管可以以任何方式简单地为电子电路设计绘制原理图，但关键要求之一是它应该易于理解。在开始绘制之前花点时间考虑一下它可以帮助任何使用原理图的人，因为它更容易理解。

对于许多参与电子电路设计的人来说，电路原理图的概念和想法通常是第二天性，但一些提示可能会有所帮助。

1. 信号流从左到右

一般来说，电路原理图中的信号流应该是从左到右的。对于许多现代复杂的数字电路，这可能并不总是可行的，但在适当的地方这样做会有所帮助。

2. 地线朝向底部

如果地线或 0V 线朝向底部，它可以显著帮助布局。任何原理图上都可能有一条或多条线，但如果 0V 线位于原理图上任何电路部分的底部，则会有所帮助。

3. 电压轨朝向顶部

就像 0V 线位于底部一样，电源轨通常位于顶部。将较高的电压放在原理图的较高位置几乎是第二天性。

4. 微处理器的位置

对于许多微处理器电路，不可能让信号从左向右流动。通常，此类电子电路设计的主要器件（例如处理器本身）可能位于原理图的中心，而外围设备则位于外围。

5. 整洁性

无论采用何种方法，明智的做法是尽可能保持原理图的整洁性，不要让电线到处来回穿梭。如果原理图以有序的方式列出，它总是有助于理解电子电路设计。在电路上工作的任何其他人都可以了解正在发生的事情以及可能出现问题的地方。

6. 符号一致性

在电路原理图中，电子元器件的表示应该尽可能一致。当有多个相同的元器件时，应使用相同的符号表示，以提高电路的可读性。此外，符号之间的大小、方向和位置也应尽可能一致。

7. 连接线的规则

一般来说，原理图中的电线应避免交叉。如果必须交叉，那么在交叉点处应明确表示是否有连接。此外，电线的长度也应该尽量缩短，避免线路过长、过分绕行。

8. 元器件命名和编号

电路原理图中的每个元器件都应该有一个清晰、独特的名称或编号。这样，当需要讨论或修理某个元器件时，可以很容易地找到和识别这个元器件。

9. 添加注释

在电路原理图中添加一些注释或说明，可以帮助理解电路的工作原理和元器件的功能。这些注释应该简洁明了，易于理解。

10. 使用颜色

如果可能的话，可以使用不同的颜色来表示不同的信号或电源电压。这样可以提高电路的可读性和易于理解。

以上就是电路原理图布局的一些基本指南，通过遵循这些指南，可以设计出既美观又易于理解的电路原理图。

通过在原理图中使用各种标准图形符号，可以创建一个不仅易于阅读的原理图，而且与使用非标准图形符号相比，可以减少误解。

4.9 原理图绘制检查清单

审查原理图和 PCB 设计是最终探讨产品实现的关键节点。检查清单内容丰富多样，其中有些主题涵盖了极广的范围，旨在作为单独的项目来进行检查。设计检查清单的价值体现在完成它是满足管理层的需求，若持有这种观念，那么无疑会错失产品改进以及团队经验技能交流的重要机遇。

这些检查可以带来绝佳的机会来改进产品的功能、可用性和可靠性，甚至降低成本，因为某些功能对于最终设计可能实际上并不是必需的。尽早进行此讨论，重新审视产品的需求规范可以在以后节省数十小时的工程时间。原理图设计评审也是确认产品设计符合设计过程开始时发布的所有必需规格的绝佳时机。发现缺少关键规范或误解了此开发阶段要求的某些方面，与手中的 PCB 故障相比，可以轻松纠正缺陷。

4.9.1 风格

风格检查，也可称为通用性检查，目的是确保原理图设计的完整性、准确性、可读性和规范性。根据具体情况，可以进行适当调整和补充，见表 4-9。

表 4-9 风格检查清单

条目	细 节	备 注
1	每个原理图是否都应用了正确的模板	确保使用了规定的模板，包括布局、边框、图例等
2	标题栏是否填写在每张纸上	标题栏应包括项目名称、原理图名称、日期等相关信息
3	可以在办公室的打印机上打印纸张尺寸吗	确保纸张尺寸不超过 A3，以便适应办公室打印机的限制
4	纸张不应超过 A3 尺寸	确保所有原理图的尺寸相同，以保持一致性和统一性
5	所有网络之间有明确的标签	确保网络之间有明确的标签，以便于理解和布局
6	网络是否有网络标签以简化可读性和 PCB 布局	确保每个网络都有相应的标签，以防止混淆和错误
7	网络是否始终贴上标签	
8	电源端口的标签是否一致	确保所有电源端口都有相同的标签，以便于识别和连接
9	检查每张原理图上的图例是否清晰明确	确保图例中包含所使用的符号和组件的定义，以便他人能够理解和使用原理图
10	检查原理图中的线条是否整齐排列	确保线条直线清晰、没有重叠或交叉，以提高可读性和理解性
11	检查电源线和地线的标记是否明确	确保电源线和地线都有明确的标记，以便于正确连接
12	检查原理图中的元器件是否按照功能或类型进行分组	确保将相同功能或类型的元器件放在一起，以便于理解和调试
13	检查原理图中的注释和说明是否清晰	确保注释和说明清楚地解释原理图中的关键部分和设计思路
14	检查原理图中是否有冗余或多余的元器件或线条	确保原理图中没有多余的元器件或线条，以简化设计和提高可读性
15	检查原理图中的电源端口和信号端口是否正确命名	确保每个端口都有清晰明确的名称，以便于理解和连接
16	检查原理图中的引脚标记是否正确	确保每个元器件的引脚都有正确的标记和连接
17	如果有多个工作表：	
17.1	● 有根目录	
17.2	● 根目录是否显示每个子表之间的连接	

（续）

条目	细 节	备 注
18	原理图设计是否编译并通过设计规则，没有错误	确保将原理图设计编译，并检查是否存在与设计规则不符的错误
19	是否检查了编译原理图设计的每个警告，看它是否真的很关键	确保对每个警告进行逐一检查，并确定是否需要采取相关措施
20	如果这不是原理图的第一次设计评审，是否有变更清单或修订清单	确保记录和跟踪任何对原理图进行的变更或修订
21	所有元器件是否与网格对齐，所有网线是否正确连接到每个引脚	确保元器件和引脚与网格对齐，并确保所有网线正确连接
22	是否可以将多组表外连接分组到总线或线束中以提高顶层的易读性	确保可以将多组表外连接分组到总线或线束中，以提高顶层的易读性
23	多通道块是否实现为多通道表	
24	差分对是否用_P 和_N 信号正确识别	对于差分对，确保使用正确的_P 和_N 信号来标识差分信号对
25	差分对是否有差分对标签	对于差分对，确保为其添加相应的差分对标签，以提高可读性和可理解性
26	是否有适用于每个需要它的网络的网络类	对于不同类型的网络，确保为其分配适当的网络类，以便于布局、验证和调试
26.1	高压	
26.2	大电流	
26.3	射频/阻抗匹配	
26.4	差分对	
27	是否所有元器件都有正确的标识符（即注释了原理图）	确保对每个元器件都进行了适当的注释，以使其易于理解和识别
28	可用性/可测试性	确保设计中考虑了可测试性，并为测试提供足够的支持。例如，是否在每个电源轨上都有测试点，以便进行电源测试
29	每个电源轨是否有测试点	
30	是否有关键信号/关注信号的测试点	对于关键信号或需要进行观察的信号，确保在适当的位置设置了测试点，以便进行验证和调试

4.9.2 生产

生产检查是原理图设计中非常重要的一个方面，它的主要目的是保证生产出的产品符合预定的质量标准和工艺要求，并及时发现潜在的问题以便进行改进，从而保证生产过程的稳定性和可复用性，提高产品质量，见表4-10。

表4-10　生产检查清单

条目	细节	备注
1	检查是否可以安全地合并任何元器件值以减少 BoM 项目	避免在 BoM 中重复列出相同尺寸的元器件，从而减少项目中的重复项
2	检查每个具有特定尺寸的无源元器件值是否只指定一个元器件号	
3	检查每个符号是否分配了制造商和元器件号	确保在 BoM 中准确列出每个元器件的具体规格和型号，以便在采购和组装过程中能够准确地获得所需的元器件
4	在原理图评审时，检查是否所有元器件都在生产中，并且没有生命结束/停产/不推荐的用于新设计	确保所有列在 BoM 中的元器件都是当前可用的，并且没有被官方声明为生命周期结束、停产或不推荐的用于新设计
5	检查每个元器件在供应链中是否有足够的库存	确保所需数量的元器件可以及时供应
6	检查每个元器件的封装和尺寸是否与设计规格相符	确保它们适合在实际制造过程中使用
7	检查元器件的温度和电压等级	确保它们满足设计要求，并且在实际操作中不会出现问题
8	检查元器件的可靠性和寿命预测数据	确保它们在产品的整个生命周期内能够正常工作
9	检查是否有适当的替代元器件可供选择	应对可能的供应短缺或停产问题
10	检查每个元器件在供应链中的可用性和库存情况	确保在生产过程中能够及时获取所需的数量
11	检查元器件的成本和可获得性	确保它们在整个生产过程中都是可接受的
12	检查元器件的可焊性和可操作性	确保它们在实际制造过程中能够方便地安装和连接
13	检查元器件的环保要求和符合性	确保它们符合相关的环境法规和标准
14	检查元器件的质量认证和可追溯性	确保它们来自可靠的供应商，并且有相关的质量证明文件
15	检查元器件的防静电保护措施和包装	确保它们在运输和存储过程中不受损

4.9.3　连接器

连接器检查，可以确保连接器的质量和性能符合要求，从而提高设备和系统的可靠性和稳定性，见表4-11。

表4-11　连接器检查清单

条目	细　节	备　注
1	检查连接器的引脚布局和标记是否与设计规格相符	确保正确连接到相应的功能和信号
2	检查连接器的连接力和插拔力是否适当	确保良好的电气连接和机械稳定性
3	检查连接器的耐久性和可靠性	确保它能够承受预期的插拔次数和环境条件
4	检查连接器的防水和防尘性能	确保在恶劣环境下的可靠性和保护
5	检查连接器的温度和电压等级	确保它们满足设计要求，并在实际操作中不会出现问题
6	检查连接器的可焊性和可操作性	确保它们在实际制造过程中能够方便地安装和连接
7	检查连接器的 EMC 性能，包括对电磁干扰的抑制和对噪声的隔离能力	
8	确保连接器上的每个电源引脚都有一个去耦电容，以减少电源噪声和稳定电源供应	
9	检查 I/O 引脚是否有上拉或下拉以定义断开连接时的默认状态	确保正确的信号逻辑
10	判断是否需要将电噪声引脚视为伪差分对，以减少电磁干扰和提高信号完整性	
11	判断是否需要在连接器上隔离长电缆，以减少电磁干扰和保证信号质量	
12	检查连接器的物理尺寸和机械适配性	确保其能够与其他设备或部件正确连接和安装

4.9.4　元器件

元器件检查是对 PCB 或电子设备上的元器件进行的一项重要工作。元器件检查的目的是确保元器件的正常工作，降低故障率，提高设备的可靠性和稳定性。元器件检查的一些步骤和注意事项，见表4-12。

表 4-12　元器件检查清单

条目	细　节	备　注
1	根据数据表检查所有符号引脚，即使是以前使用过的 IC 或信任符号源	以确保引脚分配正确且与设计规格相符
2	确保钽电容的额定电压至少比最大预期电压高 3 倍	以确保其能够稳定工作并避免损坏
3	检查每个电阻通过的电流	以了解其功耗是否在设计规格范围内
4	确保每个元器件在其额定值范围内安全工作	以避免过电压或过电流引发故障
5	检查在额定值范围内，电阻的温度是否会过高	以避免过热造成性能问题或损坏
6	确保每个电阻的额定电压足以满足所施加的最大电压，尤其是对于尺寸较小的元器件（如 0402 尺寸）	以避免击穿或损坏
7	确保针对每个 LED 正确计算了所有限流电阻	以确保其正向电流在安全范围内，且光亮度符合设计要求
8	确保针对每个光隔离器正确计算了所有限流电阻	以确保其正向电流适应光耦合需求
9	检查复位/使能引脚是否需要外部上拉或下拉电阻	以确保正确的复位或使能操作
10	检查是否有任何潜在的悬浮引脚被外部电阻拉高或拉低	以避免引脚状态不确定或错误
11	检查由二极管驱动的引脚	确保它们连接正确且满足额定值要求
12	检查由晶体管或 MOSFET 驱动的引脚	确保它们连接正确且满足额定值要求
13	检查比较器输出引脚	确保它们连接正确且满足设计要求
14	检查是否有任何引脚在上电时具有关键状态，从外部拉高或拉低	以确保正确的初始化或配置
15	检查 MOSFET 和晶体管的栅极/基极引脚	确保它们连接到正确的电源或信号源
16	检查外部连接器	确保它们连接正确且满足机械和电气要求
17	检查安全元器件是否按照设计要求配置和连接	以确保系统的安全性和保护功能
18	检查热管理元器件，如散热器、风扇等	确保它们能够有效地散热并维持元器件的温度在安全范围内
19	检查是否有任何可编程元器件具有可访问的编程头/焊盘	以便在需要时进行编程或配置
20	对于原型设计，检查是否可以使用连接器从外部读取/写入闪存/EEPROM	以方便调试和更新固件
21	确认每个运算放大器和比较器的极性正确连接	以确保正确的信号放大和比较

（续）

条目	细　节	备　注
22	检查阵列元器件（如四运算放大器）是否有任何未使用的元器件正确地端接或连接到地	以防止不必要的功耗或干扰
23	检查每个二极管或 LED 的极性是否正确	以确保它们能够正常导通或发光
24	检查电感的额定电流和额定电压是否符合设计要求	以确保其能够在工作条件下正常运行
25	确保电解电容的极性正确连接	以检查其容量和额定电压是否满足设计要求
26	检查稳压器的输入和输出电压是否在额定范围内	注意其最大功耗和散热需求
27	检查时钟源和晶体振荡器的频率稳定性和温度特性	以确保精确的时钟信号
28	检查开关和继电器	确保额定电流和额定电压是否适合所需的开关负载
29	检查传感器的灵敏度、线性度和响应时间	以确保准确和可靠的测量
30	检查滤波器的截止频率和衰减特性	以确保其有效地滤除不需要的噪声和干扰
31	检查放大器和运算放大器的增益、带宽和输出电平范围	以满足设计要求和信号处理需求
32	检查电池和电源管理元器件的充电和放电特性	以确保可靠的电源供应和有效的电池管理
33	检查传输线和信号线的阻抗匹配和信号完整性	以减少信号失真和干扰
34	检查温度传感器和热敏电阻的灵敏度和线性度	以准确测量温度并实现恰当的热管理
35	检查熔断器和电流限制器的额定电流和动作时间	以保护电路和元器件免受过电流和短路的损害
36	检查按钮和开关的动作力和寿命	以确保可靠的操作和耐久性
37	检查触摸屏和触摸传感器的灵敏度和精度	以实现准确的触摸控制和输入
38	检查声音和音频元器件的频率响应和失真特性	以实现高质量音频输出和声音处理
39	检查电动机和驱动器的额定电流和额定电压	以确保其能够驱动所需的负载并满足性能要求
40	检查通信接口和协议的兼容性和互操作性	以确保与其他设备的正常通信和数据交换
41	检查开关电源的额定电压和额定电流是否适合所需的电源供应	以确保稳定的电源输出

（续）

条目	细　节	备　注
42	检查功率放大器和放大器模块的输出功率和失真特性	以满足音频或 RF 信号放大的要求
43	检查数/模转换器（DAC）和模/数转换器（ADC）的位数和采样率	以确保准确的数据转换和信号处理
44	检查板内通信接口，如 I^2C、SPI 或 UART 的连接和通信是否正确	以确保可靠的板内数据采集
45	检查电子开关和继电器的动作时间和寿命	以确保可靠的开关操作和耐久性
46	检查电感和变压器的电感值和变比是否满足设计要求	以实现所需的电感和功率传输
47	检查电容值和失谐因子	以确保其在电路中的频率响应和能量存储性能
48	检查滤波器和滤波器网络的频率响应和滤波特性	以滤除不需要的频率成分和干扰
49	检查阻尼器和调谐器的阻尼因子和调谐范围	以实现准确的阻尼和频率调谐
50	检查振动传感器和加速度计的灵敏度和频率响应	以准确测量振动和加速度
51	检查压力传感器和流量传感器的灵敏度和动态范围	以实现准确的压力和流量测量
52	检查温度控制器和温度传感器的稳定性和精度	以实现准确和稳定的温度控制
53	检查光电传感器和光敏电阻的灵敏度和响应时间	以实现准确和可靠的光测量和控制
54	检查电动机和驱动器的转速控制和转矩输出特性	以满足所需的电动机控制要求
55	检查电源管理芯片和电池管理芯片的功耗和效率	以实现有效的电源管理和电池寿命延长
56	检查电阻网络和电容网络的连接和阻抗匹配是否正确	以满足设计要求
57	检查射频（RF）元器件的频率范围、功率输出和阻抗匹配	以实现可靠的无线通信和射频性能
58	检查电流传感器和电压传感器的灵敏度和线性度	以实现准确的电流和电压测量
59	检查电路保护件，如过电压保护器、过电流保护器和瞬态电压抑制器	以保护电路和元器件免受异常电压和电流的损害
60	检查电子开关和多路复用器的通道数和开关速度	以满足所需的信号开关和数据路由要求
61	以上检查项旨在确保元器件在设计规格和性能要求下能够正常工作	提供稳定、可靠和高质量的电路和系统

（续）

条目	细 节	备 注
62	检查电感元器件的自感和互感	以确保其在电磁干扰和能量传输方面的性能
63	检查传感器和执行器的连接接口，如螺纹或连接器的正确连接	以确保其稳定性
64	检查电源滤波器的抑制效果和噪声滤除能力	以减少电源干扰和噪声
65	检查变压器和电感元器件的功耗和磁耦合特性	以满足功率传输和电能转换的要求
66	检查传感器和执行器的防护等级和环境适应性	以确保其在恶劣环境下的可靠性
67	检查电子开关和继电器的动作时间和接触电阻	以确保可靠的开关操作和导通状态
68	检查滤波器和隔离器的频率响应和隔离效果	以减少电磁干扰和信号失真
69	检查功率电子器件，如功率晶体管和功率二极管的额定电流和功率损耗	以确保其可靠性和性能
70	检查 PCB 和连接器的焊接质量和接触性能	以确保可靠的电子连接和传输
71	检查电子开关和开关矩阵的通道隔离和互联性	以满足数据和信号的正确路由和切换
72	检查电动机和驱动器的转矩输出和效率	以满足所需的机械功率和运行要求
73	检查电源管理芯片和电池管理系统的低功耗模式和省电功能	以延长系统的电池寿命
74	检查系统时钟和定时器的精度和稳定性	以确保准确的时间测量和同步
75	检光电器件，如光电二极管和光电晶体管的灵敏度和光电转换效率	以满足光信号探测和测量要求
76	检查电阻和电容的温度系数和稳定性	以确保在不同温度下的准确性和稳定性
77	检查功率放大器和放大器电路的失真和功耗	以满足所需的信号放大和功率输出要求
78	检查保护元器件，如过电流熔断器和过温保护器	以保护电路和元器件免受过载和过热的损害
79	检查通信接口和协议转换器的速率和协议兼容性	以实现正确和可靠的数据传输
80	检查触摸屏和触摸传感器的精度和响应时间	以实现准确和灵敏的触摸控制
81	检查电源电缆和连接线的电气性能和绝缘保护	以确保可靠的电源传输和连接

4.9.5 电源

电源检查是指对电源系统进行评估和审查的过程，旨在确保电源系统的正常运行和安全性，见表 4-13。它是为了检测潜在的问题、故障或风险，并采取相应的措施来保障电源设备的可靠性和稳定性。

表 4-13　电源检查清单

条目	细　　节	备　　注
1	每个 IC 的每个电源引脚都应该有一个去耦电容	确保为每个 IC 的每个电源引脚添加适当去耦电容，以提供稳定的电源
2	是否对每个开关模式稳压器进行了仿真，以确保其在所有负载条件下都保持稳定	通过仿真验证每个开关模式稳压器在各种负载情况下的稳定性
3	是否对每个开关模式稳压器进行了仿真，以确保它能够提供所需的电流	通过仿真验证每个开关模式稳压器在所需的电流范围内能够正常工作
4	是否对每个开关模式稳压器进行了仿真，以确保它能够在所有负载条件下提供所需的电压	通过仿真验证每个开关模式稳压器在各种负载情况下能够提供稳定的输出电压
5	多个电压轨是否需要上电排序	如果存在多个电压轨，确保根据需要进行上电排序，以确保正确的电源顺序
6	如果稳压器具有软起动功能，是否需要在任何元器件上使用复位监控器 IC	如果需要进行软起动，并且需要监控复位状态，确保使用适当的复位监控器 IC
7	是否分析了配电网络的总负荷，稳压器是否可以提供这个负荷	确保对配电网络的总负荷进行分析，并验证每个稳压器能够满足这个负荷
8	任何子系统都应该有隔离电源吗	根据设计需求和要求，确定是否需要为任何子系统提供隔离电源，以确保电源的稳定性和隔离
9	任何子系统都应该有单独调节的电源吗	根据子系统的要求和稳定性需求，确定是否需要为每个子系统提供独立调节的电源
10	每个稳压器的输出是否满足与其连接的子系统的精度要求	确保每个稳压器的输出能够满足所连接子系统的精度和稳定性要求
11	连接到每个稳压器的总电容是否在其供电能力范围内	确保连接到每个稳压器的总电容不会超过其供电能力，以避免过载和不稳定性
12	每个稳压器是否有足够的输入电容来防止负载变化时的反向供电	为确保稳定的输入电源，确保每个稳压器具有足够的输入电容
13	稳压器的输入电压是否能够降至稳压器的最低工作电压以下	验证稳压器的输入电压范围，以确保其可以正常工作并避免不稳定性

（续）

条目	细　节	备　注
14	稳压器的输入电压是否能够超过稳压器的最大电压	验证稳压器的输入电压范围，以确保其能够承受输入电压的最大值
15	在任何需要极清洁电源的元器件（例如：具有高增益的运算放大器）和开关模式稳压源之间是否存在线性稳压器	根据需要，确保在该元器件和开关模式稳压器之间添加线性稳压器，以提供稳定的电源
16	是否对电源线路进行了电源故障保护设计，如过电流保护、过电压保护和短路保护等	确保对电源线路进行了适当的故障保护设计，以保护电源和连接的设备免受过电流、过电压和短路等故障的影响
17	是否对电源线路进行了电源效率分析和优化设计，以确保高效率的能量转换	对电源线路进行效率分析和优化设计，以最大限度地提高能量转换效率，并减少能源浪费
18	是否对电源线路进行了电源回馈设计，以实现节能和可再生能源的利用	考虑电源回馈设计，以实现能量的回收和利用，促进节能和可再生能源的应用
19	是否对电源线路进行了电源线路的 EMC 分析和设计，以确保符合 EMC 标准	对电源线路进行 EMC 分析和设计，确保其能够满足相关的 EMC 标准，避免电磁干扰和受到外界干扰
20	是否对电源线路进行了电源稳定性分析和设计，以确保稳定的电源输出和抗电源波动	对电源线路进行稳定性分析和设计，以确保稳定的电源输出，并具备较强的抗电源波动能力
21	是否对电源线路进行了电源消耗分析和设计，以确保在待机或低功耗模式下的低功耗消耗	对电源线路进行功耗分析和设计，以确保在待机或低功耗模式下的低功耗消耗，提高能源利用效率
22	是否对电源线路进行了电源纹波分析和设计，以确保输出电压纹波在允许范围内	对电源线路进行纹波分析和设计，以确保输出电压纹波在允许的范围内，保证稳定的电源供应
23	是否对电源线路进行了热分析和热设计，以确保电源元器件的温度在可接受范围内	进行热分析和热设计，以确保电源元器件的温度在可接受范围内，并采取适当的散热措施
24	是否对电源线路进行了电源线调节设计，以确保稳定的电源电压和电流	进行电源线调节设计，以确保稳定的电源电压和电流，在负载变化时能够及时调整

（续）

条目	细　节	备　注
25	是否对电源线路进行了电源抗扰度分析，以确保抵御来自外部干扰源的电源干扰	进行电源抗扰度分析，以确保电源线路能够抵御来自外部干扰源的干扰，保证稳定的电源供应
26	是否对电源线路进行了电源选型和电源负载能力分析，以确保电源能够满足负载要求	进行电源选型和负载能力分析，以确保选择的电源能够满足负载要求，并能够稳定供应所需的电能
27	是否对电源线路进行了噪声分析和滤波设计，以确保提供干净的电源供应	进行噪声分析和滤波设计，以确保电源线路能够提供干净的电源供应，减少噪声对系统的干扰
28	是否对电源线路进行了电源冗余设计，以确保在电源故障时有备用电源供应	进行电源冗余设计，以确保在电源故障时能够切换到备用电源，并保证系统的连续稳定运行
29	是否对电源线路进行了电源调节时间分析和设计，以确保电源能够快速稳定输出	进行电源调节时间分析和设计，以确保电源能够在要求的时间范围内快速稳定输出
30	是否对电源线路进行了电源交叉耦合分析和设计，以确保不同电源之间的干扰最小化	进行电源交叉耦合分析和设计，以确保不同电源之间的干扰最小化，保证稳定的电源供应

4.9.6　信号

　　信号检查是对信号系统进行评估和审查的过程，旨在确保信号的正常传输和准确性，见表4-14。它是为了检测潜在的问题、故障或干扰，并采取相应的措施来保障信号的可靠性和稳定性的。

表4-14　信号检查清单

条目	细　节	备　注
1	检查信号线路的交叉干扰和串扰	验证信号线路之间是否存在交叉干扰和串扰，并采取相应的措施进行隔离和抑制
2	确认信号线路的延迟和传播时间	确认信号能够按照预期时间传播
3	验证信号的相位准确性和相干性	确保信号能够按照预期的相位关系进行传输

（续）

条目	细 节	备 注
4	检查信号线路的幅度衰减和失真	确保信号在传输过程中能够保持足够的幅度和形状
5	验证信号的脉冲响应和上升/下降时间	测量信号的脉冲响应和上升/下降时间，确保信号能够在规定的时间内快速响应和变化
6	检查信号线路的幅度校准和校准误差	验证信号线路的幅度校准和校准误差，确保信号的幅度测量和输出准确性
7	确认信号线路的电源噪声和干扰抑制	测量信号线路的电源噪声和干扰水平，并采取相应的抑制措施，以保证信号的清晰度和准确性
8	检查信号线路的输入/输出阻抗匹配和匹配误差	验证信号线路的输入/输出阻抗匹配，并检查匹配误差是否在允许范围内，以确保信号的传输完整性
9	验证信号的阈值和边沿检测精度	测量信号的阈值和边沿检测精度，确保信号能够准确地被识别和处理
10	确认信号线路的电源耦合和地耦合	检查信号线路的电源耦合和地耦合情况，确保电源和地的连接正确且稳定
11	检查信号线路的 EMC 和抗干扰能力	进行 EMC 分析和设计，确保信号线路能够在电磁干扰环境下正常工作，并具备一定的抗干扰能力
12	验证信号的数据完整性和传输速率	通过数据完整性测试和传输速率测量，验证信号的传输质量和速率是否满足设计要求
13	检查每个模/数转换器引脚上是否有过滤器	以消除噪声和干扰
14	是否对放大器电路进行了仿真以确保其稳定	通过仿真分析放大器电路的稳定性，确保放大器在各种工作条件下能够正常工作
15	是否重新计算了所有分压器以确保输出电压正确	重新计算所有分压器的参数，以确保输出电压符合设计要求
16	检查每个运算放大器的输出端是否连接了适当的电容或齐纳二极管	以确保输出信号的稳定性和准确性
17	检查是否所有信号都在逻辑元器件最大额定电压范围内输入	以防止损坏或不正确的操作

（续）

条目	细　节	备　注
18	检查信号线路的阻抗匹配和信号完整性	验证信号线路的阻抗匹配，并检查信号的传输过程中是否保持了完整性
19	检查信号线路的屏蔽情况和采取的电磁干扰抑制措施	确保信号不受外界干扰
20	测量信号线路的噪声水平和信噪比	以评估信号的质量和可靠性
21	验证信号的频率响应和幅频特性	通过频率响应测试和幅频特性分析，验证信号的传输质量和频率特性
22	检查信号线路是否具备故障检测和纠错机制	以保证系统能够在出现故障时进行相应的处理和修复

4.9.7 EMI/EMC 保护

EMI（Electromagnetic Interference，电磁干扰）/EMC（Electromagnetic Compatibility，电磁兼容）保护检查是指对电子设备和系统进行评估和审查的过程，旨在确保其在电磁环境中能够正常运行并与其他设备和系统相互兼容，见表4-15。这是为了检测潜在的 EMI 问题、故障或冲突，并采取相应的措施来保障设备和系统的可靠性和稳定性。

表 4-15　EMI/EMC 相关检查清单

序号	细　节	备注
1	每个外部可触及的连接/暴露的金属片是否都有足够的 ESD（Electrostatic Discharge，静电放电）保护？请记住暴露的 ESD 火花间距	
2	连接器引脚	
3	连接器外壳	
4	按钮上的金属防护罩	
5	按钮的引脚	
6	显示器	
7	电位器/表盘	
8	卡座插针	
9	金属外壳	
10	输入电源是否需要熔断器来保护上游组件	
11	输入电源是否有反极性保护	
12	电源输入是否有过电压保护	

（续）

序号	细　节	备注
13	电源输入是否有过电流保护	
14	从外部元器件到敏感元器件的网络上是否有限流电阻（例如：微控制器引脚）	
15	是否所有光隔离器都具有并联电阻/电容及其二极管以实现抗噪性	
16	有输入欠电压保护吗	
17	每个具有外部连接/输出的电压轨上是否都有短路保护	
18	每个开关稳压器是否都有足够的输入滤波器来防止传导 EMI 在其输入上逸出	
19	MOSFET 是否通过外部二极管防止电压瞬变	

第5章

创建 PCB 封装

封装是所焊接的元器件的焊盘的布置，它也称为焊盘/焊盘图案，类似于元器件的物理尺寸。该封装在物理上和电气上将元器件连接到 PCB，它提供了有关元器件放置和追溯位置的想法。封装库见表 5-1。

表 5-1　封装库

元器件库	元器件种类	简称	封装名
SMD. LIB（贴片封装库）	SMD 电阻	R	R + 元器件英制代号
	SMD 电容	C	C + 元器件英制代号
	SMD 电感	L	L + 元器件英制代号
	SMD 二极管	D	D + 元器件英制代号
	SMD 晶体管	Q	常规为 SOT23，其他为 Q - 型号
AI. LIB（自动插接件封装库）	电阻	R	R + 跨距（mm）
	电解电容	C	C + 直径 - 跨距（mm）
	二极管	D	D + 直径 - 跨距（mm）
	晶体管	Q	Q - 型号
	LED	LED	LED - 直径 + 跨距（mm）
MI. LIB（手工插接件封装库）	排针	SIP	SIP + 引脚数 - 引脚间距
	熔断器	F	F + 跨距（mm）- 长 × 直径

5.1　PCB 封装的创建

封装或焊盘图案是在 PCB 上布置的铜焊盘或通孔焊盘，在该 PCB 上焊接了一个元器件。大多数情况下，标准的 PCB 封装在设计软件的 PCB 库中可用。只有当它不可用时，才参考元器件的数据表自己创建。

创建的 PCB 封装应始终与元器件物理尺寸匹配，否则它将无法与焊盘正确对齐。焊盘图案提供了有关焊盘尺寸、焊盘之间的距离（间距）、元器件边界和禁止区域、丝印轮廓、元器件号、文字符号和引脚编号的信息。

PCB 封装的创建通常包括以下步骤：

1）收集元器件信息：从元器件的数据表中获取元器件的物理尺寸、引脚排列和引脚功能等信息。

2）创建封装库：在设计软件中创建一个新的封装库，用于存储自定义的封装。

3）创建封装模板：在封装库中创建一个新的封装模板，可以根据元器件的尺寸和引脚排列来命名。

4）绘制焊盘图案：使用设计软件的工具绘制焊盘图案。根据元器件的引脚数量和排列，确定焊盘的形状、大小和间距。确保焊盘的尺寸和间距与元器件的引脚匹配，并考虑到焊接工艺的要求。

5）绘制元器件边界和禁止区域：根据元器件的物理尺寸，绘制元器件的边界和禁止区域。边界用于确定元器件在 PCB 上的布局位置，禁止区域用于防止其他元器件或其他操作侵入该区域。

6）添加丝印轮廓：在焊盘图案周围添加丝印轮廓，用于标识元器件的位置、型号、品牌等信息。根据设计要求，可以在丝印轮廓中添加文字、图案或标志。

7）添加元器件号和文字符号：在封装模板中添加元器件的编号和文字符号，用于在 PCB 设计中标识和识别该元器件。

8）添加引脚编号：根据元器件的引脚排列和功能，为每个引脚添加编号。引脚编号可以以数字或字母的形式表示，用于标识引脚的功能和连接方式。

9）完善封装属性：根据需要，可以添加其他属性，如元器件的封装类型、功率、电压等信息，以便在 PCB 设计中进行准确的选择和使用。

10）验证和测试：在创建完封装后，需要进行验证和测试，确保封装与元器件的物理尺寸和引脚对应，以及焊盘、丝印等是否符合设计要求。

创建自定义的 PCB 封装需要一定的经验和技巧，确保封装与元器件的匹配和 PCB 设计的可靠性。在设计过程中，可以参考厂商提供的封装库或在线资源，避免重复工作并提高设计效率。

5.1.1 创建 PCB 封装的标准

IPC—7351B 表面贴装设计及焊盘图案标准通用要求可确保元器件贴装后的焊点质量达到最高。焊点质量也应符合 IPC J—STD—001 焊接的电气和电子组件要求。它还提供了为元器件的检查、测试和返工留出空间的指南。

IPC—7351B 标准提供了使用现有通用封装和创建新封装的说明，标准中提到的一些提示如下：

1）封装外形尺寸应根据元器件的实际尺寸来确定，以确保元器件能够正确放置在焊盘上。

2）焊盘的布局应符合 IPC—7351B 标准中给出的要求，以确保焊接质量和可靠性。

3）焊盘的形状和尺寸应与元器件的引脚布局相匹配，以确保焊接过程中引脚与焊盘之间的良好接触。

4）封装的引脚间距应根据元器件的要求进行调整，以确保焊接和布板的容易性。

5）封装的标记和标识应清晰可见，并符合相关的要求和标准，以方便检查和测试。

6）封装的材料选择应符合相关的要求，以确保封装的耐热性、耐湿性和机械强度。

7）封装的生产过程应符合 IPC—7351B 标准中给出的要求，以确保封装的一致性和可复用性。

8）封装的电气特性和性能应符合元器件的规格要求，并通过相关的测试和验证进行确认。

总之，IPC—7351B 标准提供了创建 PCB 封装的详细指南，以确保焊点质量和封装的可靠性。这些指南涵盖了封装的外形尺寸、焊盘布局、引脚间距、标记和标识、材料选择、生产过程和电气特性等方面。遵循这些标准可以提高 PCB 封装的质量并减少生产过程中的错误和问题。

当创建 PCB 封装时，以下是一些关于使用通用封装类型和修改现有封装的建议：

1）尽可能使用通用封装类型：通用封装类型是已经存在于库中的常见封装类型，可以直接使用。这样做的好处是能够节省时间和避免潜在的错误。只有在库中找不到合适的封装类型时才考虑创建新的封装。

2）修改现有封装尺寸以满足要求：如果需要对封装进行修改以满足特定要求，可以根据需要对现有封装的尺寸进行调整。这样可以避免从头开始创建焊盘图案的耗时和错误。

3）遵循封装创建指南：如果在库中找不到合适的封装类型，则必须从头开始创建焊盘图案。这个过程可能会非常耗时，但是必须严格遵守封装创建指南，以确保焊点质量和封装的可靠性。

此外，以下是关于制造商的建议：

1）不要忽视制造商的建议：除了 IPC 发布的标准外，制造商会提供一些特

84

殊情况下的建议，如焊接回流说明、禁止区域、最小外形等。这些建议应该严格遵守，以提高效率并确保封装的正确性。

2）确保空间足够进行检查和返工：封装周围应该留出足够的空间，以便进行元器件的检查和返工。这样可以更轻松地进行故障排除和修复。

3）需要功能测试的测试点：在封装设计中，需要为元器件的功能测试留出相应的测试点。这些测试点可以帮助进行 PCB 的功能验证和故障排除。

创建 PCB 封装时应尽可能使用通用封装类型，并严格遵循封装创建指南。同时，应注意制造商的建议，并确保封装周围有足够的空间进行检查和返工，以及留出功能测试的测试点。这样可以提高效率并确保封装的质量和可靠性。

5.1.2　PCB 封装的不同部分

PCB 封装的不同部分主要包括以下几个方面：

1）焊盘/通孔（焊盘叠层）：PCB 上的焊盘用于焊接元器件，通常分为表面贴装焊盘和通孔焊盘。焊盘叠层指的是通过在同一位置放置多个焊盘来增加连接的可靠性。

2）引脚编号：每个元器件的引脚都有特定的编号，用于标识引脚的功能和连接方式。引脚编号通常以数字或字母的方式表示。

3）丝印：是在 PCB 上印制的文字、图案或标志，用于标识元器件的位置、型号、品牌等信息。丝印可以帮助组装人员正确安装元器件，同时也方便日后的维修和维护。

4）组装细节：包括元器件的安装方式、焊接方式、焊接温度等相关信息。这些细节对于保证元器件的正确组装和可靠性非常重要。

5）元器件质心：是指元器件的几何中心，通常通过坐标表示。元器件质心的准确定位对于组装和焊接至关重要。

6）引脚 1 标记和元器件方向标记：PCB 上的元器件通常会有引脚 1 的标记，用于指示元器件的方向。元器件方向标记可以帮助组装人员正确安装元器件，以确保引脚的正确连接。

7）元器件边界/元器件禁止区域（限位）：元器件边界是指元器件所占空间的边界范围，用于确定元器件的布局和安装位置。元器件禁止区域则是指在该区域内禁止放置其他元器件或进行其他操作。

8）连接器和特殊元器件将有固定孔/安装孔：连接器和特殊元器件通常需要通过固定孔或安装孔固定在 PCB 上，以确保连接的可靠性和稳定性。

9）制造商元器件编号：是指元器件制造商为其产品分配的特定编号，用于识别元器件的品牌、型号和规格等信息。

10）3D 模型 STP 文件：PCB 封装中的 3D 模型 STP 文件用于描述元器件的

三维形状和尺寸，以便在设计和组装过程中进行准确的布局和空间分配。

5.2 在设计焊盘和封装时使用数据表的重要性

元器件数据表中提供了封装的详细信息，通常称为焊盘图案。这些图纸是创建 PCB 封装的基础，提到的所有规格和尺寸都输入到相应的设计工具中以创建焊盘图案。这些重要的尺寸包括元器件的高度、间距、长度和宽度。其他细节，如焊盘间距、成品孔尺寸等，也有助于为封装创建和放置焊盘。

通过使用数据表中的焊盘图案，设计者可以确保封装的准确性和一致性。以下是在设计焊盘和封装时使用数据表的重要性：

1）准确性：数据表提供了详细的尺寸和规格，确保焊盘的准确性。设计者可以根据这些数据创建准确的焊盘图案，以确保元器件能够正确插入和焊接。

2）一致性：数据表中的焊盘图案确保了焊盘的一致性。这意味着相同类型的元器件在设计中使用相同的焊盘配置，从而确保了整个 PCB 的一致性和可靠性。

3）尺寸和间距：数据表提供了焊盘的尺寸和间距。这对于确定元器件的位置和与其他元器件的距离非常重要。正确的焊盘尺寸和间距可以确保元器件之间有足够的空间，并避免电气和机械冲突。

4）贴片和插件元器件：数据表中的焊盘图案指导了贴片和插件元器件的设计和布局。这些图案可以确保贴片元器件正确地与焊盘对齐，并确保插件元器件的引脚正确插入焊盘。

5）成品孔尺寸：数据表中的信息还包括成品孔尺寸。这对于决定焊盘孔的尺寸和形状非常重要，以确保焊盘和引脚之间有合适的间隙，并允许焊料流动和焊接。

总而言之，使用元器件数据表中的焊盘图案可以确保焊盘的准确性、一致性及合适的尺寸和间距。这将有助于设计出可靠的 PCB 布局和焊接过程，从而提高 PCB 的性能和可靠性。

5.3 通用元器件的封装设计

通用元器件是指那些广泛应用于各种电子设备中的常见元器件，如电阻、电容、二极管等。这些元器件的封装设计需要考虑多个因素，以确保其在 PCB 上的正常工作和可靠性。

首先，通用元器件的封装设计应考虑元器件的引脚布局和数量。引脚的布局应符合元器件的标准配置，以便与其他元器件正确连接。引脚的数量也要与元器件的功能和尺寸相匹配，保证元器件在 PCB 上的紧凑布局。

其次，封装设计需要考虑元器件的尺寸和形状。这包括元器件的长度、宽度和高度。封装的尺寸应与元器件尺寸相匹配，以便元器件可以正确放置和固定在 PCB 上。此外，封装的形状也应适合与其他元器件的布局相容，确保 PCB 的紧凑设计。

另外，通用元器件的封装还需要考虑元器件的散热要求。一些元器件在工作时会产生较多的热量，如功率电阻、功率二极管等。封装设计应提供足够的散热能力，以确保元器件不会过热而导致工作不稳定或损坏。

此外，通用元器件的封装设计还应考虑焊接工艺和可靠性要求。焊盘的设计应符合 PCB 的焊接工艺要求，以确保焊接质量和可靠性。焊盘的布局和形状应便于焊接操作，避免焊接时的困难和错误。

最后，封装设计还应考虑通用元器件的标记和标识。元器件上的标记和标识可以帮助用户正确识别和使用元器件。封装设计应提供足够的空间和清晰的标记位置，以便用户可以轻松阅读和理解元器件的信息。

通用元器件的封装设计需要考虑引脚布局、尺寸和形状、散热要求、焊接工艺和可靠性要求以及标记和标识等多个因素。通过合理的封装设计，可以确保通用元器件在 PCB 上的正常工作和可靠性，提高整个电子设备的性能和质量。

5.3.1　矩形贴片元器件

矩形贴片 SMC 或 SMD 的尺寸设计如图 5-1 所示。

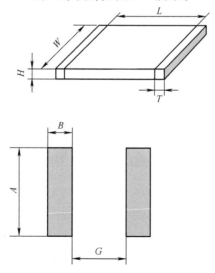

图 5-1　矩形贴片 SMC 或 SMD 的尺寸设计

5.3.2 圆柱贴片元器件

圆柱贴片 SMC 或 SMD 的尺寸设计如图 5-2 所示。

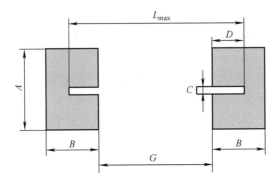

图 5-2 圆柱贴片 SMC 或 SMD 的尺寸设计

MELF 元器件的尺寸设计如图 5-3、图 5-4 所示。

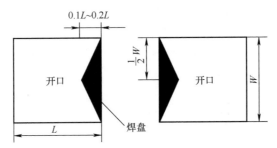

图 5-3 MELF 元器件尺寸设计（一）

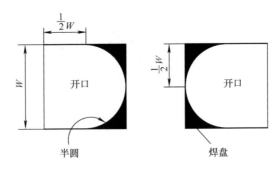

图 5-4 MELF 元器件尺寸设计（二）

凹形槽焊盘（防滚动设计）的槽深按公式计算（单位为 mm）为

$$D = B - \frac{(2B + G - L_{max})}{2}$$

式中，L_{max} 为元器件外壳的最大长度；B 为焊盘图形的长度；G 为两个焊盘图形之间的距离；D 为凹形槽焊盘的深度；C 为凹形槽焊盘的宽度，一般取 0.3mm ± 0.05mm（钢网设计时，才会用到）。

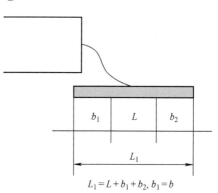

5.3.3 SOT(小外形晶体管)元器件

单引脚焊盘长度设计如图 5-5 所示。

对于 SOT，焊盘之间的中心距应与引脚之间的中心距相同，并且与每个焊盘相邻的尺寸至少应扩大 0.35mm，如图 5-6 所示。

图 5-5 单引脚焊盘长度设计

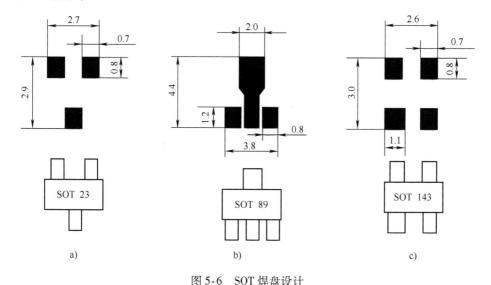

图 5-6 SOT 焊盘设计

5.3.4 SOP 和 QFP 元器件

由于 SOP 和 QFP 的引脚都是翼形的，所以焊盘尺寸的计算方法相同。一般来说，焊盘宽度为相邻引脚中心距的一半，焊盘长度取值为 2.5mm ± 0.5mm。

SOP 的形状和焊盘设计如图 5-7 所示。

1）焊盘之间的中心距与引脚之间的中心距相同。

2）单引脚焊盘设计的一般原则如下：

a) $W_2(X) \leqslant W$，元器件引脚间距不大于 $1.0\mathrm{mm}$。

b) $W_2(X) \geqslant 1.2W$，元器件引脚间距不小于 $1.27\mathrm{mm}$。

c) $L_1 = L + b_1 + b_2$；$b_1 = b_2 = 0.3 \sim 0.5\mathrm{mm}$。

3）两个平行焊盘之间的距离按公式计算（单位：mm）为

$$G = F - K$$

式中，G 为两个焊盘之间的距离；F 为元器件外壳的封装尺寸；K 为常数，其值通常设置为 $0.25\mathrm{mm}$。

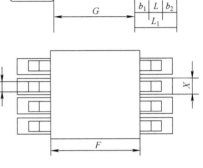

图 5-7　SOP 的形状和焊盘设计

4）SOP 的外壳通常分为两种类型：宽体和窄体。

G 的值分别为 $7.6\mathrm{mm}$ 和 $3.6\mathrm{mm}$。

QFP 焊盘和阻焊层尺寸见表 5-2。

表 5-2　QFP 焊盘和阻焊层尺寸

引脚数量（个）	焊盘尺寸/mm			阻焊层尺寸/mm		配置图例
	a	b	c	d	e	
64	1.0	0.6	0.18	0.2	0.135	
80	0.8	0.5	0.2	0.13	0.085	
100，160	0.65	0.35	0.3	0.13	0.085	
48，208	0.5	0.3	0.3	0.1	0.05	
224	0.4	0.22	0.22	0.08	0.05	

5.3.5　SOJ 和 PLCC 元器件

SOJ 和 PLCC 的引脚为 J 形，引脚之间的典型中心距为 $1.27\mathrm{mm}$，焊盘图案相同。

焊盘设计如下：

1）单引脚焊盘宽度一般在 $0.50 \sim 0.80\mathrm{mm}$ 之间，焊盘长度一般在 $1.85 \sim 2.15\mathrm{mm}$ 之间。

2）引脚的中心应在焊盘形状的 1/3 内侧和焊盘的中心之间，如图 5-8 所示。

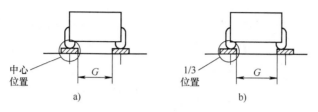

图 5-8　SOJ 和 PLCC 焊盘设计

3）SOJ（G）的两个平行焊盘之间的距离一般为 4.9mm。

4）PLCC 的两个平行焊盘之间的距离根据 $J = C + K$ 计算，J 为焊盘形状的轮廓距离，C 为 PLCC 的最大封装尺寸，K 为常数，其值一般设为 0.75mm，如图 5-9 所示。

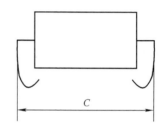

5.3.6　BGA（球栅阵列）元器件

1. BGA 的分类和属性

1）BGA 是指在元器件底部将球栅阵列设置为 I/O 引出端子的封装类型，可分为：PBGA

图 5-9　PLCC 外形和焊盘设计

（塑料球栅阵列）、CBGA（陶瓷球栅阵列）、TBGA（带状球栅阵列）和 μBGA（芯片级封装球栅阵列）。BGA 的外形尺寸在 7 ~ 50mm 范围内。

2）PBGA 是最流行的 BGA 封装类型，以 PCB 基板为载体。PBGA 的焊球间距为 1.50mm、1.27mm、1.0mm，焊球直径为 1.27mm、1.0mm、0.89mm、0.762mm。

3）BGA 底部的焊球有两种分布：不完全分布和完全分布，如图 5-10 所示。

2. BGA 焊盘设计原则

BGA 焊盘设计原则指的是在设计电子产品中使用 BGA 封装时，设计焊盘的一些基本原则和准则。

设计原则如下：

1）良好的热管理：由于 BGA 封装的焊盘与 PCB 之间的接触面积较小，因此需要通过焊盘设计来提高热传导效率。设计时应该尽量增加焊盘的面积和厚度，以提高散热性能。

2）适当的间距和尺寸：焊盘的间距和尺寸的选择应根据具体的应用要求和焊接工艺来确定。一般来说，焊盘之间的间距应保证足够的电子元器件布局和

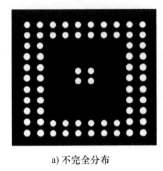　　　　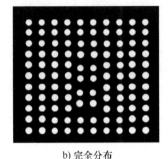

　　a) 不完全分布　　　　　　　　　　b) 完全分布

图 5-10　焊球分布

焊接过程中的热应力释放。

　　3）对称性和均匀性：为了保持焊盘的均匀性和对称性，焊盘应该尽可能均匀地分布在 BGA 封装的底部。这样可以提高焊盘的强度和可靠性，减少焊接不良和应力集中的问题。

　　4）合适的焊盘形状：焊盘形状的选择应根据具体的应用需求和焊接工艺来确定。一般来说，圆形焊盘可以提供更好的电流流动和热传导，而方形焊盘可以提供更好的焊接稳定性和可靠性。

　　5）控制焊盘的高度：焊盘的高度对于焊接工艺和可靠性都有一定的影响。设计时应根据具体的焊接工艺要求和电子元器件的高度限制来确定焊盘的高度。

　　6）考虑到焊盘的可维修性：在设计 BGA 焊盘时，应考虑到焊盘的可维修性。焊盘的设计应保证在需要更换或修复焊接点时可以方便地进行操作。

　　7）考虑到 EMC：焊盘的布局和设计应考虑到 EMC。焊盘之间的间距和布局应尽量减少电磁干扰和串扰的问题。

　　总之，BGA 焊盘设计原则主要包括良好的热管理、适当的间距和尺寸、对称性和均匀性、合适的焊盘形状、控制焊盘的高度、考虑到焊盘的可维修性和 EMC 等几个方面。这些原则可以帮助设计人员提高焊盘的可靠性和性能，提高产品的质量和可维修性。

　　设计准则如下：

　　1）根据 BGA 底部焊球分布进行设计：在设计 BGA 焊盘时，需要根据 BGA 底部焊球的分布来确定焊盘的位置和布局。每个焊球的中心应与 BGA 元器件底部对应焊球的中心相匹配，以确保焊接的稳定性和可靠性。

　　2）键合形状为实心圆：每个焊球的键合形状应为实心圆，以提供更好的焊接稳定性和可靠性。PCB 焊盘的最大直径应与 BGA 元器件底部焊球的焊盘直径相同，以确保焊接的质量。然而，PCB 焊盘的最小直径应通过减去贴装精度来确定，以避免尺寸过小导致焊接问题。

3）阻焊层尺寸应比焊盘尺寸大 0.1~0.15mm：阻焊层的尺寸应比焊盘的尺寸大 0.1~0.15mm，以确保焊盘完全覆盖并提供良好的阻焊效果。这可以防止焊接过程中的短路和漏电问题。

4）电镀后的通孔必须用介电材料或导电胶堵住：为了确保焊盘的可靠性，电镀后的通孔必须用介电材料或导电胶堵住。堵住的高度不能超过焊盘的高度，以避免对焊接过程和焊盘的可靠性产生负面影响。

5）丝印图案的生成：丝印图案应在距离 BGA 元器件侧边的 4 个角度生成，以便在组装和维修过程中能够准确识别 BGA 焊盘的位置和方向。丝印线宽应在 0.2~0.25mm 之间，以确保丝印的清晰度和可读性。

以上是关于 BGA 焊盘设计原则，包括根据焊球分布进行设计、键合形状、阻焊层尺寸、电镀后的通孔堵塞和丝印图案等方面的考虑。这些原则可以帮助设计人员设计出更加可靠和高质量的 BGA 焊盘。

5.4 封装阻焊层、丝印和基准标志的设置

5.4.1 阻焊层

阻焊图案的尺寸应比焊盘周围边缘大 0.05~0.254mm，以防止阻焊膏污染焊盘。在焊盘之间间距窄或没有引脚通过的情况下，可以遵循图 5-11a 中的阻焊图案；在引脚通过焊盘之间的情况下，可以遵循图 5-11b 中的阻焊图案，以避免桥接。

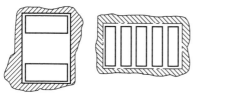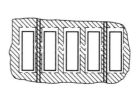

a) 整体开窗   b) 独立开窗

图 5-11   阻焊图案

5.4.2 丝印图案

一般来说，元器件的丝印图案应在丝印层标出，包括 IC 的丝印符号、元器件标签编号、极性和引脚符号。在高密度和窄间距的情况下可以使用简化符号，如图 5-12 所示。特殊情况下，元器件标签号可以省略。

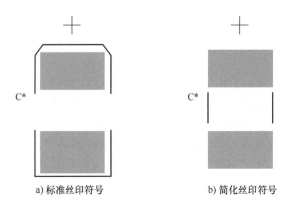

a) 标准丝印符号   b) 简化丝印符号

图 5-12 丝印图案

5.4.3 局部基准标志

局部基准标志是指一组引脚多、引脚间距小（引脚与中心的距离不超过 0.65mm）的用于各元器件光学定位的一组图案。

局部基准标志位置应满足以下要求：对于引脚数超过 100 的 QFP 元器件，应沿对角线放置 2 个基准标志，如图 5-13a 所示。对于引脚数超过 160 的 QFP 元器件，应在 4 个角放置 4 个基准标志，如图 5-13b 所示。

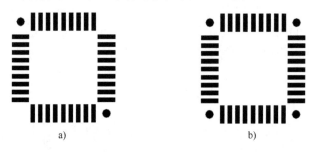

a)   b)

图 5-13 局部基准标志

5.5   封装命名规则

对于封装，可以参考 IPC 标准 IPC—7351B，它是表面贴装设计和焊盘图案标准的通用要求。每个元器件都有一个分配的系列，该系列具有 3 ~ 4 个字母标识符。此外，元器件的特定尺寸用于识别它。这一切都是使用用作元器件本体标识符的字符完成的，它们是：

P 为具有两个以上引脚的元器件的间距；

W 为最大引脚宽度（或元器件引脚直径）；

L 为水平安装的本体长度；

D 为圆形元器件本体直径；

T 为矩形元器件本体厚度；

H 为垂直安装的高度元器件；

Q 为具有两个以上引脚的元器件的引脚数量；

R 为连接器的引脚的行数；

PCB 封装图形要求如下：

1）外形尺寸：指元器件的最大外形尺寸。封装库的外形（尺寸和形状）必须和实际元器件的封装外形一致。

2）本体尺寸：指元器件的塑封体的尺寸 = 宽度 × 长度。

3）尺寸单位：英制单位为 mil，公制单位为 mm。

4）封装的焊盘必须定义编号，一般使用数字来编号，并与原理图对应。

5）贴片元器件的原点一般设定在元器件图形的中心。

6）插装元器件原点一般设定在第一个焊盘中心。

7）贴片元器件的封装必须在元器件面建立，不允许在焊接面建立镜像的封装。

8）封装的外形建立在丝印层上。

9）A、B 和 C 为 IPC—2221 和 IPC—2222 中定义的制造复杂度级别。

5.5.1 SMD 元器件封装的命名方法

IPC—SM—782A 是国际电子工业联合会（IPC）制定的一项标准，用于元器件代号系统。该标准规定了一套用于标识和命名电子元器件的代号系统，以便在设计、制造和维护电子产品时更加准确和一致地进行通信和交流。

IPC—SM—782A 中的元器件代号由两部分组成。第一部分是字母前缀，用于表示元器件的主要类型或功能。例如，R 表示电阻，C 表示电容，D 表示二极管，Q 表示晶体管等。第二部分是数字后缀，用于表示元器件的具体规格、尺寸、额定值等。

IPC—SM—782A 的元器件代号系统被广泛应用于电子行业，尤其是在电路设计、元器件选型、制造、装配和维修等环节中。通过使用统一的代号系统，不同的团队和企业可以更好地进行协作和沟通，避免因为代号不一致而产生的误解和错误。此外，该标准还提供了一些指导原则和建议，帮助用户正确使用和解读元器件代号。

总之，IPC—SM—782A 是一项重要的标准，为电子元器件提供了统一的代号系统，促进了电子行业中的准确和一致的通信和交流。

SMD 分立元器件的命名方法见表 5-3。"元器件代号"采用 IPC—SM—782A 标准。

表 5-3 SMD 分立元器件的命名方法

元器件类型	简称	标准图示	命名
SMD 电阻	R	R0402	命名方法：元器件类型简称 + 元器件英制代号 + 后缀（可选） 其中，A 为低组装密度；B 为中组装密度；C 为高组装密度；W 为宽体（长边极） 命名示例：R0402，R0603，R0805，R0805W①，R1206，R1206W，R1210，R1210W，R2010，R2010W，R2512，R2512W
SMD 排阻	RA	RA1206	命名方法：元器件类型简称 + 元器件英制代号 + 后缀（可选） 其中，A 为低组装密度；B 为中组装密度；C 为高组装密度；W 为宽体（长边极） 命名示例：RA1206
SMD 电容	C	C0402	命名方法：元器件类型简称 + 元器件英制代号 + 后缀（可选） 其中，A 为低组装密度；B 为中组装密度；C 为高组装密度；W 为宽体（长边极） 命名示例：C0402，C0603，C0805，C0805W，C1206，C1206W，C1210，C1210W，C1812，C1812W，C1825，C1825W
SMD 电感	L	L2012	命名方法：元器件类型简称 + 元器件英制代号 + 后缀（可选） 其中，A 为低组装密度；B 为中组装密度；C 为高组装密度；W 为宽体（长边极）M 为模制 注：C 为 Chip 的简写，P 为 Precision wire–wound 的简写，M 为 Molded 的简写 命名示例：L2012，L2012W，L3216，L3216W，L5038P，L3225，L3230M，L4035M，L8530M，L8530MW

（续）

元器件类型	简称	标准图示	命名
SMD 钽电容	T	T3216	命名方法：元器件类型简称＋元器件英制代号＋后缀（可选） 其中，A 为低组装密度；B 为中组装密度；C 为高组装密度；W 为宽体（长边极）
			命名示例：T3216，T3216W，T3528T，T3528W，T6032，T6032W，T7343，T7343W
MELF	M	M0805	命名方法：元器件类型简称＋元器件英制代号＋后缀（可选） 其中，A 为低组装密度；B 为中组装密度；C 为高组装密度；W 为宽体（长边极）
			命名示例：MLL34（或 SOD－80），MLL41（或 SOD－87），M0805，M1206，M1406，M2309
SMD 二极管	D	D2012	命名方法：元器件类型简称＋元器件英制代号＋后缀（可选） 其中，A 为低组装密度；B 为中组装密度；C 为高组装密度；W 为宽体（长边极）
			命名示例：D1608，D2012，D3216，D3528，D3528W，D6032，D6032W，D7343，D7343W
其他分立元器件	—	SOT23	命名方法：元器件封装代号＋后缀（可选） 其中，A 为低组装密度；B 为中组装密度；C 为高组装密度；W 为宽体（长边极）
			命名示例：SOT23；SOT23－W＊；SOT89；SOD123（含 SMB）；SOT143；SOT223；TO268（含 TS－003，TS－005）

① 大于 0603 的元器件在波峰焊时，焊盘尺寸按要求修改，且名称要加后缀 "－W"，如，SOT23－W

5.5.2　集成电路的命名方法

集成电路（IC）的命名方法见表5-4。

表 5-4　集成电路（IC）的命名方法

元器件类型		标准图示	命　名
SOIC	SO	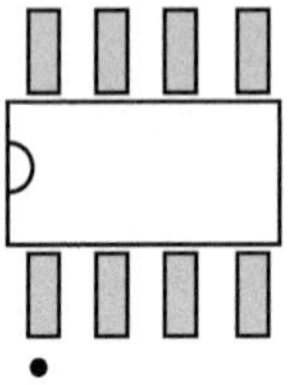 SO8–150	命名方法：SO + 引脚数 – 元器件英制本体宽度 命名示例：SO8 – 150
	SSO	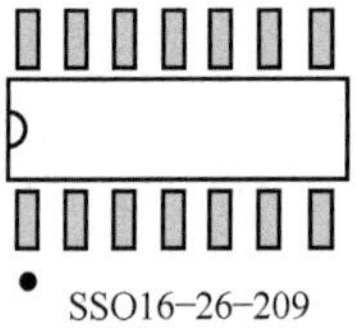 SSO16–26–209	命名方法：SSO + 引脚数 – 英制引脚间距 – 元器件英制本体宽度 命名示例：SSO16 – 26 – 209
	SOP	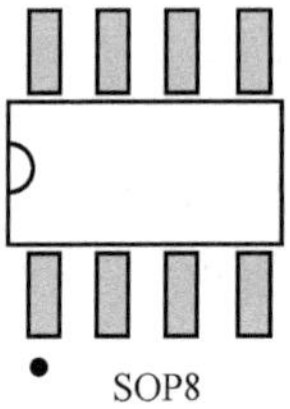 SOP8	命名方法：SOP + 引脚数 命名示例：SOP8
	SSOP	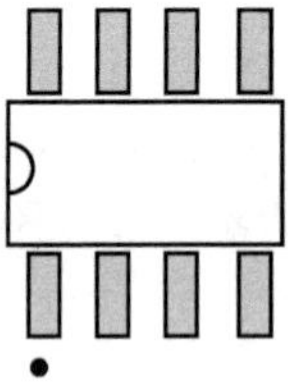 SSOP8	命名方法：SSOP + 引脚数 – 英制引脚间距 – 元器件英制本体宽度 命名示例：SSOP8 – 25 – 300
	TSOP	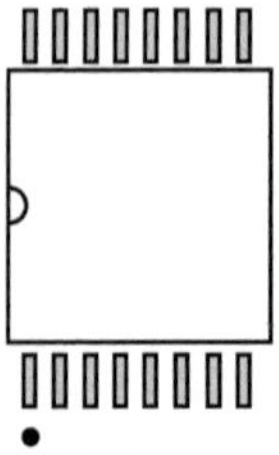 TSOP6×14–16	命名方法：TSOP + 元器件公制外形尺寸长度 × 宽度 – 引脚数 命名示例：TSOP6 × 14 – 16

98

（续）

元器件类型		标准图示	命　名
SOIC	TSSOP	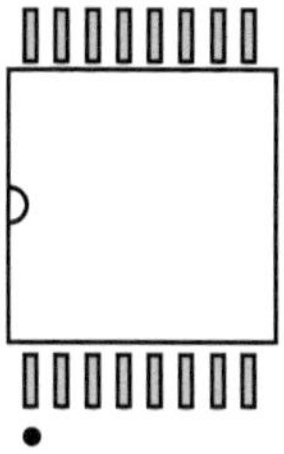 TSSOP14-0r65-4r40	命名方法：TSSOP + 引脚数 − 公制引脚间距 − 元器件公制本体宽度
			命名示例：TSSOP14 − 0r65 − 4r40
	CFP	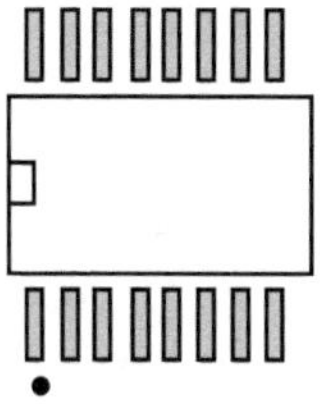 MO003-16	命名方法：元器件代号 − 元器件引脚数
			命名示例：MO003 − 16
SOJ	SOJ300 SOJ350 SOJ400 SOJ450	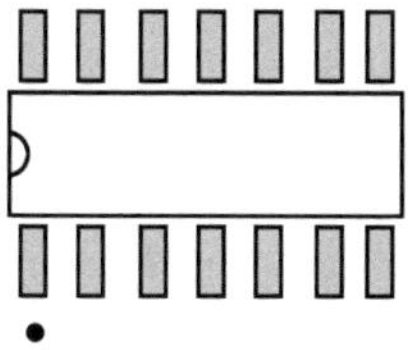	命名方法：SOJ + 引脚数 − 元器件英制本体宽度
			命名示例：SOJ14 − 300，SOJ14 − 350，SOJ14 − 400，SOJ14 − 450
QFP	PQFP	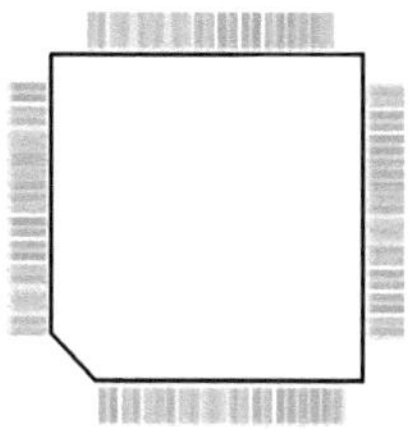 PQFP84	命名方法：PQFP + 引脚数 注：引脚间距均为 0.63mm
			命名示例：PQFP84，PQFP100，PQFP132，PQFP164，PQFP196，PQFP244
	SQFP（QFP）（方形）	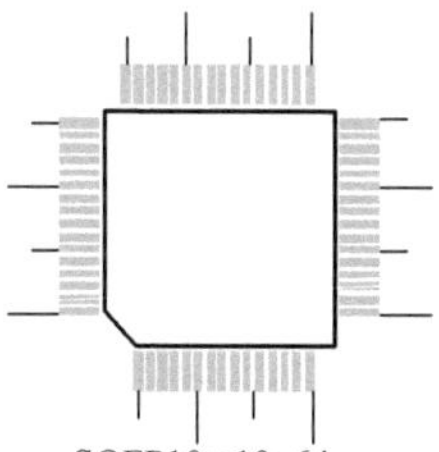 SQFP10×10-64	命名方法：SQFP（QFP）+ 元器件本体公制尺寸 − 引脚数 注：QFP 为 0.65mm 及以上引脚间距，SQFP 为 0.50mm 及以下引脚间距
			命名示例：SQFP5 × 5 − 24，QFP10 × 10 − 64

（续）

元器件类型		标准图示	命 名
QFP	SQFP（矩形）	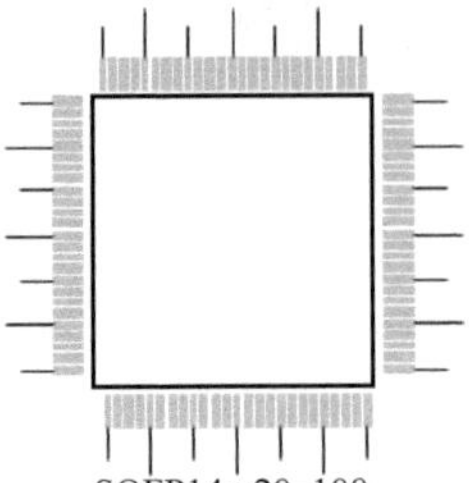 SQFP14×20-100	命名方法：SQFP + 元器件本体公制尺寸 - 引脚数 命名示例：SQFP14 × 20 - 100
	CQFP	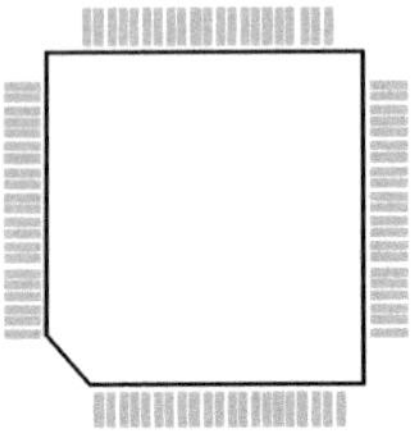	命名方法：CQFP - 引脚数 命名示例：CQFP - 28，CQFP - 36，CQFP - 44，CQFP - 52，CQFP - 68，CQFP - 84，CQFP - 100，CQFP - 120，CQFP - 128，CQFP - 132，CQFP - 144，CQFP - 148，CQFP - 160，CQFP - 164，CQFP - 196
PLCC	PLCC（方形）	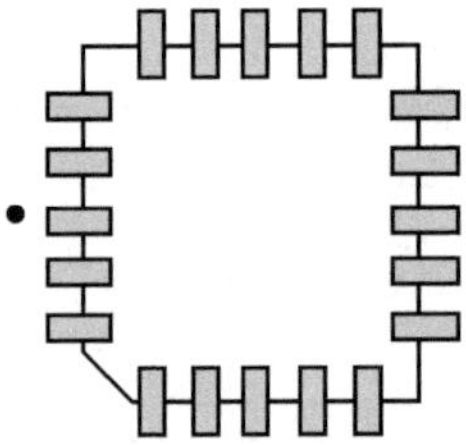	命名方法：PLCC - 引脚数 命名示例：PLCC - 20，PLCC - 28，PLCC - 44，PLCC - 52，PLCC - 68，PLCC - 84，PLCC - 100，PLCC - 124
	PLCC（矩形）	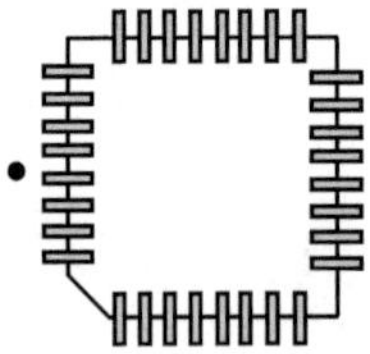 PLCCR-32	命名方法：PLCCR - 引脚数 命名示例：PLCCR - 18，PLCCR - 18L，PLCCR - 22，PLCCR - 28，PLCCR - 32
LCC	LCC	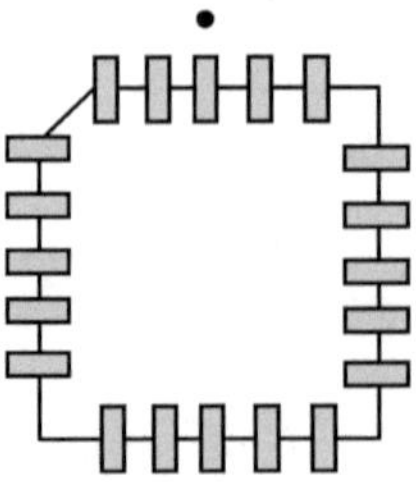 LCC-20	命名方法：LCC - 引脚数 命名示例：LCC - 16，LCC - 20，LCC - 24，LCC - 28，LCC - 44，LCC - 52，LCC - 68，LCC - 84，LCC - 100，LCC - 124，LCC - 156

（续）

元器件类型		标准图示	命　名
DIP	DIPSM		命名方法：DIPSM + 引脚数 - 元器件本体宽度 × 本体长度（mm）
DIP	DIPSM		命名示例：DIPSM16 - 4r50 × 11r39，DIPSM8 - 7rR11 × 10r92，DIPSM48 - 14r73 × 63r10
PBGA（方形）	PBGA	 PBGA11×11-100	命名方法：PBGA + 元器件本体公制尺寸（单位 mm） + FE（FO）+ 引脚数 - 图形编码 注：FO 代表奇数阵列，FE 偶数阵列
PBGA（方形）	1.27PBGA（方形）		命名示例：PBGA17 × 17FE144 - 1r27，PBGA17 × 17FO169 - 1r27
PBGA（方形）	1.0PBGA（方形）		命名示例：PBGA17 × 17FE256 - 1r0，PBGA17 × 17FO225 - 1r0
PBGA（方形）	0.8PBGA（方形）		命名示例：PBGA16 × 16FO361 - 0r8，PBGA18 × 18FE484 - 0r8
PBGA（矩形）	1.27PBGA（矩形）	 R-PBGA11×9 -70	命名方法：R - PBGA + 元器件本体公制尺寸（单位 mm） - 引脚数 - 图形编码
PBGA（矩形）	1.27PBGA（矩形）		命名示例：R - PBGA22 × 14 - 119 - 1r27，R - PBGA25 × 21 - 153 - 1r27，R - PBGA25 × 21 - 209 - 1r27，R - PB-GA11 × 9 - 70

5.5.3　插装元器件封装的命名方法

基于 IPC - SM - 782A，插装元器件的封装命名方法主要采用了一套结构化的代号系统。这个代号系统旨在提供清晰、准确的信息，以便在设计、制造和维护电子产品时能够准确选择和使用合适的插装元器件封装。

插装元器件封装的命名方法通常由几个主要部分组成，包括封装形状、封装尺寸、引脚数量和排列方式等。

首先，封装形状部分使用字母代号来表示封装的整体形状。例如，D 表示双列直插封装，S 表示单列直插封装，Q 表示四列直插封装，C 表示圆形插座封装等。这个部分的代号可以很好地描述封装的外观特征。

其次，封装尺寸部分使用数字来表示封装的尺寸。一般情况下，这个数字是指封装的宽度或长度。例如，对于直插封装，尺寸可以是引脚间距，即引脚之间的距离。对于圆形插座封装，尺寸可以是插座的直径。这个数字的单位可以是 mm 或 in（英寸），具体根据使用环境和标准来确定。

接下来，引脚数量部分使用数字来表示封装的引脚数量。例如，对于直插封装，引脚数量可以是 8、14、20 等。对于圆形插座封装，引脚数量可以是 2、4、6 等。这个数字通常是指封装上的可用引脚数量，不包括不可用引脚（例如，地引脚）。

最后，排列方式部分使用字母代号来表示引脚的排列方式。例如，T 表示线性排列，B 表示双行排列，S 表示交叉排列，G 表示网格排列等。这个部分的代号描述了引脚的布局和排列方式。

基于这些部分的组合，可以得到一个完整的插装元器件封装的命名。例如，DIP14 表示一个双列直插封装，引脚数量为 14，引脚线性排列。又如，SIP4 表示一个单列直插封装，引脚数量为 4，引脚线性排列。

总体来说，基于 IPC‑SM‑782A 的插装元器件封装命名方法提供了一种统一和标准的方式来描述和标识插装元器件封装。通过准确地使用这些代号，设计人员、制造人员和维修人员能够更好地理解和选择适合的封装，提高工作效率和产品质量。

插装元器件封装的命名方法见表 5-5。

表 5-5　插装元器件封装的命名方法

元器件类型	简称	标准图示	命　名
无极性轴向引脚分立元器件	AX	水平安装和立式安装	命名方法：AX（V）-S×D-H 其中，AX（V）为分立无极性轴向引脚元器件，（加 V 表示立式安装）；S×D 为两引脚间跨距×元器件本体直径；H 为孔径（直径）；单位为 mm 命名示例：AX-10r0×1r8-0r8，AXV-5r0×1r8-0r8，AX-10r0×2r5-0r8，AXV-12r5×3r2-0r8，AX-30r0×9r0-1r0
带极性圆柱形电容	CPC	+	命名方法：CPC-S×D-H 其中，CPC 为带极性圆柱形电容，1（方形）表示正极；S×D 为两引脚间跨距×元器件本体直径；H 为孔径（直径） 命名示例：CPC-2r0×5r5-0r5，CPC-2r5×6r8-0r8，CPC-3r5×8r5-1r0，CPC-5r0×10r5-1r0，CPC-5r0×13r0-1r0，CPC-7r5×16r5-1r0，CPC-7r5×18r5-1r0

（续）

元器件类型	简称	标准图示	命名
无极性圆柱形元器件	CYL	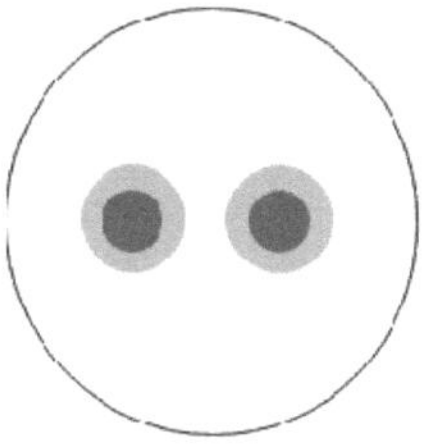	命名方法：CYL－S×D－H 其中，CYL 为无极性圆柱形元器件；S×D 为两引脚间跨距×元器件本体直径；H 为孔径（直径） 命名示例：CYL－5r0×13r0－1r0，CYL－7r5×16r5－1r0，CYL－7r5×18r5－1r0
轴向二极管	DIODE		命名方法：DIODE－S×D－H 其中，DIODE 为轴向二极管，1（方形）表示正极；S×D 为两引脚间跨距×元器件本体直径；H 为孔径（直径）；单位为 mm 命名示例：DIODE－15r0×5r3－1r6
发光二极管	LED	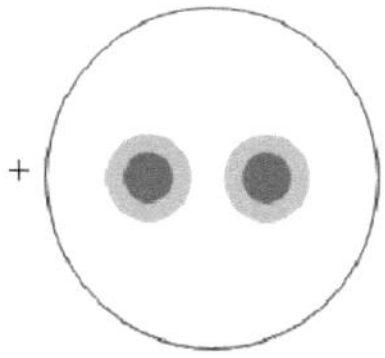	命名方法：LED＋N－S×D－H 其中，N 为 LED 引脚数；S×D 为引脚跨距×元器件本体直径；H 为孔径；单位为 mm 命名示例：LED2－2r5×5r0－0r8
无极性偏置引脚	DISC	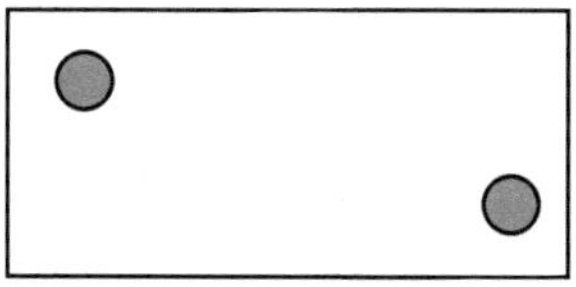	命名方法：DISC＋S－W×L－H 其中，DISC 为无极性偏置引脚的分立元器件；S 为引脚跨距；W×L 为本体宽度×本体长度；H 为孔径（直径）；单位为 mm 命名示例：DISC5r0－5r0×2r5－0r8
无极性径向引脚分立元器件	RAD	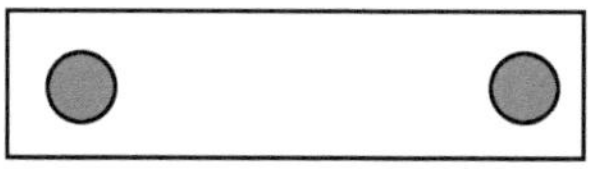	命名方法：RAD＋S－W×L－H 其中，RAD 为无极性径向引脚分立元器件；S 为引脚跨距；W×L 为本体宽度×本体长度；H 为孔径（直径）；单位为 mm 命名示例：RAD2r5－5r0×2r5－0r8
TO 类元器件	TO	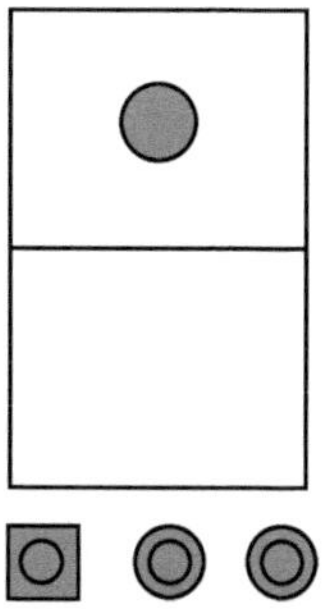 TO220AA	命名方法：JEDEC 型号＋说明（－V） 其中，说明指后缀或旧型号，加"－V"表示立放 命名示例：TO100，TO92－100－DGS，TO220AA，TO220－V

(续)

元器件类型	简称	标准图示	命　名
可调 电位器	VRES		命名方法：VRES – W × L – 图形编号 其中，VRES 为可调电位器；W × L 为本体宽度 × 本体长度；单位为 mm
			命名示例：VRES – 5r0 × 9r6 – 1，VRES – 5r0 × 9r6 – 2，VRES – 10r0 × 9r6 – 1
插装 DIP	DIP	DIP14–300×700	命名方法：DIP + N – W × L 其中，N 为引脚数；W × L 为本体宽度 × 本体长度；单位为 mil
			命名示例：DIP14 – 300 × 700，DIP8 – 300 × 550
光元器件	OPT		命名方法：OPT + N – W × L – 图形编码 其中，OPT 为光模块简称；N 为引脚数；W × L 为本体宽度 × 本体长度；单位为 mm
			命名示例：OPT9 – 25r4 × 31r2 – 1
晶体 及晶振	CO		命名方法：CO + N – W × L – R（V，S） 其中，CO 为晶体及晶振简称；N 为引脚数；W × L 为本体宽度 × 本体长度；R 表示弯插，V 表示直插，S 表示贴装；单位为 mm
			命名示例：CO4 – 5r0 × 7r0 – S，CO4 – 13r2 × 13r2 – V，CO4 – 2r4 × 7r1 – R
电源模块	PWR		命名方法：PWR + N – W × L – 图形编码 其中，PWR 为电源模块简称；N 为引脚数；W × L 为本体宽度 × 本体长度；单位为 mm
			命名示例：PWR9 – 57r9 × 60r1 – 1，PWR10 – 20r3 × 31r8 – 2
变压器	TRAN		命名方法：TRAN + N – W × L – 图形编码 其中，TRAN 为变压器简称；N 为引脚数；W × L 为本体宽度 × 本体长度；单位为 mm
			命名示例：TRAN10 – 24r5 × 25r5 – 1

（续）

元器件类型	简称	标准图示	命　　名
单排封装	T		命名方法：SIP + N – SM（SM – DIL，TM）– W × L 其中，SIP 为单排封装（Single – In – Line Placement）；N 为引脚数；SM，TM 为表面安装或插装（Surface or Thru – hole Mount）；SM – DIL 为表面贴装双列焊盘；W × L 为本体宽度 × 本体长度；单位为 mm
			命名示例：SIP8 – TM – 5r0 × 20r4，SIP16 – SM – DIL – 7r5 × 12r0
继电器	RELAY		命名方法：RELAY + N + TM（SM）– W × L 其中，RELAY 为继电器；N 为引脚数；TM（SM）为插装 TM，表面贴装 SM；W × L 为本体宽度 × 本体长度；单位为 mm
			命名示例：RELAY10TM – 9r0 × 14r0，RE-LAY10SM – 9r0 × 14r0
PGA	D		命名方法：PGA + N – 图形编号 其中，N 为引脚数
			命名示例：PGA8 – 1，PGA13 – 1
其他分立元器件	—	 SOT23	命名方法：元器件封装代号
			命名示例：SOT23；SOT23 W[①]；SOT89；SOD123（含 SMB）；SOT143；SOT223；TO268（含 TS –003，TS –005）

① 大于 0603 的元器件在波峰焊时，焊盘尺寸按要求修改，且名称要加后缀 " – W"，如 R0805W，SOT23W

5.5.4　常用元器件丝印图形式样

常见的元器件丝印图形式样可以根据元器件的类型和功能有所不同。以下是一些常见的元器件丝印图形式样：

1）电阻（Resistor）：通常以 R 开头，后面跟着具体的阻值。丝印图形可以是一个矩形或正方形，上面可能会标注阻值的单位（如 Ω）。

2）电容（Capacitor）：通常以 C 开头，后面可能跟着电容值和电压等信息。丝印图形可以是一个长方形或圆形，并且可能会标注电容值的单位（如 F）。

3）二极管（Diode）：通常以 D 开头，后面可能会跟着具体的型号信息。丝印图形可以是一个箭头，箭头指向正向电流的流向。

4）三极管（Transistor）：通常以 Q 开头，后面可能会跟着具体的型号信息。丝印图形可以是一个带有三个引脚的符号，表示基极、发射极和集电极。

5）集成电路（Integrated Circuit）：通常以 IC 开头，后面可能会跟着具体的型号信息。丝印图形可以是一个带有引脚标识和器件标识的矩形或方形。

6）空白位置（No Component）：在 PCB 上有时会有一些空白位置，用于未来添加元器件。在这些位置上，可以用一个圆圈或一个十字标记来表示空白。

这些只是一些常见的元器件丝印图形式样，实际上根据不同的元器件和生产商，丝印图形可能会有所不同。在设计和制造 PCB 时，重要的是根据相关的规范和标准来确定正确的元器件丝印图形，以确保元器件的正确安装和使用。

常用元器件丝印图形式样见表 5-6。

表 5-6　常用元器件丝印图形式样

元器件类型	推荐丝印图形	说　明
片式电阻		
片式电容		中间断开，与焊盘内边对齐
片式二极管		要标出极性符号
片式三极管		用方框表示元器件，方框大小依 IPC 标准界位尺寸绘制

（续）

元器件类型	推荐丝印图形	说　　明
SOP 类	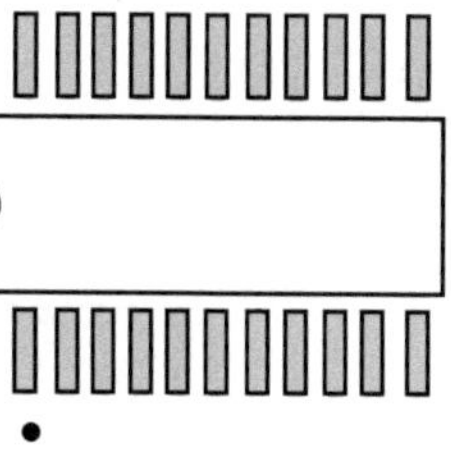	用小圆圈表示安装方向（同时也表示引脚 1）
PLCC	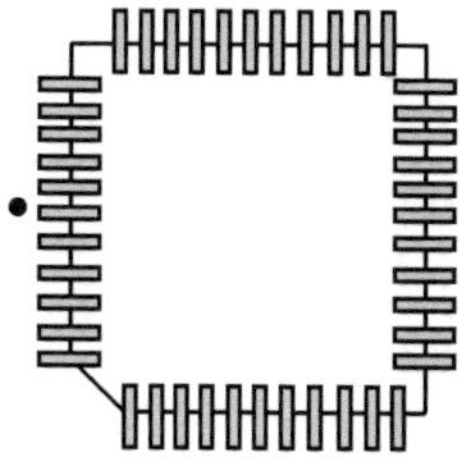	1. 用与元器件倒角一致的倒角表示安装方向。线框位置取焊盘中间位置。 2. 引脚 1 要标出
QFP	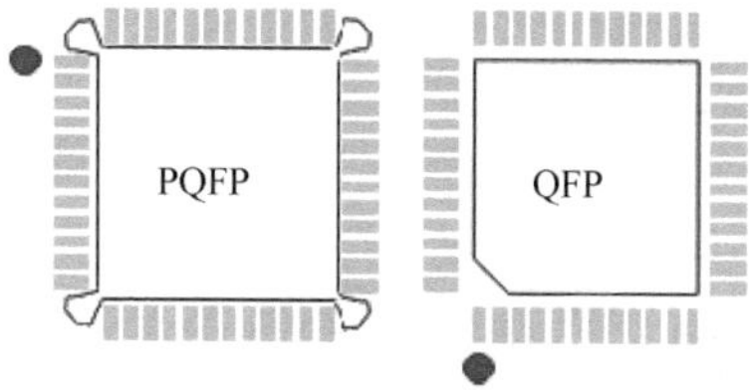 PQFP　　QFP	1. 用倒角表示安装方向 2. 引脚 1 要标出，注意 PQFP 的引脚 1 位置没有统一的规定 3. 引脚数超过 64，要标出引脚标识
BGA	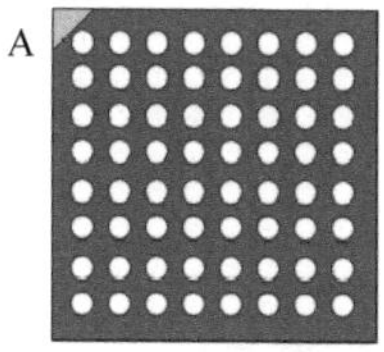 A	1. 用倒角表示安装方向 2. 引脚 1 用 A – 1 表示，见图示
插装电阻	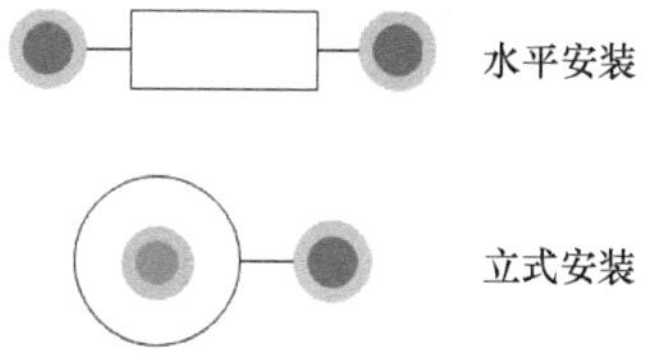 水平安装 立式安装	1. 水平安装 2. 立式安装
插装电容	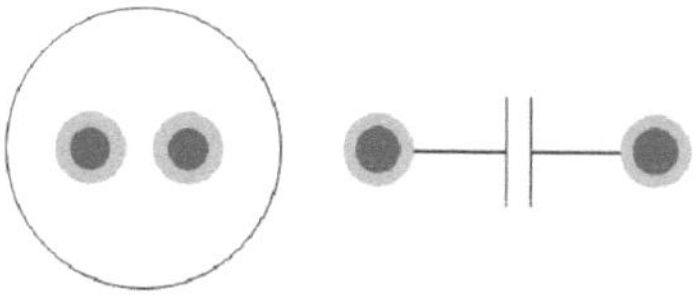	
其他		建议用简化外形绘制

5.5.5 图形原点

1. 贴片元器件的原点

贴片元器件原点一般设定在元器件图形的中心，如图 5-14 所示。

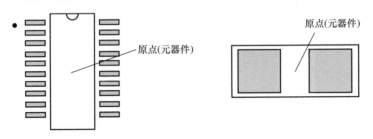

图 5-14 贴片元器件

2. 插装元器件原点

插装元器件原点一般设定在第一个焊盘中心，如图 5-15 所示。

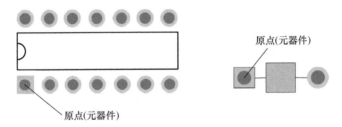

图 5-15 插装元器件

3. 其他特殊元器件

其他特殊元器件以工艺结构提供中心为原点。

5.6 IPC 7351 设计元器件封装标准

PCB 反映了它上面的每个元器件封装。该焊盘图案带有阻焊层开口，以便将元器件焊接到各自的焊盘上。这套焊盘应按照 IPC 7351 封装标准设计，以实现无障碍 PCBA 组装。

5.6.1 IPC 7351 的主要特点

作为设计师，目标是拥有一块具有良好信号完整性的 PCB。为此，需要在 PCB 布局设计、信号布线和元器件放置方面遵循行业标准。无论是 BGA、SMD

还是通孔元器件，焊盘图案对于 PCB 组装过程都是必不可少的。IPC 7351 指南可帮助实现最佳焊接质量，同时确保为返工、测试和检查留出足够的间隙。

本文件的其他重要特点是：

提供有源和无源元器件的焊盘图案设计规范。

定义界位尺寸，即元器件的最小电气和机械间隙。

允许根据设计的组装密度在三种焊盘布局拓扑中进行选择。

为电阻阵列封装、DFN 元器件和扁平引脚元器件等制定焊盘图案命名约定指南。

在本节中，将了解 IPC 7351 焊盘布局标准定义的主要焦点。

5.6.2 用于 SMD 元器件的三层库系统

电子产品可以根据组装密度分为三类。它们是 A 级、B 级和 C 级。IPC - 7351 中的三层 CAD 库系统适用于以下每个类别的各种焊接标准和公差：

A 级是为低密度组装应用定义的。这种几何形状适用于无引脚芯片和带引脚的鸥翼元器件。此支架中提到的规格也可用于内向和 J 形引脚接触器件。

B 级适用于中等密度组装的产品。它提供中值或标称焊盘图案几何形状。该标准定义了无引脚芯片和含引脚鸥翼芯片波峰焊的条件。

C 级为手机、医疗设备和其他手持应用等高密度组装提供元器件封装标准。

5.6.3 元器件的方向

元器件定位使制造商能够标准化采用各种包装方法（例如卷轴、托盘和管）的元器件的方向。这有助于贴片机做出正确的决定并正确地放置元器件。表 5-7 定义了各种元器件的方向位置。

表 5-7 元器件的方向位置

元器件	元器件方向
电容、电阻和电感	引脚 1 始终正引脚
二极管	左边的阴极 引脚 1 标记这些器件的极性
SOT 元器件、陶瓷扁平封装、小外形 J 引脚 IC、四方扁平封装 IC、无引脚芯片载体和 BGA	左上角
塑料方形扁平封装 IC	顶部中心

图 5-16 为在左上角的 BGA 引脚 1 的方向。

图 5-17 为在左上角的 SOT 元器件的引脚 1 方向。

图 5-18 为在左上角的一个 IC 元器件引脚 1 方向。

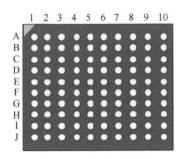
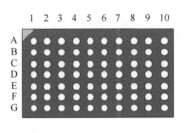

图 5-16　引脚 1 在 BGA 左上角

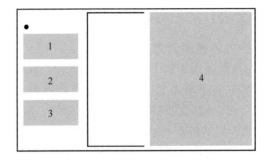

图 5-17　引脚 1 在 SOT 左上角

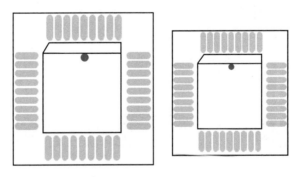

图 5-18　引脚 1 的顶部中心方向

图 5-19 为片式电容的引脚 1 的位置。

根据给定的指导方针来定位引脚是非常重要的，这样当元器件以任何角度旋转时，如图 5-20 所示，参考引脚就会保持不变。

5.6.4　焊盘图案命名约定

IPC 7351B 提供焊盘图案命名指南，遵循这些标准将帮助标准化焊盘图案符

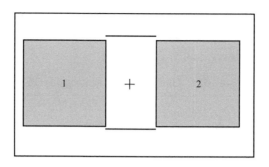

图 5-19　引脚 1 在片式电容的左边

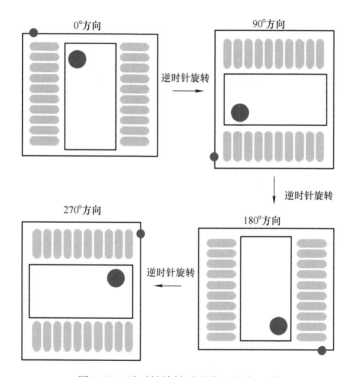

图 5-20　逆时针旋转时引脚 1 方向一致

号：用小数点后两位表示引脚跨度和高度，并包括尾随零。

在引脚数量前放置一个"——"（破折号）。

使用"—"（下划线）分隔隐藏和删除元器件的引脚数量。

不要使用" * "，而是使用字母"X"来分隔两个整数，例如：高度 X 宽度。

表 5-8 为 IPC 7351B 焊盘图案命名约定的一些示例。根据这些约定，每种元

器件的封装命名由特定的字母和数字组成，表示了元器件的尺寸、形状和引脚数量等特征。这种命名约定的好处是可以清晰准确地描述不同封装类型的元器件，方便制造商和设计人员之间的交流和理解。

表 5-8　IPC 7351B 焊盘图案命名约定的示例

元器件类型	封装命名法
贴片电容	CAPCA + 间距 P + 本体宽度 × 本体长度（公制）- 引脚数量
贴片电感	INDC + 公制（体长 + 体宽 × 体高）
模压 LED	LEDM + 体长 + 体宽 × 体高
陶瓷四方扁平封装	1.27mm 间距：CQFP127P + 引线跨度 L1X 引线跨度 L2 标称 × 高度 - 引脚数量
模压电阻	RESM + 体长 + 体宽 × 体高
小外形晶体管（扁平引线）	1mm 间距：SOP100P + 引线跨度标称 × 高度 - 引脚数量
球栅阵列	1.5mm 间距：BGA15OP + 引脚列数 × 引脚行数 - 引脚数量

　　IPC 7351B 是一个广泛使用的标准，用于定义电子元器件的封装和焊盘设计要求。在 IPC 7351B 中，焊盘图案有一套特定的命名约定，以便在设计和制造过程中能够准确地识别和使用。

　　根据 IPC 7351B 的焊盘图案命名约定，焊盘图案的命名由几个部分组成。首先是元器件类型的缩写，例如"C"表示电容，而"R"表示电阻。接下来是焊盘图案的形状和类型，例如"S"表示圆形焊盘，而"R"表示矩形焊盘。然后是焊盘图案的尺寸和间距，以 mm 为单位。

　　举个例子，假设有一个电容元器件的焊盘图案，它是圆形的，直径为 1.6mm，并且焊盘之间的间距为 0.8mm。根据 IPC 7351B 的命名约定，这个焊盘图案的命名将为"CSP1.6 - 0.8"。

　　在 IPC 7351B 中，还有一些特殊的命名约定用于表示特定的焊盘图案特征。例如，"_NP"表示非平面焊盘，而"_T"表示热垫焊盘。这些特殊的命名约定可以帮助设计人员更准确地选择和使用合适的焊盘图案，以满足特定的设计要求和制造工艺。

　　通过使用 IPC 7351B 的焊盘图案命名约定，设计人员和制造商可以更容易地理解和交流焊盘图案的设计要求。这有助于确保电子产品的焊接质量和可靠性，并减少设计和制造过程中的错误和问题。

　　总结来说，IPC 7351B 的焊盘图案命名约定提供了一套标准的命名规则，以准确地描述焊盘图案的类型、尺寸和特征。这样可以帮助设计人员和制造商更好地理解和使用焊盘图案，从而提高产品的质量和可靠性。

5.6.5　元器件放置界位标准

元器件放置界位标准是指按照 IPC 7351B 标准定义的不同元器件的界位参数，如图 5-21 所示。IPC 7351B 是电子工业联合会（IPC）制定的一项标准，旨在提供统一的元器件封装标准，以便在电子产品设计和制造过程中提高效率和一致性。

根据 IPC 7351B 标准，不同类型的元器件（例如芯片、二极管、电容、电感、晶体管等）都有各自规定的界位参数。这些参数包括界位尺寸、位置、间距和形状等。通过遵循这些标准界位参数，设计人员可以确保元器件在 PCB 布局中的正确放置，以便在组装和焊接过程中能够正确地与其他元器件和 PCB 进行连接。

界位余量是一个重要的参数，它指的是构件封装外缘形成的矩形与界位外边界之间的面积。界位余量的大小对于元器件之间的间距和避免短路等问题是至关重要的。设计人员需要根据具体的元器件尺寸和要求来确定适当的界位余量，以确保元器件之间有足够的间距，同时又不浪费过多的空间。

在进行元器件布局时，设计人员需要确保不同元器件的界位不重叠。重叠的界位会导致元器件之间的间距不足，可能会导致电气短路或机械干涉。因此，在进行布局时，设计人员需要仔细调整元器件的位置和方向，以确保界位不会重叠。

总之，元器件放置界位标准是为了确保元器件在 PCB 布局中的正确放置和连接而制定的。遵循这些标准可以提高设计效率和产品质量，减少 PCB 制造中的问题和风险。

界位是矩形区域，用于定义元器件本体周围的电气和机械间隙。界位余量是指构件封装外缘形成的矩形与界位外边界之间的面积。需要确保布局界位不重叠，以在元器件和铜特性之间保持足够的间距。IPC 7351 定义了不同元器件的标准界位参数。

5.6.6　丝印标记指南

IPC 7351B 中关于丝印标记的一些重要指南如下。

切勿将丝印轮廓放置在元器件下方，因为它们在 PCB 组装过程中往往会被覆盖。可将丝印印制在用作裁剪标记的元器件的边缘。极性标记应突出显示并指示引脚 1 的位置。即使在组装过程之后，这也应该是可见的。所有丝印轮廓的放置必须在界位内。丝印线宽是丝印与焊盘图形之间的间隙。下列描述了不同应用需要保持的线宽规格。

1）高组装密度：它也被称为最少焊盘突出环境，用于高密度互连 PCB，推

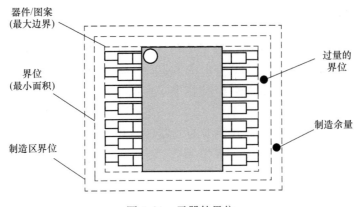

图 5-21 元器件界位

荐的线宽为 0.1mm，如图 5-22 所示。

2）中组装密度：这是指中值等焊盘突出环境。它是中等组装密度产品的首选，推荐的线宽为 0.127mm，如图 5-23 所示。

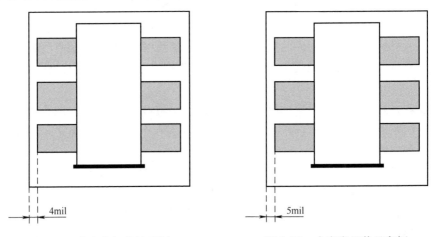

图 5-22 高密度组装丝印框   图 5-23 中密度组装丝印框

3）低组装密度：这表示焊盘图案的面积最大。它可用于低密度应用。根据 IPC 7351B 标准，推荐的线宽为 0.152mm（6mil），如图 5-24 所示。

丝印应该有足够的对比度以便于读取。使用明亮的颜色，如白色、黄色或银色，如果可能的话，避免使用深色背景。

避免使用过于复杂的图案或文字，以免难以阅读和理解。丝印应该清晰、简洁，并与 PCB 的功能相关。

在丝印标记的设计过程中，要考虑到产生不希望的电磁干扰的可能性。避免将丝印标记放置在敏感的电路区域或信号传输线附近。

丝印标记应该经过充分测试和验证，以确保其准确性和可读性。这包括检查丝印的位置、字体、大小和对比度等。

最后，丝印标记应该永久性地附着在 PCB 上，以确保其在使用和维修过程中不会被意外擦掉或磨损。

总之，丝印标记是 PCB 设计中不可忽视的重要部分，它提供了关键的信息和指导，以确保 PCB 的正确组装和运行。根据 IPC 7351B 的指南，设计师应该遵循一些重要的准则来确保丝印标记的有效性和可靠性。

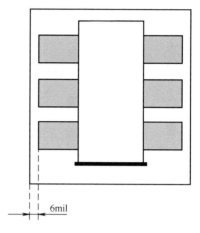

图 5-24　低密度组装丝印框

5.6.7　用于高效元器件放置的焊盘布局

元器件之间的最小空间取决于 PCB 的表面积、设备类型和运行速度等因素。遵循以下放置元器件的准则：提供满足所有制造要求的元器件封装之间的最小间距，如图 5-25 所示。将 PCB 上的相似元器件分组。这将确保正确放置元器件并促进有效的检查和焊接过程。

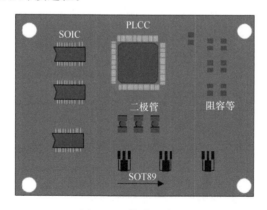

图 5-25　推荐的布局

SMD 首选回流焊。因此，将所有 SMD 放置在与回流焊相同的方向，如图 5-26 所示，这将能最大限度地减少焊接工艺缺陷。

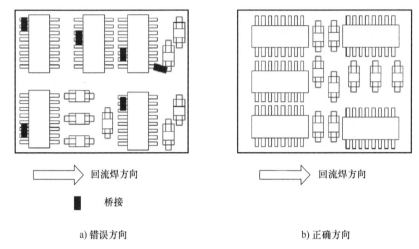

回流焊方向   回流焊方向

■ 桥接

a) 错误方向   b) 正确方向

图 5-26   回流焊方向

5.6.8 计算小外形集成电路（SOIC）封装的焊盘图案要求

SOIC 封装因封装体尺寸、焊盘分布和引脚间距而异。将封装尺寸与制造商提供的封装公差相匹配至关重要。IPC 7351 封装标准定义了三个公式来计算焊盘图案总长度（Z_{max}）、焊盘图案之间的间距（G_{min}）和焊盘图案的宽度（X_{max}），即

$$Z_{max} = L_{min} + 2 \times J_t + \sqrt{C_1^2 + F^2 + P^2}$$

$$G_{min} = S_{max} - 2 \times J_h - \sqrt{C_s^2 + F^2 + P^2}$$

$$X_{max} = W_{min} + 2 \times J_s + \sqrt{C_w^2 + F^2 + P^2}$$

式中，Z_{max} 为焊盘图案的总长度；G_{min} 为焊盘图案之间的间距；X_{max} 为焊盘图案的宽度；L_{min} 为元器件的最小长度（端到端）；S 为元器件端子之间的距离；W 为引脚或端子的宽度；J_t 为脚趾处的焊料圆角或焊盘突出；J_h 为脚跟处的焊圆角或焊盘突出；J_s 为侧面的焊料圆角或焊盘突出；C_1 为元器件长度公差；C_w 为引脚宽度公差；C_s 为元器件端子之间距离的公差；F 为制造公差波峰焊的元器件定位；P 为放置公差。

IPC 7351 标准定义了 PCB 上表面贴装焊盘的尺寸、形状和公差。遵守这些标准使制造商能够在焊脚和元器件之间建立可靠的电气连接。这避免了由焊盘图案引起的制造缺陷。除此之外，它还确保焊接过程符合 J – STD – 001 标准。

5.7　PCB 库的创建

5.7.1　建立 PCB 库的目的

在设计 PCB 时，每个电子元器件都需要一个用于原理图捕获的符号，其中描述了引脚功能、映射和类型以及 PCB 封装，以确保元器件正确焊接到 PCB 上。此外，工程师通常还使用 3D 模型来检查其 PCB 和机械外壳之间的间隙。高质量的库可能很难做到正确，但它是 PCB 设计过程的基本要素，因为它们确保：

1）正确可靠的制造。

2）其他 CAD 工具功能正常运行（例如：ERC 和 DRC 检查）。

3）一致性，使设计可读和可复用。

构建一个好的 PCB 库会带来许多挑战和困难。首先，这是一个非常注重细节的过程，每个引脚、焊盘和元器件都需要高精度。此外，数据表的创建方式缺乏一致性，这可能会在解释过程中出现无意的错误。

缺乏标准和行业一致性是构建高质量 PCB 库的另一个主要挑战。此外，用户或组织的有特定偏好或要求。一些大多数组织都有自己的标准，但现在我们观察到行业正在朝着创建和使用更多行业标准的方向转变。

最后，库的重要性常常被低估和忽视。所有组织都知道拥有制造良好的封装很重要，但在实践中，将库维护优先于其他关键任务可能具有挑战性。

工程师在创建 PCB 设计时常犯的错误包括引脚映射问题、焊盘尺寸错误、丝印重叠外露铜以及错误的外形尺寸或对元器件尺寸的误解。除此之外，即使是经验丰富的工程师也会犯一些不太常见的错误，例如使用镜像的顶/底视图、错误或误解的数据表、错误的质心、错误的元器件方向等。

为了避免这些，在设计进入制造之前验证库是每个设计团队工作流程的重要组成部分，无论是来自元器件制造商、组织创建的现有库，还是来自第三方网站的外部库，需要遵循一些关键步骤。这些步骤可以简要总结如下：定义一个强大的验证过程并维护和执行详细的检查清单。

5.7.2　PCB 库的重要性

PCB 库是确保正确制造和提高设计效率的关键。设计师应该充分重视 PCB 库，并根据库中的规范和限制进行设计，以确保 PCB 的可制造性、良率和效率。PCB 库的重要性体现在以下几个方面：

1）确保正确制造：PCB 库中存储着各种常用的元器件和连接件的封装信

息，包括引脚位置、尺寸、间距等。设计师可以通过使用库中的正确封装，确保设计的准确性和可制造性。如果使用了错误的封装或者尺寸，可能导致焊接不良、引脚连接错误等问题，从而影响 PCB 的功能。

2）提高设计的可制造性：PCB 库中还包含了一些制造规范和限制，如最小线宽、最小间距、最小孔径等。设计师在设计过程中可以根据库中的规范和限制进行布线，以确保 PCB 的可制造性。如果忽略了这些规范和限制，可能导致制造过程中的问题，如线宽过细导致电流过载、线间距过小导致短路等。

3）提高良率：良率是指制造过程中产品合格的比例。通过使用 PCB 库中的正确封装和制造规范，设计师可以减少制造过程中的错误和缺陷，从而提高 PCB 的良率。高良率意味着更少的返工和修正，可以减少生产成本和时间。

4）提高设计的效率：PCB 库中存储了大量常用的元器件和连接件的信息，设计师可以直接使用这些封装而不需要重新设计。这样可以节省设计时间，提高设计的效率。此外，库中的元器件和连接件经过验证和测试，可以提高设计的可靠性。

5.7.3 PCB 库的创建标准

最流行的标准化机构之一是 IPC。表面贴装元器件的标准是 IPC 7351B，该标准定义了封装的所有方面，包括阻焊层、助焊层和界位等。IEEE 等组织也涵盖符号标准，尤其是常见的分立元器件。创建 PCB 库时，设计师应该参考这些标准和指南，并根据自己的需求进行适当的调整和定制。此外，随着技术的不断发展和更新，标准和指南也在不断更新，设计师需要及时了解最新的标准和指南，以保持库的准确性和有效性。

创建 PCB 库的标准主要包括以下几个方面：

1）封装标准：定义了元器件的物理尺寸、引脚排列、引脚位置和间距等参数。最常用的标准是 IPC 7351，它规定了表面贴装元器件的封装规范。这个标准包括了阻焊层、助焊层和界位等方面的要求。通过遵循封装标准，设计师可以确保元器件的正确封装和连接。

2）分立元器件符号标准：定义了不同类型分立元器件的符号表示。这些符号表示了元器件的功能和连接方式。常见的分立元器件符号标准由 IEEE 等组织制定，例如，二极管、晶体管、电阻等。

3）制造规范和限制：PCB 库中的制造规范和限制定义了 PCB 制造的一些要求，如最小线宽、最小间距、最小孔径等。这些规范和限制是基于制造工艺和设备的能力而制定的，设计师需要根据这些规范和限制进行布线和设计，以确保 PCB 的可制造性。

4）标准化机构的指南：标准化机构如 IPC、IEEE 等经常发布指南和建议，帮助设计师创建和使用 PCB 库。这些指南包括了库的组织结构、文件格式、命名规则等方面的建议，以及设计和制造过程中的最佳实践。

5.7.4　创建 PCB 库的常见错误

引脚映射问题可能是设计师犯的最基本的错误。将符号引脚映射到封装引脚非常烦琐——尤其是在像 FGPA 这样的高引脚数元器件上——所以这并不奇怪。但这通常是困扰工程师的第一个错误之一。

对于新工程师而言，最常见的问题在铜焊盘上放置丝印，这可能导致焊点不良。

对于经验丰富的工程师而言，最常见的问题是将元器件的底视图误认为是顶视图。发生这种情况时，元器件会被"镜像"。

以下是一些创建 PCB 库时可能发生的其他常见错误：

1）引脚错位：在创建元器件库时，引脚位置与实际封装不匹配，可能会导致连接错误或布线困难。

2）封装错误：选择错误的封装类型或尺寸，或者未正确定义封装的尺寸和间距，可能导致元器件无法正确放置或布线。

3）元器件属性错误：未正确定义元器件的属性，如电气规格、特性和参数，可能会导致设计错误或功能失效。

4）引脚映射错误：将符号引脚映射到封装引脚时出现错误，可能导致连接错误或功能失效。

5）丝印印制错误：在 PCB 库中放置丝印印制时出现错误，可能导致焊点不良或困扰电子制造过程。

6）库管理错误：不正确地创建、组织或管理 PCB 库，可能导致混乱和错误的元器件选择。

7）3D 模型错误：未正确定义元器件的 3D 模型，可能导致物理相容性问题或可视化验证困难。

8）遗漏或错误的标记和编号：未正确标记或编号元器件，可能导致设计困惑或错误的元器件选择。

在创建 PCB 库时，设计师应该仔细检查每个元器件的属性、引脚连接和封装定义，确保库中的元器件准确无误。此外，使用验证工具和进行严格测试也是帮助发现和纠正错误的重要步骤。

5.7.5　PCB 库的更新

标准会发生变化，这意味着诸如对铜焊盘的建议，甚至封装的默认方向都可能会发生变化，这很重要，因为这是贴片机所必需的。所以，掌握最新的行业标准是一种很好的做法。

5.7.6 PCB 库的验证

无论元器件供应商的网站获取库还是团队自己创建库，作为 DFM 流程的一部分，都必须通过一组标准检查。错误的代价很高，而且由于库非常注重细节，因此始终验证细节很重要。

验证 PCB 库是确保库中元器件的正确性和可靠性的关键步骤。以下是一些常见的 PCB 库验证方法：

1）器件参数验证：检查库中每个元器件的电气规格、特性和参数是否正确，并与供应商提供的规格书进行验证。确保元器件的参数与设计要求相匹配，以免造成功能失效或电路性能问题。

2）引脚映射验证：确认每个元器件的引脚映射是否正确。检查引脚连接是否与元器件的符号和实际封装对应，以确保正确的连接和布线。

3）封装验证：验证库中每个元器件的封装是否正确。确认封装的尺寸、间距和引脚位置是否与实际封装一致，以便正确放置和布线元器件。

4）丝印印制验证：检查库中每个元器件的丝印印制是否正确放置。确保丝印印制不会导致焊点不良或制造困扰。

5）3D 模型验证：验证库中元器件的 3D 模型是否正确定义。检查模型的物理尺寸和形状是否与实际元器件相匹配，以便进行可视化验证和协同工作。

6）标记和编号验证：检查库中每个元器件的标记和编号是否正确。确保元器件的标记和编号与设计要求一致，以避免混淆和错误选择。

验证 PCB 库的方法可以根据具体的需求和工具进行。使用库管理工具和 PCB 设计工具的验证功能可以帮助自动化和简化验证过程。此外，与供应商、团队成员和其他工程师进行沟通和协作，也是发现和解决库验证问题的重要途径。

第6章

PCB 焊盘设计

PCB 的质量取决于几个因素，例如 PCB 和元器件之间的接口，即焊盘。这使得焊盘成为 PCB 设计和开发的重要组成部分，因为它用作元器件和 PCB 之间电气接触的指定表面区域。焊盘设计的目标是确保焊接过程的可靠性和稳定性，以保证 PCB 的性能和可靠性。以下是焊盘设计的一些重要考虑因素：

1）焊盘尺寸和形状：应根据元器件的尺寸和引脚排列确定。焊盘的大小和形状应能够容纳引脚，并提供足够的焊接表面积以确保良好的焊接连接。

2）焊盘间距：应根据元器件的引脚排列和尺寸来确定。间距过小可能导致焊接时的短路，间距过大可能导致焊接不牢固。

3）焊盘形状和孔径：焊盘可以是圆形、方形或其他形状，具体取决于元器件的引脚形状。焊盘的孔径应与元器件引脚的直径相匹配，以确保焊盘的贴合度和焊接质量。

4）焊盘涂层和材料：焊盘通常会涂上一层焊锡，以便于焊接。焊盘的材料通常是铜，因为它具有良好的导电性和热传导性。

5）焊盘布局：应根据 PCB 的整体布局和元器件的位置进行优化。焊盘之间应有足够的间距，以允许焊接过程中的热膨胀和冷却。

6）焊盘引线：其长度和形状应根据元器件的引脚长度和形状进行设计。引线应保持足够的长度，以确保焊接的可靠性和稳定性。

7）焊盘标记：为了方便组装和维护，焊盘上应标记元器件的引脚编号或功能。这可以通过印制或刻字等方式实现。

6.1 PCB 设计中的焊盘

焊盘是 PCB 上金属的暴露区域，元器件引脚焊接到该区域。多个焊盘一起用于在 PCB 上生成元器件封装或焊盘图案。可用的两种类型的焊盘是通孔焊盘和表面贴装焊盘，如图 6-1、图 6-2 所示。

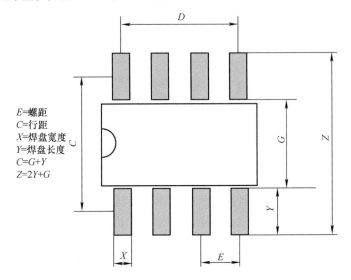

图 6-1　表面贴装焊盘的焊盘设计

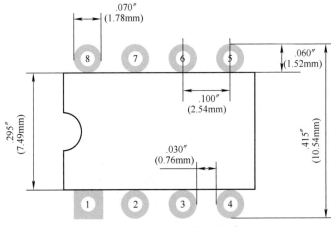

图 6-2　通孔焊盘的焊盘设计

6.1.1　表面贴装焊盘

用于贴装贴片元器件的焊盘称为表面贴装焊盘。这些焊盘具有以下特点：

1）显示铜区域的焊盘，这可以是矩形、圆形、方形或长方形。

2）阻焊层。

3）助焊层。

4）焊盘编号（元器件存在的焊盘数量）。

6.1.2　焊盘的特性

焊盘是 PCB 上用作元器件引脚焊接点的表面区域。在焊盘设计中，有两种常见的类型：阻焊层定义的焊盘（Solder Mask Defined，SMD）和非阻焊层定义的焊盘（Non‐Solder Mask Defined，NSMD）。这两种焊盘类型具有不同的特性和应用场景。

1. SMD 焊盘与 NSMD 焊盘

SMD 焊盘指的是焊盘的尺寸、形状和定位，是由阻焊层来定义的。阻焊层覆盖了焊盘周围的区域，只留出焊盘的位置供焊接。这种设计可以提供更好的焊盘对位精度和焊接质量，因为焊盘的位置被阻焊层的边界限制，避免了焊盘之间的短路。

NSMD 焊盘则是焊盘的尺寸、形状和定位，是由非阻焊层来定义的。非阻焊层仅覆盖了焊盘的底部，而不会延伸到焊盘周围。NSMD 焊盘通常用于高频和高速应用，因为它们可以提供更小的焊盘间距和更好的信号完整性。由于非阻焊层不会限制焊盘位置，因此 NSMD 焊盘的位置可以更加灵活，能够适应更多不同类型的元器件。

选择 SMD 焊盘还是 NSMD 焊盘取决于具体的应用需求。在一般情况下，SMD 焊盘更常见，因为它们提供了更好的可靠性和焊接质量。然而，对于高频和高速应用，使用 NSMD 焊盘可以减少焊盘之间的串扰和信号衰减。

2. 阻焊层定界（SMD）BGA 焊盘

在焊盘设计中，特别需要注意的是 BGA（Ball Grid Array）焊盘。BGA 是一种表面贴装封装技术，其焊盘通常是 SMD 焊盘。在 BGA 焊盘设计中，阻焊层的定界非常重要。

阻焊层定界是指确定阻焊层与焊盘之间的边界位置。为了确保焊接的可靠性，阻焊层应保持在焊盘的边缘之内，而不应延伸到焊盘的表面。这样可以避免阻焊层与焊盘之间的间隙，从而确保焊盘能够与元器件引脚有效接触，并提供良好的焊接连接。

正确的阻焊层定界对于 BGA 焊盘的质量和可靠性至关重要。如果阻焊层定界不正确，可能会导致焊接不牢固、焊盘之间的短路或焊接缺陷等问题。

图 6-3 为如何指定阻焊层覆盖下面的铜焊盘的一部分。这可以带来两个优点，第一个优点是重叠阻焊层有助于防止焊盘因机械应力或热应力而脱离 PCB。第二个优点是阻焊层中的开口将为 BGA 上的每个焊球创建一个通道，以便在元器件通过焊接过程移动时与其对齐。

阻焊层孔定界 BGA 焊盘的铜层通常具有与 BGA 上的焊盘相同的直径。为了生成 SMD 覆盖，传统上使用减少 20%。

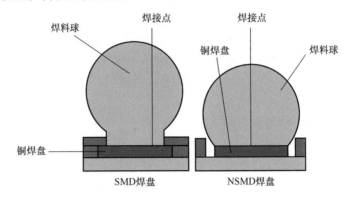

图 6-3　SMD 和 NSMD 焊盘

　　焊盘的特性包括焊盘类型（SMD 焊盘和 NSMD 焊盘）以及在 BGA 焊盘设计中的阻焊层定界。正确的焊盘设计可以提高焊接的可靠性和稳定性，最终确保 PCB 的性能和可靠性。

3. 非阻焊层定界的 BGA 焊盘（NSMD）

　　NSMD（Non – Solder Mask Defined）焊盘与 SMD 焊盘不同，因为阻焊层被定界为不接触铜焊盘。而是创建阻焊层，以便在焊盘边缘和阻焊层之间产生间距，如图 6-4 所示。

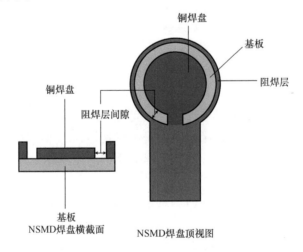

图 6-4　NSMD 焊盘的横截面

　　这里的铜焊盘尺寸是由铜焊盘直径而不是阻焊层定界的。NSMD 焊盘可以小于焊球的直径，这种焊盘尺寸的减小是焊球直径的 20%。这种方法在相邻焊盘之间留出更多空间，使走线更容易，并用于高密度和细螺距 BGA 芯片。NSMD 焊盘的一个缺点是它们很容易因热应力和机械应力而分层。然而，当遵循标准的制造和处理实践时，可以防止 NSMD 焊盘分层。

6.1.3　通孔

用于安装通孔元器件的焊盘称为通孔焊盘，分为两种：

1. 电镀通孔（PTH）

PTH 是指带通孔的焊盘。孔壁将镀上铜，有时还会镀上焊料或其他保护镀层。孔电镀是使用电解工艺完成的。镀层提供 PCB 不同层之间的电连接。

2. 非电镀通孔（NPTH）

NPTH 是指孔内没有电镀铜的孔。该焊盘主要用于单面板，或者这些孔用于将 PCB 安装在外壳中，螺钉通过这些孔安装。通常，未电镀的孔将在孔周围有一个没有任何铜的区域（类似于板边缘间距）。这样做是为了防止铜层和要放置的元器件之间出现短路。

通孔焊盘的不同部分通常称为焊盘叠层，它包括：

1）顶层焊盘。

2）底层焊盘。

3）内层焊盘。

4）钻孔。

5）孔环。

6）引脚编号。

6.1.4　盘中孔

在高密度互连（High Density Interconnection，HDI）设计中，空间受到限制，因此必须在焊盘上放置过孔。传统通孔具有远离焊盘和通孔布线的信号走线，盘中孔（Via In Pad，VIP）用于通过减少走线占用的空间来最小化 PCB 的外形尺寸，如图 6-5 所示。盘中孔（VIP）用于间距为 0.5mm 或更小的 BGA 元器件。

a) 传统通孔　　　　　　　　　　　　　b) 盘中孔

图 6-5　传统通孔与盘中孔

6.1.5 键合焊盘

如图 6-6 所示，键合焊盘用于将裸芯上的电路连接到封装芯片上的引脚，推荐最小的钢网键合焊盘尺寸（A）是 0.1016mm，它到边缘的最大距离（B）是 0.1524mm。金线的一侧将连接到键合焊盘，而另一侧将连接到封装。焊盘由叠层在彼此顶部并通过通孔连接的所有金属层制成。这允许从裸芯片连接到键合焊盘。

还需要在整个芯片上设置绝缘体或钝化层，以保护裸芯免受环境污

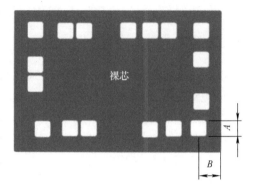

图 6-6　键合焊盘

染。键合焊盘需要可接近以连接至芯片封装，因此不能被绝缘体层包裹。玻璃层用于通知制造商需要在何处开孔以进行键合。

6.2　PCB 的填充过孔

填充过孔是一种用树脂完全填充过孔或用阻焊层封闭的技术，如图 6-7 所示。这个过程与盖油过孔不同，因为树脂或阻焊层不会填充通孔，而只是提供一个覆盖物。

填充过孔是作为一种预防措施来实施的，以防止过孔在焊接过程中出现不希望的焊料流动。如果在焊接过程中通孔没有被塞住或撑起，焊料会从焊盘流入通孔并产生不需要的焊点。

可以使用导电或非导电材料来实现塞孔。过孔的导电填充有助于将电流从 PCB 的一侧传导到另一侧。使用导电填充物的缺点是周围层压板和导电填充物之间的热膨胀系数

a) 过孔填充之前

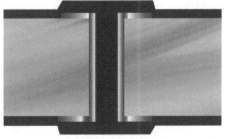

b) 阻焊层涂覆之后的过孔

图 6-7　填充过孔

（CTE）存在差异。在 PCB 运行时，导电材料会以比周围层压板更快的速度加热、膨胀并导致断裂。

填充有非导电材料的通孔将能够作为普通通孔工作，但不能像导电填充通孔那样承载高电流。

6.3　手工焊盘设计中的错误

焊盘的手动设计涉及使用设计软件工具绘制所需的焊盘形状。这可以使用通用焊盘形状和尺寸的数据表和公式进行映射。手动过程容易出错，因为制造商的规范并不总是遵循与自动化过程中相同的公式。它会导致错误的焊盘形状和尺寸，从而导致不良结果。

6.3.1　通孔崩落

通孔焊盘需要一个实心孔环以实现可焊性。孔环是焊盘外周和孔壁之间的金属。孔环的尺寸规格需要足够大，以补偿钻孔偏离孔中心的情况。当焊盘太小时，可能会导致断线，导致电路损坏、不完整或焊接不当。

6.3.2　焊点不足

在焊接过程中，焊盘太小的 SMT 元器件可能无法获得合适的焊脚。缺乏良好的圆角会导致焊点变弱并可能断裂。

6.3.3　浮动元器件

在这里，安装在过大焊盘上的 SMT 元器件可能会在回流焊过程中浮出位置。这可能会导致电路之间短路。

6.3.4　立碑元器件

当焊盘尺寸不同时，带有两条较小引脚的 SMT 元器件（例如电阻和电容）可能会出现问题。这种一个焊盘比另一个焊盘加热得更快的缺陷称为立碑效应，因为元器件将从另一个焊盘上拉起来，看起来像一个立碑。

6.3.5　对其他金属的短路

小于要求的焊盘可能允许表面走线靠近焊接在其上的元器件，从而导致短路的可能性。大于要求的焊盘可能会妨碍焊盘之间的布线，从而使布线成为一项挑战。

6.4 PCB 封装的焊盘叠层

在设计封装时，还应设计容纳板上元器件的焊盘。容纳元器件引脚的外露铜焊盘的精确几何描述称为焊盘叠层。SMD 焊盘叠层的组成部分是焊盘尺寸、长度、宽度、阻焊层开窗和焊膏开窗。对于通孔元器件，焊盘叠层将由钻孔尺寸、成品孔尺寸、内外层焊盘尺寸、平面间距和反焊盘尺寸（用于内层）组成。创建焊盘叠层是创建封装的第一步。根据元器件的大小，在一个封装中使用多个焊盘。例如，在 8 引脚的 SOIC 封装中，将有 8 个相同尺寸的焊盘。

PCB 中最常见的孔类型是电镀通孔。焊盘叠层包括钻孔的所有特征，可以是电镀孔、非电镀孔、埋孔或盲孔。

图 6-8 为钻孔的关键方面，定义如下：

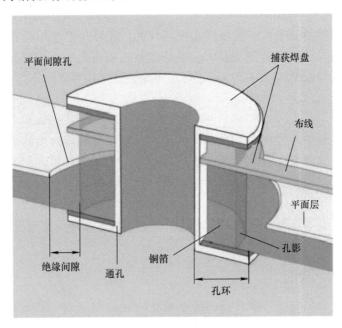

图 6-8　焊盘叠层要素

1）过孔：这是任何电镀通孔，用于将信号从 PCB 表面连接到内层或改变层。

2）纵横比：这是钻孔的长度与其直径的比值。

3）捕获焊盘：这是用于将走线连接到电镀通孔或通孔的焊盘。该焊盘将镀层固定在钻孔中。

4）焊盘间距：这是在钻孔通过的平面上蚀刻的孔。它也被称为反焊盘（Anti Pad），因为平面底片在早期的光绘机中是作为底片创建的。

5）孔影：这是一个圆柱形体积，其直径是钻孔直径加上钻孔偏移余量。该阴影投射在所有层中，它是用于计算平面或走线的绝缘间距的表面。

6）平面层：这是一个铜层，形成 PCB 中的一层。

7）孔环：这是在精确包含钻孔投射的阴影所需的最小焊盘尺寸之上的捕获焊盘的附加直径。这种额外的铜用于在进入焊盘的走线和孔镀层之间建立连接。此外，这种连接绝不应该是可能导致焊接过程中焊点故障的走线的端部横截面。

8）崩落：这是钻孔偏心的情况，以至于它并非全部包含在定位焊盘内。这可以通过创建比要求更薄的绝缘层或通过在走线和电镀通孔之间产生对接连接（端接）来最大限度地降低 PCB 的可靠性。

9）非功能性焊盘：这些是位于内层的焊盘，不需要将走线连接到电镀通孔。现代 PCB 制造操作中不需要非功能性焊盘。

图 6-9 所示为焊盘结构的俯视图。

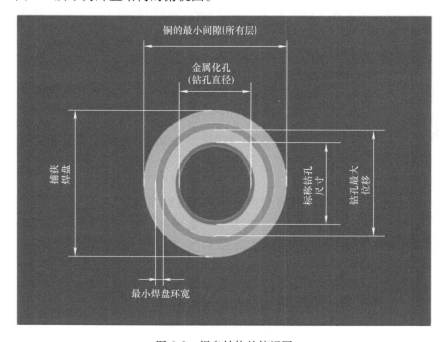

图 6-9　焊盘结构的俯视图

焊盘叠层俯视图中的通孔元器件，如图 6-9 所示孔的可见要素：

1）两个外层上的捕获焊盘。

2）内层的捕获焊盘。

3）钻孔直径。

4）过孔电镀。

5）穿过板钻孔投射的阴影。

6）平面孔间距。

6.5 焊盘设计的制造和可靠性考虑

确保PCB焊盘叠层设计满足可制造性和可靠性要求需要考虑以下几个因素：

最大公差建立了相对导体之间的最小绝缘，在这种情况下是指孔镀层、走线层和平面层中的铜。它们需要符合工程产品的标准。对于电信设备，要求的最小绝缘间距为0.1mm，而对于其他产品，则为0.125mm。

走线和电镀通孔或通孔之间需要有牢固的连接。

纵横比需要使孔壁能够承受电镀过程的应力而不会失效。

即使遵循上述指南，钻孔也不一定总是按照规定钻过PCB。这可能是由于以下因素造成的：

1）当钻孔偏离首选钻孔轴线（偏心）时，可能会发生钻孔偏移。

2）图层中的配准错误。

3）层压过程中层压收缩，这可能会导致定位钻孔时出错。

4）层压过程中层的配准不准确。

钻孔偏移是指钻孔偏离它们实际应该位于的位置。每个制造商在经过其过程后都会达到一个公差，称为钻孔公差。该钻孔公差用于定界每个钻孔的孔阴影。高精度制造商可以将公差降至±0.125mm，中间层制造商可以将此公差保持在±0.15mm，而其他制造商可以将其保持在±0.175mm。对于PCB设计师来说，了解PCB的制造地点很重要，以便为钻孔偏移公差提供准确的容限。当涉及大批量生产时，钻孔偏移公差应该高得多。

6.6 PCB焊盘尺寸的行业标准和计算器

6.6.1 IPC标准中密度级别A、B和C之间的差异

A、B和C级描述了IPC标准中制造相对容易程度的衡量标准。

密度级别A用于一般设计可生产性和首选级别。它用于低组装密度板。在这种情况下，封装形状是"最大"。实施此技术是为了实现最稳健的可生产性。

密度级别 B 用于中等设计可生产性，是标准级别，适用于回流焊、波峰焊、拖焊或浸焊。在这种情况下，封装形状是"中值"。这种技术提供了稳健的焊料附着条件。

密度级别 C 用于高设计再现性，是降低级别，用于高组装密度。在这种情况下，封装形状是"最小"。该技术用于制造手持和便携式设备。

6.6.2 PTH 孔和焊盘直径尺寸计算

根据 IPC 7251、IPC 2222 和 IPC 2221 标准计算 PTH 和焊盘直径尺寸的步骤如下：

（1）最大引脚直径

需要在元器件的封装图或数据表中找到可用的最大引脚直径。不同形状的最大引脚直径如图 6-10 所示。

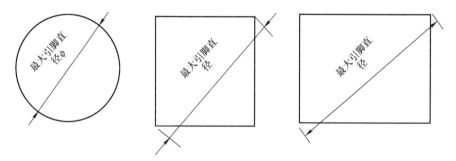

a) 圆形PTH引脚需要圆孔形状　b) 方形PTH引脚需要方形孔形状　c) 矩形PTH引脚需要方形孔形状

图 6-10　不同形状的最大引脚直径

（2）计算最小孔尺寸（见图 6-11）

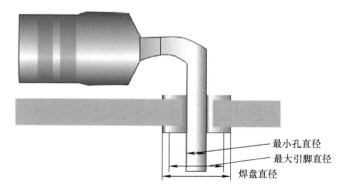

图 6-11　通孔引脚的最小孔尺寸

最小孔尺寸根据以下公式计算。

对于 IPC 2222 的 A 级：

$$最小孔尺寸 = 最大引脚直径 + 0.25mm$$

对于 IPC 2222 的 B 级：

$$最小孔尺寸 = 最大引脚直径 + 0.20mm$$

对于 IPC 2222 的 C 级：

$$最小孔尺寸 = 最大引脚直径 + 0.15mm$$

（3）计算焊盘直径

计算最小孔尺寸后，需要知道最小孔环为 0.05mm。根据 IPC 2221，A 级、B 级和 C 级的最小制造余量分别为 0.6mm、0.5mm 和 0.4mm。

$$焊盘直径 = 最小孔尺寸 + 最小孔环 \times 2 + 最小加工余量$$

对于 IPC 2221 的 A 级：

$$焊盘直径 = 最小孔尺寸 + 0.1mm + 0.6mm$$

对于 IPC 2221 的 B 级：

$$焊盘直径 = 最小孔尺寸 + 0.1mm + 0.5mm$$

对于 IPC 2221 的 C 级：

$$焊盘直径 = 最小孔尺寸 + 0.1mm + 0.4mm$$

6.6.3 IPC 7251&7351 焊盘叠层命名约定

焊盘叠层由字母和数字的组合表示，代表不同层板上的形状或焊盘尺寸。根据 IPC 2220 设计标准，此类组合与焊盘图案约定结合使用。

焊盘叠层符号的第一部分包括焊盘形状，以小写字母书写。有 6 个基本的焊盘标识符，即

b—椭圆形；c—圆形；d—D 形（一端为方形，另一端为圆形）；r—矩形；s—正方形；u—边界线（指不规则形状）。

焊盘叠层默认值：

阻焊层与焊盘尺寸的比例为 1:1；

组装层焊盘与焊盘面积比例为 1:1；

内层和外层焊盘形状相同；

主要和次要焊盘尺寸相同；

内层焊盘形状、过孔和安装孔为圆形。

散热片内径、外径和热释宽度尺寸遵循 IPCA、B 或 C 级，散热片有 4 个热释平面间距和反焊盘尺寸遵循 IPCA、B 或 C 级。

例子："c140h80"。其中，c 表示圆形直径，为 1.40mm；h 表示孔尺寸，为 0.80mm。

例子："s450"。其中，"s" 表示尺寸，为 4.50mm 的方形 SMT 焊盘。

6.6.4 计算焊盘尺寸的资源

焊盘尺寸有多种规格，例如 IPC 7351 标准，其中详细说明了 PCB 设计师可以使用的所需规格。PCB 设计师可以用来计算焊盘尺寸的其他资源包括：

1）焊盘和焊盘图案生成器：如今的电子设计自动化（EDA）工具包括焊盘和焊盘图案生成器，也称为库向导。此类软件功能通常与 IPC 标准相结合，并将自动生成元器件所需的焊盘形状和尺寸。

2）PCB 设计 EDA 供应商库：EDA 工具还提供可下载和使用的预制焊盘库和焊盘图案。这些可供购买了设计工具使用许可的用户使用。

3）第三方 EDA 库供应商：用户可以从第三方 PCB 库元器件供应商处购买和下载焊盘和焊盘图案，甚至可以找到专门为元器件创建的所需焊盘和焊盘图案。

4）焊盘和焊盘图案计算器：设计师和其他用户可以轻松地在线找到各种焊盘和焊盘图案计算器。

5）设计提示：使用可在线获取或在线自动生成的行业标准元器件可以节省大量时间，否则这些时间可能会用于创建库。这也提供了额外的保证，即 EDA 元器件是根据行业或供应商规范创建的，满足制造商的 DFM 要求。

焊盘是 PCB 设计和制造的重要组成部分。PCB 设计师需要掌握这一点，才能设计出功能齐全且高效的 PCB。

6.6.5 焊盘的命名方法

焊盘的命名方法，见表 6-1。

表 6-1 焊盘的命名方法

焊盘类型	简称	标准图示	命 名
光学识别点	MARK		命名方法：MARK + 图形直径（C）（mm） 命名示例：MARK1r0

（续）

焊盘类型	简称	标准图示	命 名
表面贴装 方焊盘	SMD	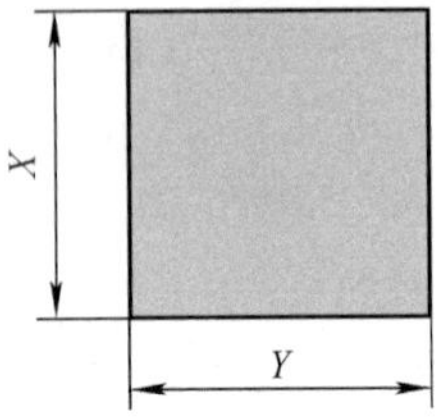	命名方法：SMD + 宽（Y）× 长（X）（mm） 命名示例：SMD0r90 × 0r70，SMD2r20 × 1r20
表面贴装 圆焊盘	SMDC	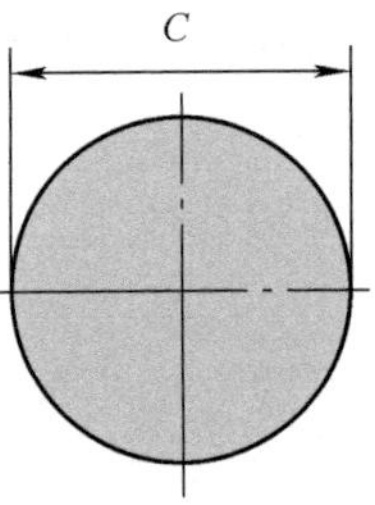	命名方法：SMDC + 焊盘直径（C）（mm） 命名示例：SMDC0r60，SMDC0r50，SMDC0r40，SMDC0r35
表面贴装 手指焊盘	SMDF	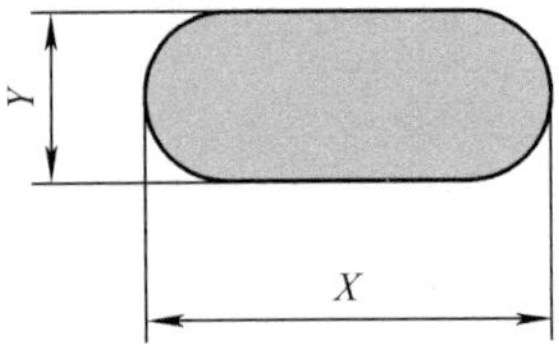	命名方法：SMDF + 宽（Y）× 长（X）（mm） 命名示例：SMDF1r0 × 3r0
通孔圆焊盘	THC	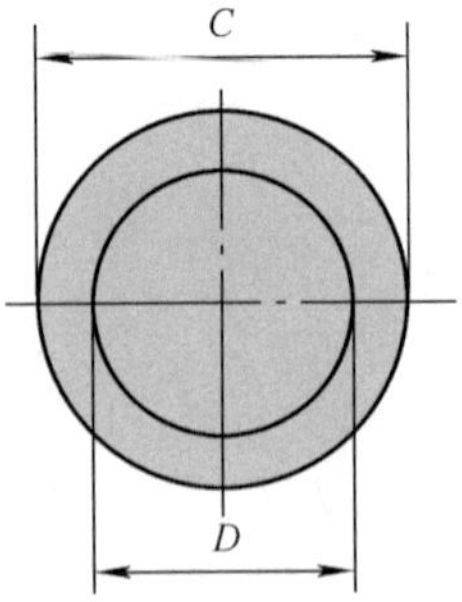	命名方法：THC + 焊盘外径（C）（mm）+ D + 孔径（D）（mm） 命名示例：THC1r5D1r0，THC0D5r0 注：非金属化孔按通孔圆焊盘标注，焊盘外径标为 0

（续）

焊盘类型	简称	标准图示	命　名
通孔方焊盘	THS	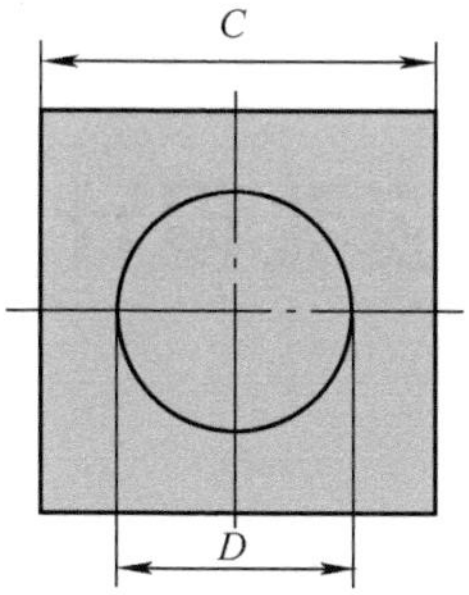	命名方法：THS + 焊盘边长（C）（mm）+ D + 孔径（D）（mm） 命名示例：THS1r50D1r0
通孔长方焊盘	THR	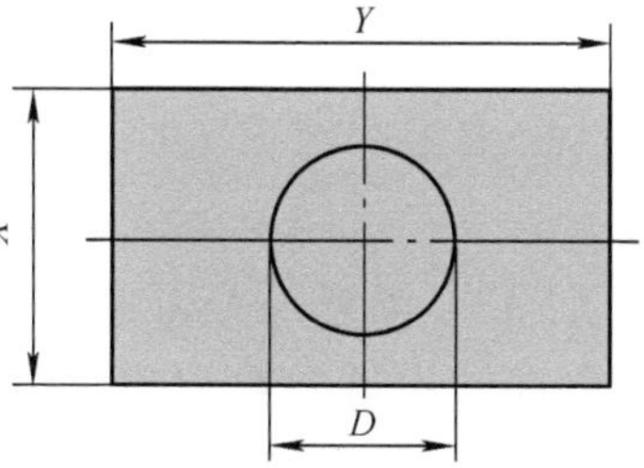	命名方法：THR + 宽（Y）× 长（X）+ D + 孔径（mm） 命名示例：THR2r50 × 1r20D0r80
测试点	TEST	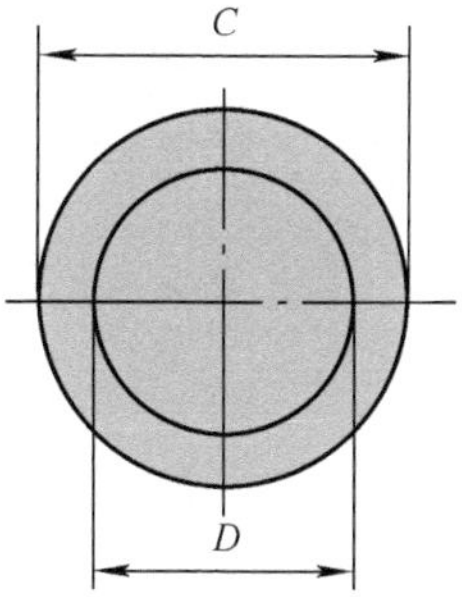	命名方法：TEST + C + 焊盘外径（C）（mm）+ D + 孔径（D）（mm）- 图形编号 命名示例：TESTC1r14D0 - 1，TESTC1r14D0r5 - 1，TESTC0r9D0r3 - 1，TESTC0r9D0r3 - 2

第7章

PCB 过孔设计

7.1 过孔基础

PCB 过孔设计是一项复杂的工作，需要综合考虑信号完整性、电磁兼容性、电源完整性等因素。通过合理的设计，可以有效地提高电子设备的性能、降低故障率。在实际应用中，还需要根据具体的电路设计和设备要求进行灵活调整。

在进行电子设备的 PCB 设计时，过孔设计是一个重要的环节。合理的过孔设计能够优化线路布局，提高信号完整性，从而使电子设备运行更加稳定。下面将探讨 PCB 过孔设计的一些技巧和策略。

7.1.1 过孔

过孔用于电连接和热连接 PCB 不同层上的走线、焊盘和多边形。过孔在 PCB 设计中扮演着重要的角色，主要用于电连接和热连接不同层上的走线、焊盘和多边形。过孔是指放置或形成在 PCB 上钻孔中的铜圆柱体。过孔的选择取决于 PCB 设计的具体要求，包括电路布局、信号完整性、PCB 密度、成本等因素。良好的过孔设计可以提高电路板的性能、可靠性和制造效率。

7.1.2 孔环

孔环在 PCB 设计中是指连接到过孔周围的铜环，用于增加连接可靠性和性能。通常，孔环连接到窄走线的末端，这样可以确保在连接过程中有足够的材料来实现正确的连接。这样做有助于减少连接时的电阻，并提高连接的可靠性。此外，孔环还有助于防止过孔与相邻走线或焊盘之间的短路，从而提高了 PCB 的整体性能和可靠性。

7.1.3　反焊盘

反焊盘是 PCB 焊盘的周围区域，其作用是将焊盘与周围的铜层隔离，以防止焊接过程中过多的焊料进入焊盘区域。反焊盘通常是一个环状区域，位于焊盘的外部。它通常没有铜覆盖，相反，它是由阻焊层（也称为阻焊油）覆盖的。阻焊层是一种具有绝缘性能的涂层材料，通常是绿色的，但也可以是其他颜色。

反焊盘的作用有以下几个方面：

1）隔离焊盘：反焊盘将焊盘与周围的铜层隔离，防止焊料在焊接过程中流过焊盘区域，从而减少短路和焊接不良的风险。

2）提高焊盘的可视性：由于反焊盘是没有铜的区域，焊盘在装配过程中更容易被视觉检查和验证。

3）降低焊料浸润：当焊料被应用到焊盘时，反焊盘可以阻止过多的焊料进入焊盘区域，从而减少焊料浸润的可能性。

4）防止误操作：反焊盘的存在还可以防止在焊接过程中误操作。例如，如果焊盘区域与周围的铜层没有隔离，可能会发生焊料误接触到周围的铜层，导致短路或其他电路问题。

如图 7-1 所示，属于同一网络的两条走线（左）位于 PCB 的相邻层上，走线在与孔环的连接区域中扩展，并与过孔连接（右）。

图 7-1　反焊盘

7.2　过孔制造的过程

简而言之，在 PCB 的铜焊盘上钻孔，将化学物质放入孔中以溶解内层上的环氧树脂，从而进一步暴露内层铜焊盘。最后，通过电镀在孔中放入一点铜。

大多数 PCB 制造商会在生产板的一部分 PCB 上放置牺牲过孔。然后切割过孔，检查横截面以确定电镀过程的有效性，如图 7-2 所示。

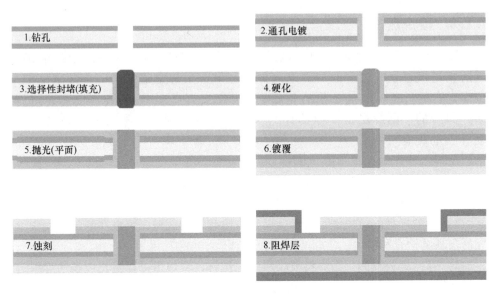

图 7-2　钻孔处理过程

7.3　过孔的使用

过孔为电能和热能在 PCB 上逐层移动提供了路径。通常，IC 消耗的能量越多，将其导热焊盘连接到可以分散热能的下方铜层的过孔就越多。

对于承载功率或快速信号的电路部分，应使用多个过孔将层与层连接起来。通常，拥有几个较小的过孔比拥有一个大过孔要好，这样设计降低了电感并为电流提供了额外的路径，以防其中单个过孔出现故障。

7.4　过孔类型

过孔按结构可分为以下几种类型：

1）通孔（Through – Hole）：通孔是最基本的过孔类型，它穿过整个 PCB 板的所有层。通常用于连接不同层之间的电路，例如连接顶层和底层的元器件或连接多层电路板的内部层。

2）盲孔（Blind Via）：盲孔只连接 PCB 板的一部分层，通常连接外部层和内部层。这种设计可以减少穿越整个板厚的必要性，有助于提高 PCB 的密度和性能。

3）埋孔（Buried Via）：埋孔完全位于 PCB 板的内部层，不与外部层相连接。这种设计可以在不影响外部外观的情况下实现复杂的电路布局，提高 PCB 的可靠性和性能。

4）盲埋孔（Blind Buried Via）：盲埋孔结合了盲孔和埋孔的特点，连接部分外部层和内部层。这种设计在空间受限的情况下尤其有用，可以实现复杂的布线和连接需求。

7.4.1　通孔的作用

通孔传统上分为镀（支撑）通孔和非镀（无支撑）通孔。"支撑"是指孔壁上的镀层。未电镀或无支撑的孔可能有也可能没有焊盘，例如安装孔和无孔壁板。这是一个制造术语，但孔应分为两种类型：焊接和非焊接设计。

7.4.2　通孔分类

简单地说，PCB 上的每一个孔都可以称为过孔。这些过孔可以根据其功能分为两类：一类用于层间的电气连接，另一类用于固定或定位器件。

从工艺上来说，这些过孔一般分为三类，分别是盲孔、埋孔和镀通孔，如图 7-3 所示。

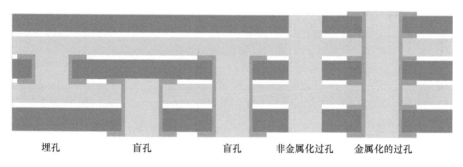

埋孔　　　　盲孔　　　　盲孔　　非金属化过孔　　金属化的过孔

图 7-3　过孔

盲孔（Blind Via）：位于 PCB 的上下表面，具有一定的深度。它们用于连接表面电路和底层内部电路。盲孔的孔径通常较小，深度也不会超过一定比例。

埋孔（Buried Via）：是指位于 PCB 内层的连接孔，不延伸到 PCB 表面。埋孔通常是在制造 PCB 的过程中形成的，通过叠层前的通孔形成工艺完成。在埋孔的形成过程中，可能会有多个内层重叠。

镀通孔（Through Via）：是贯穿整个 PCB 的通孔，可以用于内部互连或作为器件安装的定位孔。镀通孔是最常见的过孔类型，因为在制造过程中更容易实现，成本也较低。大多数 PCB 都使用镀通孔来代替盲孔和埋孔。

对于简单的两层 PCB，唯一的选择是使用镀通孔（Through Via）。镀通孔是最常见、最便宜和最可靠的选择。用于 6 层堆叠的过孔如图 7-4 所示。

a) 存在非功能性焊盘　　　　b) 移除非功能性焊盘

图 7-4　用于 6 层堆叠的过孔

对于两层以上的 PCB，除了镀通孔，还可以在设计中选择使用盲孔（Blind Via）或埋孔（Buried Via）。这两种过孔方式会增加制造成本，但在某些特定情况下可能是必需的。

使用盲孔可以释放空间，因为不需要在其他层上放置未使用的孔或焊盘。盲孔的使用可以提高 PCB 的布局灵活性和密度，但需要更复杂的制造工艺和更高的成本。

由于制造工艺更加复杂，埋孔的成本更高，因此在实际应用中并不常见。三种孔的对比见表 7-1。

表 7-1　三种孔的对比

	优势	劣势
镀通孔	1）成本低 2）宜于制造	1）阻碍所有层布线 2）单位空间只能使用一次
盲孔	密度较高	1）成本高 2）钻孔深度要严格控制 3）占用顶层或底层的安装空间
埋孔	1）以最小板面积实现更多的功能 2）不影响层间走线 3）不影响顶层和底层的元器件安装 4）不占用元器件安装层的空间	1）纵横比受限 2）生产问题

7.4.3　镀通孔孔径计算

镀通孔内径≥0.2mm（8mil），这是机械钻孔的最小孔径。如果是盲孔或埋孔，最小孔径为 0.1mm（4mil），可以用激光打这种类型的孔。孔越小，PCB 就越贵。建议通孔使用 0.25mm/0.45mm、0.3mm/0.5mm，电源孔使用 0.4mm/0.6mm。PCB 没有绝对的标准，大电流时外径可以做得更大，孔可以做得更小。不过 PCB 制造商一般推荐使用 0.5mm 内径，因为不容易折断。

7.4.4　盲孔（BVH）

盲孔（Blind Via Hole，BVH）是一种过孔类型，在 PCB 中用于连接最外层的电路与相邻的内层。与镀通孔不同，盲孔的一侧可以在 PCB 的表面上看到，而另一侧则是看不见的，因此得名盲孔。

盲孔是通过在 PCB 的外层和内层之间形成一条电镀孔来实现的。在制造过程中，先在表面层上钻孔，然后通过电镀在孔内镀上金属，以实现电气连接。这样，最外层的电路就能够与内层的电路相连。由于盲孔只在一侧可见，因此设计时需要注意孔径和深度的控制，以确保在连接的同时不会损坏表面层的电路。

使用盲孔可以节省 PCB 空间，因为不需要在其他层上放置未使用的孔或焊盘。这为布局设计提供了更大的灵活性和自由度，特别是在有限空间的情况下。盲孔的使用还可以提高 PCB 的信号完整性和电气性能。

然而，与通孔相比，盲孔的制造工艺更加复杂，需要更高级的制造设备和工艺控制。这也导致了盲孔的制造成本较高。在设计 PCB 时，需要仔细考虑成本和性能之间的平衡，根据项目需求和可行性来选择是否使用盲孔。

7.4.5　埋孔（BVH）

埋孔（Buried Via Hole，BVH）连接 PCB 内部的任何电路层，但与外层不导电，没有传导延伸到 PCB 表面。这种生产工艺是在 PCB 黏合后钻孔无法实现的。它必须在单个电路层时钻孔。首先进行内层的部分黏合，然后进行电镀，最后进行所有层的黏合。由于操作过程比通孔和盲孔更费力，所以价格也很高。这种制造工艺仅用于高密度 PCB，以增加其他电路层的空间利用率。

7.4.6　PCB 盲孔和埋孔规格

大多数工艺设备的线宽和线距为：

盲孔：0.1mm、0.125mm、0.15mm。

埋孔：0.15mm、0.2mm、0.25mm。

一些 PCB 制造商可以做到 0.1mm 线宽和直径 0.2mm 和 0.1mm 的小孔径。规格根据 PCB 设计时的要求和制造厂的设备工艺能力而定。

如果是激光孔，可以做得比较小，最小孔径是 0.1mm。一般视孔的设计要求而定，例如大电流时外径应大些，孔可小些。

随着生产设备的更新升级，PCB 制程能力得到大幅提升。现在最小孔径可以达到 0.1mm，线宽线距可以达到 0.0762mm。最小激光孔可达 0.1mm，最小机械孔可达 0.15mm。

7.4.7 非通孔技术的应用

在非通孔技术中，盲孔和埋孔的应用可以显著减小 PCB 的尺寸和质量，减少层数，提高电磁兼容性，增加电子产品功能，降低成本。它还使设计工作更轻松、更快捷。

在传统的 PCB 设计加工中，通孔会带来很多问题。

1. 占用宝贵空间

通孔在 PCB 上需要占用一定的空间。特别是在密集布线的情况下，通孔可能会占据大量宝贵的空间，限制了其他元器件和布线的位置选择。这限制了 PCB 的设计灵活性，并可能导致布局拥挤。

2. 对内层布线的障碍

在多层 PCB 中，大量的通孔密集地挤在一处可能会对内层电路布线造成困扰。通孔穿过内层电路层，占据了布线所需的空间，限制了内层布线的路径和可能性。这可能导致布线路径不理想，增加信号互连的长度和传输延迟。

3. 电源和地线层的问题

通孔穿过电源和地线层时，可能会破坏电源和地线层的阻抗特性，使其失效。这可能导致信号完整性和电气性能方面的问题，例如信号衰减、反射和串扰。

4. 机械钻孔工作量增加

在传统的 PCB 制造过程中，通孔需要使用机械钻孔进行加工。由于大量通孔的存在，机械钻孔的工作量会大大增加。这会增加制造时间和成本，并且可能导致制造过程的延迟。

因此，为了克服这些问题，现代的 PCB 设计和制造越来越倾向于使用非通孔技术，如盲孔和埋孔技术。这些技术可以解决通孔引起的问题，提供更大的布线空间和更好的电气性能，同时提高 PCB 的制造效率。

非通孔技术在 PCB 设计和制造中具有诸多优点：

1）提升电气性能：可以提供更好的电气性能。通孔可能会破坏电源和地线层的阻抗特性，从而影响信号完整性和电气性能。而盲孔和埋孔技术可以避免这些问题，提供更稳定和可靠的电气特性。

2）提高制造效率：可以提高 PCB 的制造效率。由于非通孔技术不需要进行机械钻孔，制造过程更加简化和快速。这减少了制造时间和成本，并提高了生产效率。

非通孔技术也面临一些挑战，例如，需要使用特殊的 PCB 材料和制造工艺，这可能会增加成本。此外，在高功率应用中可能需要考虑其他散热和导电解决方案，因为通孔通常用于散热和导电。

7.5 过孔的选择

通孔通常是设计中最经济的过孔类型。在 PCB 布局之前，应与制造商讨论盲孔和埋孔，以确定它们的位置。重要的是要记住，在制造 PCB 时，每一层都由两片铜片组成，两片铜片被一个电介质芯板隔开，如图 7-5 所示。

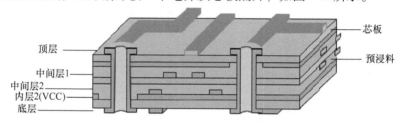

图 7-5 显示了具有过孔和各种铜走线的 PCB 叠层

这些层可以在制造过程中以多种方式组装，允许盲埋过孔的组合。EDA 软件可能会允许指定要连接的层，但大多数情况下不会阻止用户做出无法制造的选择。

7.6 过孔的尺寸

核实制造商制造过程的最小钻孔尺寸和最小孔环尺寸。典型的机械钻头直径不会低于 0.3mm，否则会经常破损，因此制造商需要增加成本来解决钻头破损的问题。对于标准加工，孔环尺寸通常不会低于 0.152mm（6mil）。因此，将创建的最小过孔有一个 0.3mm 直径的孔和一个 0.6mm 直径的焊盘。

大多数 PCB 制造商都有多种钻头尺寸可供选择，见表 7-2，并对使用的每个钻头尺寸收取一些费用。其他制造商会免费提供一套标准的钻头尺寸，见表 7-3，然后对非标准钻头尺寸收费。选择孔尺寸时，请记住，孔铜厚度使过孔更窄。孔铜厚度从 0.025mm 到 0.076mm 不等。若孔铜厚度约为 0.038mm，则意味着"成品孔"直径小于 0.076mm。

用于制造 PCB 的钻头增量为 0.05mm，PCB 制造商会将钻孔文件或工具列表中的钻孔尺寸转换为毫米，然后将它们四舍五入到最接近的 0.05mm。

例如：31mil 的钻头尺寸转换为 0.7874mm，然后四舍五入为 0.80mm。

33mil 的钻头尺寸换算为 0.8382mm，然后四舍五入为 0.85mm。

表 7-2　钻头编号

钻头编号	英制/mil	公制/mm	钻头编号	英制/mil	公制/mm	钻头编号	英制/mil	公制/mm
80	13.5	0.3429	53	59.5	1.5113	27	144	3.6576
79	14.5	0.3683	52	63.5	1.6129	26	147	3.7338
78	16	0.4064	51	67	1.7018	25	149.5	3.7973
77	18	0.4572	50	70	1.778	24	152	3.8608
76	20	0.508	49	73	1.8542	23	154	3.9116
75	21	0.5334	48	76	1.9304	22	157	3.9878
74	22.5	0.5715	47	78.5	1.9939	21	159	4.0386
73	24	0.6096	46	81	2.0574	20	161	4.0894
72	25	0.635	45	82	2.0828	19	166	4.2164
71	26	0.6604	44	86	2.1844	18	169.5	4.3053
70	28	0.7112	43	89	2.2606	17	173	4.3942
69	29.2	0.74168	42	93.5	2.3749	16	177	4.4958
68	31	0.7874	41	96	2.4384	15	180	4.572
67	32	0.8128	40	98	2.4892	14	182	4.6228
66	33	0.8382	39	99.5	2.5273	13	185	4.699
65	35	0.889	38	101.5	2.5781	12	189	4.8006
64	36	0.9144	37	104	2.6416	11	191	4.8514
63	37	0.9398	36	106.5	2.7051	10	193.5	4.9149
62	38	0.9652	35	110	2.794	9	196	4.9784
61	39	0.9906	34	111	2.8194	8	199	5.0546
60	40	1.016	33	113	2.8702	7	201	5.1054
59	41	1.0414	32	116	2.9464	6	204	5.1816
58	42	1.0668	31	120	3.048	5	205.5	5.2197
57	43	1.0922	1/8	125	3.175	4	209	5.3086
56	46.5	1.1811	30	128.5	3.2639	3	213	5.4102
55	52	1.3208	29	136	3.4544	2	221	5.6134
54	55	1.397	28	140.5	3.5687	1	228	5.7912

表 7-3　标准钻头尺寸

钻头编号	钻孔（英制）/mil	钻孔（公制）/mm	成品孔尺寸（英制）/mil	成品孔尺寸（公制）/mm
70	28	0.7112	25	0.635
65	35	0.889	32	0.8128
58	42	1.0668	39	0.9906
55	52	1.3208	49	1.2446
53	59.5	1.5113	56	1.4224
44	86	2.1844	83	2.1082
1/8"	125	3.175	122	3.0988
24	152	3.8608	149	3.7846

钻孔参数应根据孔径、层数、面板厚度、叠层数、叠层高度等进行调整，见表 7-4。

表 7-4　一般条件下的钻孔参数

钻孔参数			最小		最大		
直径/mm	轴转速/(r/min)	速度/(m/min)	进给/(m/min)	进刀量/(p/rev)	进给/(m/min)	进刀量/(μm/rev)	钻头寿命/hits
0.20	160000	100	1.6	10	2.4	15	750~2000
0.25	160000	126	1.8	11	2.8	18	750~2000
0.30	160000	151	1.9	12	3.2	20	1500~3000
0.35	137000	151	1.8	13	3.0	22	1500~3000
0.40	120000	151	1.8	15	2.9	24	1500~3000
0.45	107000	151	1.8	17	2.7	25	1500~3000
0.50	96000	151	1.8	19	2.7	28	1500~3000
0.55	87000	150	1.8	21	2.6	30	1500~3000
0.60	80000	151	1.7	21	2.6	33	1500~3000
0.65	74000	151	1.7	23	2.6	35	1500~3000
0.70	68000	149	1.7	25	2.6	38	1500~3000
0.75	64000	151	1.6	25	2.6	41	1500~3000
0.80	60000	151	1.6	27	2.5	42	1500~3000
0.85	56000	149	1.6	29	2.4	43	1500~3000
0.90	53000	150	1.6	30	2.4	45	1500~3000

7.7　孔密度

孔密度纯粹是一个成本问题。板上的孔越多，设备的磨损就越多，并且板的成本就越高。大多数 PCB 制造商都有一个最大的孔密度，密度越大的板收费越高。

7.8　过孔保护工艺的选择

7.8.1　过孔开窗

正常工艺肯定是要把过孔封闭保护起来，PCB 制造商一般默认按过孔保护工艺来生产，如果有些孔需要作为测试点或者散热用途，需在 Gerber 里阻焊层加上过孔开窗对应的图形信息，如图 7-6 所示。

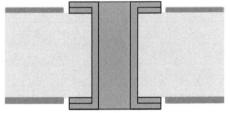

图 7-6　过孔开窗

7.8.2　过孔盖油

对于不要求过孔长期的可靠性，不担心热循环盖油爆开造成焊接不良的情形，可以采用过孔盖油工艺，如图 7-7 所示。

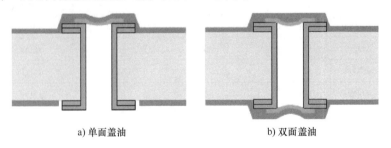

a) 单面盖油　　　　　　　　　b) 双面盖油

图 7-7　过孔盖油

7.8.3　过孔塞油

如图 7-8 所示，过孔塞油工艺相对于过孔盖油对过孔保护的可靠性大幅提高，能够实现100%塞孔不透光，PCB 的品相更美观。但塞孔油墨的膨胀系数相对于 PCB 的树脂来说过大，这就造成了塞油在后续的热循环中会出现过孔冒油。对于 BGA 扇出的过孔来说，过孔与焊盘靠得非常近，冒出来的油会污染 BGA 的焊盘，带来焊接不良的风险，而且过孔塞油不适合做盘中孔工艺。

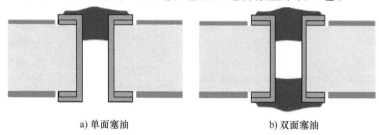

a) 单面塞油   b) 双面塞油

图 7-8   过孔塞油

7.8.4   过孔填充树脂或铜浆

过孔内部完全填充，因此可以彻底消除过孔中化学药剂残留或者锡珠残留的风险，而且孔内没有空气，也不会因空气受热膨胀使得过孔的填充爆开。同时，填充的树脂的膨胀系数与 PCB 基材的树脂的膨胀系数接近，树脂塞孔经磨平工艺之后表面非常平整，PCB 的品相更好，非常适合 BGA 的 SMT 工艺，同时，树脂塞孔后电镀填平，可以实现盘中孔工艺，如图 7-9 所示。

a) 盘中孔   b) 过孔塞树脂

图 7-9   过孔填充树脂或铜浆

7.8.5   过孔表面处理对比

过孔表面处理是对过孔进行保护，表 7-5 为几种过孔表面处理的对比。

表 7-5   过孔开窗、过孔盖油、过孔塞油、过孔塞树脂/铜浆对比

	过孔开窗	过孔盖油	过孔塞油	过孔填充
描述	孔环露铜（喷锡/沉金）	孔环印上油墨	孔环盖油、孔壁塞油	孔环盖油或露铜喷锡/沉金，孔壁塞树脂/铜浆镀平

(续)

	过孔开窗	过孔盖油	过孔塞油	过孔填充
说明	优点： ① 组装后便于测试单段线路 ② 具有一定散热功能 缺点： ① 紧贴金属件组装会短路 ②组装时存在漏锡堵孔	优点： ① 大多数采用此类方法 ② 避免生产时喷锡到孔环上 缺点： ① 紧贴金属件组装极小概率短路 ② 组装时存在漏锡堵孔	优点： ① 组装时不会漏锡 ② 保护孔壁铜面 缺点： ① 易出现气泡冒油 ② 塞油面与焊盘不能完全水平	优点： ① 组装时不会漏锡，保护孔壁铜面，塞孔后镀平形成平整焊盘 ② 不管焊盘开窗或盖油都能塞住，特别适合 BGA 类盘中孔及 SMT 焊盘孔 缺点： ① 流程复杂 ② 成本高
制作工艺	无特别要求	过孔直径≤0.5mm（超过0.5mm的过孔不便塞孔，可能会出现塞孔不平整、冒泡等不良情况）		
		孔环距开窗焊盘过近不能盖油	① 单面或两面焊盘开窗的不能塞油 ② 过孔距开窗焊盘<0.35mm不能塞油	过孔距插件孔或 NPTH 孔≥0.7mm 才能塞树脂/铜浆（距离<0.7mm 不能塞树脂/铜浆）
判定标准	孔环上面没有油墨，孔内堵锡正常	孔环过锡炉不会粘锡（部分过孔孔口漏铜是正常现象），孔内堵油正常	孔口漏铜率不得大于5%，不允许粘锡，塞孔的不透光率高于95%	孔表面镀铜厚度≥5μm，镀平后焊盘表面肉眼查看没有明显凹陷 "塞铜浆"区别于"塞树脂"的优点是导热率高，导电系数8W/(m·K)

7.9 过孔公差

PCB 上有 2 种类型的孔：电镀孔和非电镀孔，它们根据其类型和尺寸具有不同的成品孔尺寸公差。

成品孔尺寸公差基于以下因素：

1）孔的类型：不同类型的孔（电镀孔、非电镀孔）可能具有不同的尺寸公差要求。例如，电镀孔可能需要更严格的尺寸控制，以确保电镀过程的可靠性。

2）标称孔尺寸与可用钻孔尺寸：标称孔尺寸是设计中指定的期望孔尺寸，

而可用钻孔尺寸是制造商能提供的实际钻孔尺寸。成品孔尺寸公差需要考虑这两者之间的差异。

3）钻孔尺寸公差：钻孔制造过程中存在一定的尺寸公差。成品孔尺寸公差应考虑钻孔尺寸公差，以确保成品孔尺寸在可接受的范围内。当要电镀一个孔时，它会钻出超大尺寸，以允许制造公差和下游电镀工艺。这个值由镀铜厚度和已知的累积制造公差决定。

4）钻头在使用过程中磨损：在使用过程中，钻头可能会因摩擦和磨损而变大。因此，成品孔尺寸公差还应考虑到钻头的使用寿命和可能的磨损。

5）孔清洁（去污）：在钻孔过程中，可能会有一些污垢或残留物进入孔中。成品孔尺寸公差应考虑到这些清洁过程对孔尺寸的影响。

6）电镀工艺和铜平衡：电镀是制造中经常使用的一种工艺，它可以在孔内镀上一层金属，以提供电连接。成品孔尺寸公差需要考虑到电镀工艺对孔尺寸的影响，以及为了保持电镀层的均匀性而需要的铜平衡要求。

7）PCB 的最终表面成型：成品孔尺寸公差还可能受到最终表面成型的影响。例如，如果 PCB 经过镀金或喷锡等表面处理，成品孔尺寸公差可能需要根据这些处理的要求进行调整。

成品孔尺寸公差是基于多个因素的综合考虑。在 PCB 设计和制造过程中，设计师和制造商需要综合考虑这些因素，以确保成品孔尺寸在可接受的范围内，并符合特定的要求和标准。

7.9.1 标称孔尺寸与可用钻孔尺寸

定义的公差从钻头开始，钻头直径以 0.05mm 的标准尺寸步长提供，CAD系统中定义的任何不满足 0.05mm 步长的孔都将四舍五入到最接近的步长。可以使用更小的钻孔尺寸步长，但是它们的高成本通常超过了它们的优势。从另一个角度来看，我们说的是最大值为 0.025mm 或 25μm 的舍入，但这不应导致任何下游流程问题。

7.9.2 钻孔尺寸公差

钻孔经过机加工，因此对制造商数据表中定义的尺寸有公差。标准公差从 0.003mm 到 0.010mm 不等，具体取决于钻孔的尺寸。适用于钻孔最终尺寸（ENDSIZE）的标准公差，见表7-6。

当数据中未指定公差时，将根据上述标准公差规格进行生产。如果需要更严格的公差，应在机械层和工具列表中明确指出。请注意，这可能会增加 PCB的成本。

表 7-6　钻孔尺寸公差

钻孔		最终尺寸/mm	标准偏差/mm		
			−	+	公差
孔	电镀通孔（PTH）	≤4.00	0.10	0.10	0.20
		>4.00	0.20	0.20	0.40
	非电镀通孔（NPTH）	≤4.00	0.05	0.05	0.10
		>4.00	0.10	0.10	0.20

7.9.3　钻头磨损

在钻孔过程中会产生摩擦，这会导致钻头磨损，这是非常小的量（以微米计），可以根据已知的磨损率定期更换钻头。但是，它仍然必须被视为 PCB 制造过程中累积公差的一部分。

7.9.4　孔清洁

钻孔后需要清洁，这是为了去除钻孔过程中留下的任何颗粒。清洁是一种化学过程，称为去污，它还可以平滑孔壁，为黑化处理做好准备。在清洁过程中，会去除非常少量（小于 $1\mu m$）的孔壁，从而增加孔直径。

如果清洗不正确，那么黑化处理可能会失败，电镀过程也会失败。

7.9.5　孔的电镀和铜平衡

PCB 上的孔电镀是制造过程的关键部分。弄错了，层之间的互连就会失败，或者至少不可靠，就像这些孔中器件引线的可焊性一样。目标是在电镀通孔中沉积 $20 \sim 25\mu m$ 的铜。但是，PCB 的铜平衡极大地影响了铜在整个 PCB 上的分布均匀程度。铜分布将导致更多的铜沉积在铜密度较高的区域，导致该区域具有较厚的铜壁，因此实际成孔尺寸较小。

7.9.6　PCB 的最终表面成型

当谈论最终表面成型时，指的是在阻焊层之后，PCB 上的焊盘和裸露铜的最终金属化保护处理，这可能是 HAL、ENIG、ImAg 等。

任何未被阻焊层覆盖的电镀孔都将在最终表面成型过程中进行电镀，因此这些孔的尺寸将进一步减小。

第 8 章

PCB 布局和 PCB 设计

 8.1 **概述**

PCB 由绝缘基板、导线和电子元器件焊盘组成，具有导电电路和绝缘基板的双重功能。它可以代替复杂的布线，实现电路中元器件之间的电气连接。它不仅简化了电子产品的组装和焊接流程，还减少了传统方式的布线工作量，以及操作员的劳动强度。更重要的是，它还减小了整机尺寸，降低了产品成本，提高了电子设备的质量和可靠性。优秀的 PCB 布局设计可以节省生产成本，实现良好的电路性能和散热性能。

8.1.1 布局工艺要求

在 PCB 布局设计阶段，需考虑制造工艺和生产过程的一些要求和约束，主要包括材料选择、控制尺寸精度、元器件安装规范、焊接要求、表面处理等方面。

1）材料选择：要求选择适合于具体设计要求的材料。例如，选择适当的基板材料，如 FR-4 或高频材料，以满足 PCB 的性能和频率要求。同时，还要选择合适的封装材料、导电材料等，以满足元器件安装和连接的要求。

2）控制尺寸精度：要求控制 PCB 布局的尺寸精度。这涉及设计师在布局过程中要考虑到工艺能力，并留有足够的空间容差，如禁止放置区和禁止布线区，以确保最终制造出的 PCB 符合规定的尺寸要求。

3）元器件安装规范：要求按照特定的安装规范进行元器件的放置和布线。这包括元器件的间距、方向、引脚位置等方面的要求。通过遵循这些规范，可以确保元器件的正确安装，减少安装错误和故障的可能性。

4）焊接要求：要求按照特定的焊接要求进行焊接工艺。这包括焊接温度、焊接时间、焊接剂使用等方面的要求。通过严格控制焊接过程，可以确保焊点的质量和可靠性。

5）表面处理：要求对 PCB 的表面进行适当的处理，以提高焊接性能和保护电路。常见的表面处理方法包括金属化处理、镀金、喷锡等。选择合适的表面处理方法可以提高 PCB 的可靠性和耐用性。

工艺要求的目的是确保制造和生产过程的质量和一致性。通过遵循工艺要求，可以提高 PCB 的制造效率和产品质量，减少生产中的错误和故障。同时，工艺要求还可以确保 PCB 符合相关行业标准和规范，满足产品的安全性和可靠性要求。

在 PCB 布局设计过程中，设计师需要考虑到工艺要求，并与制造商紧密合作，以确保设计的可制造性和生产的顺利进行。通过在设计阶段考虑和遵循工艺要求，可以避免后期因为制造和生产问题导致的额外成本和延迟，同时提高产品的质量和可靠性。

8.1.2 PCB 布局规则

在设计中，布局是一个重要的环节。布局结果的好坏将直接影响布线的效果，因此可以这样认为，合理的布局是 PCB 设计成功的第一步。

布局的形式可以分为两种，一种是交互式布局，另一种是自动布局。通常，在自动布局的基础上，会采用交互式布局进行细致调整。在布局过程中，还可以根据布线需求，重新分配门电路，实现两个门电路的交换，从而构建出便于布线的理想布局。在布局完成后，可以将设计文件和相关信息重新标注回原理图，确保 PCB 中的信息与原理图保持一致，为将来的归档、设计变更和同步以及对电路电气性能和功能的板级验证提供便利。同时，对于模拟阶段的相关信息，也可以进行更新，以确保电路的电气性能和功能得到有效验证。

以下是一些与布局相关的检查点：

1）布局的检查：检查印制电路板的尺寸是否与加工图纸相符，并符合 PCB 制造工艺要求。确认是否有正确的定位标记。

2）元器件冲突：检查元器件在二维和三维空间上是否存在冲突。确保元器件布局合理，没有重叠或堆积。元器件应该布置得疏密有序，并排列整齐。

3）更换元器件和插件板：考虑到需要经常更换的元器件，如可调元器件，确保它们能够方便地更换。对于插件板，也要确保它能够方便地插入设备中。

4）热敏元器件和发热元器件：确保热敏元器件和发热元器件之间有适当的距离，以避免热敏元器件受到过热的影响。在需要散热的地方，应该考虑安装散热器，并确保空气流通畅。

5）信号流和互连长度：优化信号流，确保信号能够顺畅传输，并使互连线路的长度最短，以减少信号传输中的损耗和干扰。

6）机械设计和插头插座：确保插头、插座等与机械设计相一致，不会发生矛盾或冲突。

7）干扰问题：考虑线路之间的干扰问题，采取适当的措施来减少电磁干扰和信号干扰，例如增加地线、隔离敏感线路等。

通过考虑这些因素，并进行检查和优化，可以实现 PCB 布局的整体美观和功能性。这有助于提高产品的可靠性和性能，并增加用户对产品的好感度。

8.2　PCB 布局设计技巧

在 PCB 布局设计中，应根据电路功能分析 PCB 的单元。在对电路的所有元器件进行布局时，以下提示可能会有所帮助：

1）根据电路流程安排各个功能电路单元的位置，使布局便于信号流通，尽量保持信号方向一致。

2）以各功能单元的核心元器件为中心，围绕其放置其他元器件。元器件应均匀、完整、紧凑地排列在 PCB 上，以尽量减少和缩短元器件之间的走线。

3）对于高频工作的电路，必须考虑元器件之间的分布参数。一般电路应尽量并联布置，以在量产时便于安装和焊接。

4）高频元器件：高频元器件之间的连接越短越好。尽量减少连接的分布参数和相互之间的电磁干扰。易受干扰的元器件不应靠得太近。此外，输入和输出元器件之间的距离应尽可能大。

5）高电位差元器件：应增加高电位差元器件与布线之间的距离，避免短路。为避免漏电的发生，一般要求 2000V 左右电位差之间的铜走线间距应大于 2mm。对于更高的电位差，距离应该增加更多。带高电压的元器件应尽量放在调试时不易触及的地方。

6）重量较重的元器件：此类元器件应采用支架固定，并且容易产生大量热量的元器件不应该安装在 PCB 上。

7）发热和热敏元器件：发热元器件应远离热敏元器件。

8）电位器、可调电感线圈、可变电容、微动开关等可调元器件的布局要考虑整板的结构要求。如果结构允许，应该使用一些经常使用的开关。

9）高功率元器件：高功率元器件应尽量远离其他元器件，以防止热量传导和电磁干扰。同时，为了散热，应该考虑使用散热片或散热器。

10）信号地和电源地的布局：信号地和电源地应尽量短接，以降低共模噪声和接地回路的干扰。同时，也要避免共地回路和接地隔离引起的问题。

11）元器件的引脚布局：引脚布局应根据元器件的功能和连接关系进行合理的设计。相互连接的引脚应尽量靠近，以减少走线长度和电磁干扰。

12）电容和电感的布局：电容和电感应尽量靠近其所控制的元器件或电路，以减少走线长度和电磁干扰。

13）信号走线的布局：信号走线应尽量避免交叉和平行布局，以减少串扰和干扰。对于高频信号，还应考虑使用差分信号布局来提高抗干扰能力。

14）地线的布局：地线应尽量短、宽，以降低地阻抗和电磁干扰。同时，应避免地线与信号线、电源线等的交叉和平行布局。

15）确保布局的可维护性：布局设计时应考虑到PCB的维护和维修，如易于接触、易于更换元器件等。

 8.3 设计步骤

在进行PCB布局设计时，可以按照以下步骤进行：

1）确定PCB的尺寸和形状：根据电路的复杂程度和所需的功能，确定PCB的尺寸和形状。考虑到PCB的安装和连接需求，选择合适的尺寸和形状。

2）划分功能区域：根据电路的功能分析，将PCB划分为不同的功能区域，如电源区、信号处理区、输入输出区等。每个功能区域应根据元器件的布局需求进行合理的划分。

3）放置主要元器件：根据电路的功能和连接关系，首先放置主要的核心元器件，如微处理器、存储器、接口芯片等。这些元器件应位于PCB上的合适位置，以方便信号流通和走线布局。

4）安排其他元器件：围绕主要元器件，逐步安排其他的被动元器件、连接器、电源模块等。元器件应均匀、完整、紧凑地排列在PCB上，以尽量减少和缩短元器件之间的走线。

5）进行走线布局：在元器件放置完成后，开始进行走线布局。根据电路的信号传输需求和电磁兼容性要求，合理布置信号线、电源线和地线。根据信号的频率和敏感性，考虑差分信号布局和阻抗匹配。

6）进行地线和电源线布局：地线和电源线是PCB布局中非常重要的部分。应确保地线和电源线足够宽，以降低电阻和电磁干扰。同时，应避免地线与信号线、电源线等的交叉和平行布局。

7）进行层间布局：对于多层PCB，应合理规划和布局每一层的信号、地线和电源线。同时，考虑层间的信号和电源连接方式，如通过通孔或盲孔。

8）进行阻抗控制：根据电路的信号传输要求，合理设计和控制走线的阻抗。使用合适的走线宽度和间距，选择合适的层间距和介质常数。

9）进行电磁兼容性（Electromagnetic Compatibility，EMC）设计：在布局过程中，应考虑电磁兼容性，避免线路之间的串扰和干扰。合理布局和分离高频元器件、高功率元器件、敏感元器件等。

10）进行维护和散热设计：在布局过程中，要考虑 PCB 的维护和散热需求。保留足够的空间和访问点，确保易于维护和更换故障元器件。对于产生大量热量的元器件，应考虑散热片、散热器等散热措施。

11）进行最终优化和检查：完成布局后，进行最终的优化和检查。确保走线的合理性，以及满足电磁兼容性和阻抗控制等方面的要求。

12）输出 PCB 布局文件：最后，将 PCB 布局设计导出为 PCB 布局文件，以供后续的 PCB 制造和组装过程使用。

以上是 PCB 布局设计的一般步骤，具体的步骤和顺序可能会根据项目需求和设计工作流程的不同而有所调整。

8.3.1　布局设计

在 PCB 中，特殊元器件是指高频部分的关键元器件，如电路中的核心元器件、易受干扰的元器件、电压高的元器件、发热量大的元器件等。它们的位置需要仔细分析，布局应符合电路功能和生产要求。它们放置不当可能会导致电磁兼容性问题和信号完整性问题，从而导致 PCB 设计失败。

在布局设计时，首先应考虑 PCB 尺寸。当 PCB 尺寸过大时，走线会变长，阻抗会增加，抗干扰能力会下降，成本也会增加。确定好 PCB 的尺寸后，接下来就是特殊元器件的摆放位置。最后，根据功能单元，对 PCB 上的所有元器件进行整体布局。

8.3.2　PCB 元器件放置

一个产品的成功首先要关注它的内在质量；其次，必须考虑到整体设计。在 PCB 元器件放置中，按照结构紧密匹配、特殊元器件和小元器件的顺序进行放置，可以确保产品的整体结构、性能和可靠性。对于每个类型的元器件，还需要考虑到其特殊要求和功能，以满足设计的需求。

首先，放置与结构紧密匹配的元器件，如电源插座、指示灯、开关、连接器等，这对于产品的整体结构和外观至关重要。这些元器件应该放置在设计中能够方便用户访问和使用的位置。例如，电源插座和开关可以放置在产品的侧面或底部，以便用户轻松连接和操作。指示灯可以放置在产品的正面或顶部，以便用户能够清楚地看到状态指示。

其次，放置特殊元器件，如大型元器件、重型元器件、发热元器件、变压器、IC 等，需要考虑到它们的特殊要求和功能。大型元器件和重型元器件通常需要额外的支撑和固定措施，以确保它们在使用过程中不会松动或脱落。发热元器件需要放置在散热器或散热区域附近，以确保它们的正常工作温度。变压器和 IC 等高性能元器件需要放置在 PCB 上的最佳位置，以确保电路的性能和稳定性。

最后，放置小元器件时需要考虑到它们的数量和密度。小元器件通常数量较多，因此在放置时需要合理安排它们的位置，以确保元器件之间没有冲突或干扰。布局应该遵循信号和功率线路的最佳路径，以减少信号干扰和功率损耗。此外，还需要注意焊盘的设计和尺寸，以确保小元器件的良好焊接接触面。

8.3.3 PCB 布线

1）为尽量减少辐射干扰，应选择多层 PCB，多层 PCB 的内层通常定义为电源平面和接地平面，这样设计可以降低电源电路的阻抗并阻止共模阻抗噪声。同时，它也确保信号线能够产生均匀的接地平面。这种布局通过改善信号线和接地平面之间的分布电容，在阻止辐射方面发挥着关键作用。

2）应通过电源线、接地线和 PCB 上的走线对高频信号保持低阻抗。当频率很高时，电源线、接地线和 PCB 走线都成为负责接收和传输干扰的小天线。为了克服这种干扰，比起加滤波电容，降低电源线、接地线和 PCB 走线所拥有的高频阻抗更为重要。因此，PCB 上的走线应短而粗且排列均匀。

3）电源线、接地线和走线应适当布置，使其短而直，以尽量减少信号线和回线形成的环路面积。

4）PCB 应采用 45°而不是 90°的折线，以减少高频信号的传输和耦合。

5）单层 PCB 和双层 PCB 应采用与电源单点连接和与地单点连接。电源线和接地线都应尽可能粗。

6）在布线时，应尽量避免信号线和高功率线路之间的交叉和平行走线。这样可以减少互相之间的干扰和串扰。

7）对于高频信号线，应尽量采用差分传输线路。差分信号线具有抗干扰能力强的优点，可以减少信号传输过程中的噪声和干扰。

8）对于特殊信号线，如时钟信号线和高速数据线，应采用屏蔽或扭曲布线技术。屏蔽技术可以有效地屏蔽外部干扰，而扭曲布线技术可以减少信号传输时的时延和失真。

9）在布线时，还需要考虑到信号线的长度匹配。如果信号线的长度不匹配，会导致信号的传输延迟和失真。因此，应尽量调整信号线的长度，使其尽量相等。

10）布线时还需要考虑到信号线的接地方式。接地线的正确布局可以减少信号线和地之间的串扰和干扰，提高信号的质量和稳定性。

PCB 布线需要综合考虑上述因素，通过合理的布线设计，可以提高电路的性能、可靠性和抗干扰能力。

8.3.4 PCB 布局检查

布局设计完成后，需认真检查布局设计是否符合设计者所制定的物理约束，一般检查有如下几个方面：

1）PCB 尺寸是否满足产品图纸要求的加工尺寸。

2）元器件的布局是否平衡、排列整齐，是否已全部布置好。

3）各级是否存在冲突。比如元器件、边框、丝印要合理。

4）常用元器件是否方便使用。如开关、插入设备、必须经常更换的元器件等。

5）热敏元器件与发热元器件的距离是否合理。

6）散热是否良好。

7）是否需要考虑线路干扰问题。

8）是否需要考虑电磁兼容性问题。

9）是否需要考虑信号完整性问题。

10）是否需要考虑板间连接问题。

11）是否需要考虑引脚与焊盘的匹配问题。

12）是否需要考虑阻抗匹配问题。

13）是否需要考虑电源供应以及电源线路的布局。

14）是否需要考虑信号线路的长度匹配问题。

15）是否需要考虑布线方式以及信号线与电源线的交叉问题。

16）是否需要考虑层间连接问题。

17）是否需要考虑元器件的固定方式以及固定件的布局。

18）是否需要考虑元器件的标识问题。

19）是否需要考虑测试点的布局。

20）是否需要考虑通孔的布局。

21）是否需要考虑阻焊与喷锡的布局。

8.4 PCB 设计细节

8.4.1 过孔

如图 8-1 所示,过孔主要由两部分组成,一个是中间的钻孔,另一个是钻孔周围的焊盘区域。这两个部分的大小决定了过孔的大小。显然,在高速、高密度的 PCB 设计中,设计师总是希望过孔越小越好,这样可以在板上留出更多的布线空间。此外,过孔越小,其自身的寄生电容就越小。更重要的是,过孔越小,越适合高速电路。但是,孔尺寸的减小也带来了成本的增加,过孔尺寸不能无限减小。受钻孔、电镀等工艺技术的限制;孔越小,钻孔时间越长,也越容易偏离中心位置。当孔深超过钻孔直径的 6 倍时,不能保证孔壁均匀镀铜。例如,普通 6 层 PCB 的厚度(通孔深度)约为 1.25mm,因此 PCB 制造商能提供的最小钻孔直径只能达到 0.2mm。

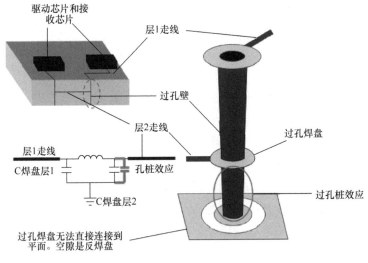

图 8-1 PCB

同样,过孔中也存在寄生电容和寄生电感。在高速数字电路的设计中,过孔的寄生电感带来的危害往往大于寄生电容的影响。因为它会削弱旁路电容的贡献,削弱整个电源系统的滤波效果。

在高速 PCB 设计中,一般来说,简单的过孔往往会给电路设计带来很大的负面影响。为了减少过孔寄生效应带来的不良影响,在设计中可以有以下小技巧:

158

1）考虑成本和信号质量，选择合理的过孔尺寸。例如，对于 6 ~ 10 层内存模块 PCB 设计，最好使用 0.25mm/0.5mm（钻孔/焊盘）过孔。对于一些高密度小尺寸板，可以尝试使用 0.2mm/0.46mm。根据目前的技术条件，很难使用更小的过孔。对于电源或接地过孔，可以考虑使用更大的尺寸来降低阻抗。

2）基于 PCB 技术，更薄的 PCB 有利于降低过孔的两个寄生参数。

3）尽量不要改变 PCB 上信号走线的层数，即减少不必要的过孔。

4）电源和接地引脚应在附近钻孔。并且过孔和引脚之间的引线应尽可能短，因为它们会增加电感。同时，电源线和地线要尽可能粗，以降低阻抗。

5）在信号变化层的过孔附近放置一些接地过孔，为信号提供最近的环路。甚至可以在 PCB 上放置大量冗余的接地过孔。当然，设计需要灵活。前面讨论的过孔模型是每层都有焊盘的情况。有时，可以减少甚至去掉某些层的焊盘。特别是当过孔密度很高时，可能会导致在铜层中形成断槽以隔离环路。为了解决这个问题，除了移动过孔的位置外，还可以考虑减小铜层上的过孔尺寸。

6）要小心处理信号线与过孔之间的耦合问题。可以采用一些技术手段来减少信号线与过孔的电容耦合，如增加过孔的绕线距离、增加引出线长度、增加信号线到过孔的间距等。

7）在布局中应避免将信号线与过孔直接相邻，尽量保持一定的间距，以减少电磁干扰。

8）对于高速信号线，可以采用差分传输线来减少对过孔的敏感度。

9）在布局中尽量避免过孔与地平面或电源层之间的重叠，以减少过孔与地平面或电源的电容耦合。

10）对于特别敏感的信号线，可以考虑使用屏蔽过孔来减少干扰。

11）在布线时，可以使用曲线或环绕布线的方式来绕过过孔，以减少对信号的影响。

12）对于多层 PCB 设计，可以合理规划过孔的位置，使其尽可能分布均匀，避免过孔集中在某一区域造成干扰。

13）在布局中考虑好信号的引出和连接方式，尽量减少信号线的长度和导引路径，以减少对过孔的敏感度。

14）在布局完成后，进行模拟和数字仿真，评估信号在布局中的传输性能，识别潜在的问题并进行优化。

8.4.2 外部平面和填充区

外部平面（External Plane）是指 PCB 上最外层的铜层，通常用作电源平面或接地平面。这些平面在 PCB 的顶部和底部，提供了良好的电源分配和接地路径。合理地设计外部平面可以有效地降低电感、电阻和串扰，提高信号的传输速率和稳定性。

填充区（Fill）是指 PCB 中未被布线或其他元件占据的区域，可以用铜填充以提高地平面的连续性和降低阻抗。在多层 PCB 设计中，填充区可以用来增加地面平面的面积，减少地平面回流的路径，从而降低电流路径的阻抗，提高整个系统的性能和可靠性。

合理地布置外部平面和填充区可以减少信号损耗、串扰和辐射干扰，提高 PCB 系统的抗干扰能力和电磁兼容性。在设计过程中，需要考虑布局的紧凑性和连接的有效性，以确保最佳的电路性能和稳定性。

此外，外部平面和填充区还有以下一些注意事项：

外部平面通常用来提供地平面或电源平面，以提供良好的接地和电源供应。它可以降低电路的串扰和噪声干扰，并提高信号完整性。

外部平面应该与相应的信号层相连，以确保信号线和地平面之间的低阻抗连接。使用多个外部平面时，应避免它们之间的电流回路，以免产生干扰。

外部平面可以通过铜填充或护照方式实现。铜填充是在整个平面区域上铺设铜箔，而护照方式是只在需要的区域填充铜箔。

填充区通常用于填充空白区域，以提供机械强度和电气连接。它可以填充没有信号线的区域，防止信号层之间产生电磁干扰。

填充区的大小和形状可以根据设计需求进行调整。通常情况下，填充区的间距应保持一致，以避免电流集中和热点问题。

填充区可以用来增加 PCB 的刚性和机械稳定性，特别是在需要安装大型元器件或承受较大力的区域。

在设计过程中，要确保填充区与信号线之间有足够的间距，以避免电磁干扰和电容耦合。

在布局和布线之前，应该考虑好外部平面和填充区的位置和连接，以确保电路的可靠性和性能。

最后，根据具体的设计需求和标准，以及电路的特性和要求来选择使用外部平面还是填充区，以达到最佳的电路性能和可靠性。

8.4.3 焊盘

焊盘类型的选择应综合考虑元器件的形状、尺寸、布局、振动和散热条件以及受力方向。封装库中有一系列不同尺寸和形状的焊盘，如圆形、方形、八角形、圆形和定位焊盘，但有时这还不够，需要自己编辑。一般来说，除了上述要求之外，编辑焊盘时还应考虑以下原则：

1）当形状长度不一致时，导线宽度与焊盘具体边长的差值不应该太大。

2）在元器件引脚角之间布线时，经常需要使用不对称长度的不对称焊盘。

3）每个元器件焊盘孔的尺寸应根据元器件引脚的粗细分别确定。原则是孔的尺寸比引脚直径大0.2～0.4mm。

4）焊盘的间距应根据元器件的尺寸和布局来确定。对于较小的元器件，焊盘之间的间距可以较小；对于较大的元器件，焊盘之间的间距应适当增大，以便在焊接过程中更容易操作。

5）焊盘的形状和尺寸应符合焊接工艺的要求。一般来说，焊盘的直径或边长应足够大，以确保焊接时容易形成良好的焊接接触面。

6）考虑到PCB的可靠性和耐久性，焊盘应具有足够的强度。对于需要经常插拔的元器件，焊盘的设计应特别注意其耐磨损性。

7）在焊盘的设计中，还要考虑到元器件的热量传输和散热需求。对于高功率元器件或需要散热的元器件，应考虑增加焊盘的面积，以便更好地散热和降低温度。

8）在焊盘的设计中，还应考虑到焊接工艺的要求。例如，对于表面贴装元器件，焊盘应具有适当的锡膏剂量和形状，以便在焊接过程中实现良好的焊接质量。

8.5 PCB 丝印指南

每块PCB的表面层都有丝印，在PCB丝印上可看到一系列字母数字代码、标记和标志（LOGO）。丝印层具体包括什么？所有的设计都是不同的，但有一些常见的信息会出现在任何丝印印制中，以帮助组装、测试、调试和可追溯。

8.5.1 PCB 丝印的作用

PCB的丝印层是在制造过程中定义和印制的，它将在组装过程中用于验证元器件放置和封装。丝印层中出现的图形和文字通常采用永久性非导电环氧树脂油墨印制。丝印可以在制造过程中使用UV工艺进行印制，该工艺类似于用于阻焊层涂覆的工艺。如果需要非常小的线宽，制造商可能会使用一种称为"直接图例打印"的替代工艺，使用不同类型的墨水。

对于设计师来说，任何设计都需要一些信息才能完成组装。在某些情况下，阻焊层和丝印可能会被去除，例如射频板中执行此操作。在这种情况下，设计师要生成详细的组装图，因此不会混淆不同元器件的去向。

以下是PCB丝印中应包含的一些信息：

1）每个元器件的参考标识符。

2）无源元器件值。

3）用于 IC 的引脚 1 指示。

4）电源/GND 或与极性相关的元器件（例如，极化电容和二极管）的极性指示器。

5）适用的元器件轮廓。

6）PCBA 的元器件号。

7）组织的标志。

8）制造商的标志、序列号和批号。

9）监管认证标志。

10）连接器引出线，尤其适用于排针。

11）有关 PCBA 的组装、测试、安装或操作的其他说明。

其他重要信息将用于可追溯性、合规性指示、识别 PCBA 的元器件号，甚至是指示极性、流板方向等简单的信息。

法规标记用于表明设计已通过检查或符合特定法规，如图 8-2 所示。RoHS、FCC、CE 和电子废物处理标志通常出现在已通过相关检查的消费品和商业产品上。可能会在经过安全检查的设计上看到的另一个标记是 UL 标记。此标记表明该设计是由 UL 认证的制造商根据 UL796 和 UL94 标准制造和组装的。

图 8-2　丝印法规标记示例

8.5.2　元器件中的丝印与 PCB 布局中的丝印

在 PCB 设计软件中，丝印层定义在顶层覆盖层（用于顶层丝印）或底部覆盖层（用于底层丝印）中。PCB 中的所有丝印都将放置在这两层中的一层中，或者直接放置在 PCB 布局中，也可以放置在元器件中。

一些 PCB 丝印标记应始终放置在元器件封装中。表 8-1 为应将哪些丝印信息放置在元器件与 PCB 布局中。

表 8-1　元器件中的丝印与 PCB 布局中的丝印

元器件中的丝印	PCB 布局中的丝印
引脚 1 指示	标志
元器件轮廓	元器件、序列号和批号
参考标识符	连接器引出线
	极性指示
	需要时提供认证

8.5.3　如何整理丝印

当进行密集设计时，参考标识符和其他丝印标记可能会重叠。这可能会导致阅读困难，需要清理和重新排列这些标识符，以确保它们不重叠、易于阅读，并清晰地指示元器件位置。例如，对于用于去耦或阻抗匹配的无源元件，需要考虑它们的布局，确保标识符能够清晰地读取，而不会被元件的密集排列所遮挡。这可能需要将一些标识符移离元件更远，以确保它们能够被清晰地识别。

在丝印层中，可以将白框中的器件组排列成与附近器件的放置和方向相匹配。为了更清晰地显示哪些标识符对应于不同的元器件，可以在丝印层绘制箭头。这样，可以根据箭头指示的方向来确定相应器件的位置。

对于白框，可以参考图 8-3 中的相同排列方式来进行布局。确保每个器件的位置都与对应的标识符相匹配，以便在组装和维修过程中能够清晰地识别和定位元器件。这样可以提高布局的可读性和可维护性，减少潜在的错误和混淆。

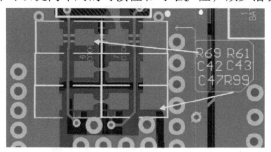

图 8-3　顶部覆盖层中密集 PCB 上的参考标识符排列

8.5.4　PCB 丝印设计的基本注意事项

PCB 布局的丝印阶段，设计上最好遵循宽：高 =1:6 这个规律的比例，这样可以保证丝印以高分辨率呈现在整块 PCB 上，丝印参数设置如图 8-4 所示。

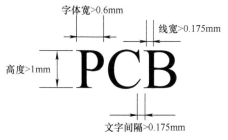

图 8-4　丝印参数设置

请注意，丝印的宽度是根据表8-2中列出的不同基铜厚度而变化的。

表8-2　丝印参数随铜厚的设置

基铜厚度	最小丝印宽度	丝印高度
17.5μm（0.5oz）	1mm（4mil）	0.609mm（24mil）
35μm（1oz）	0.127mm（5mil）	0.762mm（30mil）
70μm（2oz）	1.523mm（6mil）	0.914mm（36mil）

1. PCB丝印设计的作用

丝网印制在PCB中用于识别器件位置、极性、器件方向、器件参考标识和标签位置，具体总结如下：

1）引脚1标记：对于SMT和PTH多引脚器件，应在丝网印制层上进行引脚1标记。这有助于正确安装器件，并确保引脚方向正确。

2）极性标记：对于极化器件，应进行极性标记。这可以是标示器件的正负极性或其他特定的极性要求，以确保正确安装器件。

3）器件参考标识符：应具有特定的尺寸和线宽。通常，参考标志的宽度为0.787mm（31mil），高度为1.27mm（50mil），线宽为0.152mm（6mil）。这些标识符用于定位和识别器件，确保正确的组装。

4）丝网印制的间隙要求：丝网印制不允许在可焊接焊盘上进行，应保持与焊盘之间的最小间隙距离。在一般情况下，这个间隙距离应为0.4mm（16mil）至0.5mm（20mil）。对于复杂的设计，这个值可以减小到0.127mm（5mil）至0.254mm（10mil）。此外，应避免丝网印制之间的重叠。

5）参考标识符和极性标记的位置：在器件符号的外部，以便在测试和返工期间具有相同的可见性。这样可以方便操作和识别。

6）标签位置：在丝网印制中定义标签的位置。标签的类型和尺寸可以根据要求进行选择。这些标签将用于识别器件号码和已完成工作的序列化。

7）标签区域：应远离SMT位置、测试点和参考标识符。这样可以避免干扰和混淆，确保标签的清晰可见。

8）多个引脚号：建议在丝网印制上使用多个引脚号以适应多引脚数器件。如果BGA的引脚号在非器件侧提供，调试将更容易进行。

遵循这些丝网印制要求可以确保器件在PCB上正确而可靠地安装和识别，减少装配错误并提高产品质量。同时，这些要求也有助于简化测试、维修和返工流程。

2. PCB丝印设计的6个要点

通过遵循以下要点，可以设计出清晰、准确、易读的PCB丝印，提高PCB组装的效率和质量，同时确保整个电路的可靠性和稳定性。

1）元器件的放置和方向：为了简化后续的功能测试、验证和焊接工作，最好将大部分元器件放置在同一个方向，而不是不同的方向。这样可以提高组装的效率和准确性。

2）避免放置在镀铜孔上：丝印应该避免放置在镀铜孔上。这样可以避免丝印的文字或图形被孔洞覆盖，影响可读性和美观度。

3）避免放置在射频走线上：丝印应该避免放置在射频走线上，因为丝印会改变介电常数。这样可以防止丝印对射频信号的干扰，确保信号的稳定性和可靠性。

4）与元器件方向一致：丝印的方向应该与元器件的方向相同，例如 IC、二极管、LED 等。这样可以避免在 PCBA 组装过程中出现误解或方向错误。

5）引脚编号的显示：对于多引脚的元器件，应该将引脚编号（例如：#1，#5，#10…）显示在丝印上。这样可以方便组装和焊接人员正确连接引脚。

6）特殊封装元器件的丝印轮廓：对于特殊封装的元器件，如 BGA、QFN 等，丝印的轮廓应该与元器件的轮廓尺寸相同。这样可以帮助组装人员识别和定位元器件，确保正确安装。

3. PCB 丝印设计的一般指南

丝印是在阻焊层上应用文本或图案的过程。目的通常是为了识别器件、器件极性、序列号和标志。通过一定的规则可以创建良好的视觉效果，规则如下：

1）宽度：丝印的宽度应 ≥0.1mm，太小的宽度可能无法清晰印制出丝印。

2）间距：丝印与阻焊开孔焊盘、元器件焊孔、测试点、基准标记等之间应保持 0.152mm（6mil）的间距。如果丝印与 SMT 焊盘重叠，它将被视为阻焊层。

3）避免重叠：丝印之间应避免相互重叠，以确保每个丝印都清晰可见。

4）顺序：丝印应按照从左到右、从上到下的顺序显示，以便读者能够轻松理解和跟踪。

5）匹配元器件：每个丝印标识符应与相应的元器件匹配，避免混淆读者。

6）额外标记：可以将一些额外的标记或标志移到 GM 层（几何层），以腾出丝印层的空间。

7）空间限制：如果 PCB 上放置丝印的空间有限，丝印层可以在 PCB 制造过程中取消，但必须由另一层（如顶层或底层）作为组装图呈现。

8）镜像格式：必须以镜像格式查看底部丝印层，以确保丝印在组装过程中的正确位置。

9）避免字符放置在器件下：应避免在器件下放置字符，即使在较小的器件下，不适当的字符也可能导致立碑。铜层、阻焊层和字符层一起可能会形成比铜焊盘高得多的点，导致不良的组装结果。

通过遵循这些指南，可以确保 PCB 丝印的清晰度、准确性和可读性，提高 PCBA 组装的效率和质量，同时避免可能的错误和混淆。

8.6 丝印效果对比

表 8-3 是三种丝印制作工艺特点的对比。

表 8-3 三种丝印制作工艺特点的对比

制作工艺特点	曝光超高清字符	打印字符	网印字符
制作方法	采用曝光机制作	采用字符打印机制作	采用丝印制作
平整度	字符表面非常平整，清晰舒服	字符表面平整度不好	字符表面平整度好
对位精准度	对位精准度好	对位精准度好	对位精准相对较差，一致性差
字符边缘	字符边缘平滑度好	字符边缘平滑度较好	字符边缘锯齿现象明显
结合力	结合力相对较差	结合力好	结合力好
工艺复杂度	制作复杂，成本高	相对简单，成本较高	传统方法，成本低，质量难控

第9章

PCB布局设计中元器件放置的规则

9.1 范围

　　PCB布局设计中的元器件放置规则包括一般工程要求和一般放置要求，旨在确保PCB的性能和可靠性，同时提高生产效率。

　　一般工程要求是指在PCB布局设计中，对元器件放置的一些基本要求。它的范围主要包括元器件密度、干扰避免、信号流向、散热和连接简洁。其目的是确保PCB的性能和可靠性。通过遵循这些要求，可以提高电路的集成度、降低干扰、减小信号传输延迟和干扰，以及保证元器件的散热和连接的可靠性。这样可以提高电路的稳定性和可靠性，减少故障和干扰的可能性，同时提高电路的效率和性能。

　　一般放置要求是指在PCB布局设计中，对元器件放置的一般指导原则。它的范围主要包括外形和尺寸、逻辑分组、信号和电源线布线、大小和高度，以及外壳和连接器。其目的是提供一些通用的指导原则，以帮助设计人员合理、高效地进行元器件的放置。通过遵循这些指南，可以最大限度地利用空间、简化布线、降低干扰、提高可维护性，并确保元器件与外壳和连接器的对应关系合理，方便后续的组装和连接。这样可以提高设计的效率、降低设计的复杂度，同时保证电路的可靠性和性能。

　　一般工程要求和一般放置要求在PCB布局设计中起着关键的作用。一般工程要求关注电路的性能和可靠性，通过考虑元器件的密度、干扰避免、信号流向、散热和连接简洁等方面的要求，来确保电路的稳定性和可靠性。而一般放置要求则提供了一些通用的指导原则，通过考虑外形和尺寸、逻辑分组、信号和电源线布线、大小和高度，以及外壳和连接器的要求，来帮助设计人员合理、高效地进行元器件的放置，从而提高设计的效率、降低设计的复杂度，同时保证电路的可靠性和性能。

9.1.1　一般工程要求

在设计和制造 PCB 时，需要遵循一些特定的工程要求，其中包括通孔元器件的排列、安全间距区域、极化元器件的方向、定位测试点、安全间距及输入和输出的分离等要求。

1）通孔元器件的排列：通孔元器件应按照功能和电气需求进行逻辑布局。实际上，它们应尽可能地靠近其连接的其他元器件，有助于减少 PCB 上的线路长度，从而减少可能的干扰和信号损失。

2）安全间距区域：在电气设备中，安全间距是至关重要的。安全间距是指元器件之间或元器件和 PCB 边缘之间的最小距离，以防止电气短路或电火花。安全间距的大小依赖于电路的工作电压和 PCB 材料的绝缘性能。

3）极化元器件的方向：极化元器件如二极管、电容和一些集成电路有正负极之分，它们在 PCB 上的放置方向是固定的。极性错误可能会导致元器件损坏或电路功能异常。

4）定位测试点：在设计 PCB 时应预留一定的测试点。这些测试点可方便后期的测试和排错，它们通常连接到关键的信号或电源节点。测试点的位置应尽量易于接触，并避免与其他元器件或线路靠得过近以免引发短路。

5）安全间距：PCB 设计需要考虑到各 PCB 部件之间的安全间距。这包括元器件与元器件之间、元器件与走线之间、走线与走线之间的距离。这是为了防止电路短路，减少热量产生，以及防止电磁干扰等问题。

6）输入和输出的分离：为了避免电路的互相干扰，输入和输出电路通常需要在 PCB 上分开布局，特别是在高频或高速电路设计中，输入和输出的分离尤为重要。

以上是对 PCB 工程要求的一些说明。在设计 PCB 时，应根据实际应用需求和制造设备的限制，合理地进行元器件布局、走线规划和测试点设置，以确保电路的稳定性和可靠性。

9.1.2　一般放置要求

通过遵循以下一般放置要求，可以确保元器件在 PCB 上的正确放置，提高组装的效率和质量，降低焊接问题和组装错误的风险。这些指南有助于确保元器件的正常工作和长期可靠性。

1）使元器件方向相同：确保元器件的方向相同且正确，以便有效地放置和焊接。这有助于确保元器件在正确的位置和方向进行组装。

2）避免使用 PTH 引脚：当在 PCB 的焊接面（Solder Side）上使用大量表面

贴装技术（SMT）元器件时，应避免使用 PTH 引脚。因为 PTH 导线环绕焊接侧的 SMT 元器件的设计可能导致气体堵塞焊料和破坏到 SMD 端子的焊料流。这在一些封装如 PGA、PLCC 和 LCC 的片式电容上特别需要注意。

3）分离 SMT 和孔元器件：如果可能，将所有 SMT 元器件放置在板的同一侧，将所有的孔元器件放置在元器件的同一侧（通常是顶部）。这样做可以将焊接元器件所需的工作量保持在最少。当元器件的顶部和底部都有 SMT 元器件以及通孔元器件时，为了焊接底部的 SMT 元器件，需要进行额外的环氧过程。尤其是对于 PLCC 封装的元器件，不要将其放置在混合技术板的焊接侧。

 9.2 **片式元器件放置**

9.2.1 常规元器件方向

根据元器件的常规方向，可以有以下几种情况：

1）贴片电阻、电容和电感：这些元器件通常具有正确定位的方向，需要根据器件上的标记或标识进行正确安装。它们通常不需要旋转运动。

2）二极管和晶体管：这些元器件通常有一个标记来指示极性，例如阳极和阴极。正确的安装方向是根据极性标记来确定的。

3）IC（集成电路）和芯片：这些元器件通常具有多个引脚，需要使用吸嘴或夹具进行安装。它们通常需要旋转运动来正确对齐引脚。推荐的安装方向是垂直于 PCB 表面，而不是以 45°角。

使用 IC 放置的 45°角可能会导致以下问题：

1）定位精度较低：由于 IC 放置的角度，定位引脚的精度可能会降低，导致元器件在焊接过程中位置不准确。

2）隔离和短路风险增加：IC 引脚之间的隔离空间可能会受到限制，导致引脚之间的短路风险增加。

3）光学检测困难：使用自动光学检测来检查焊接质量时，45°角放置的 IC 可能会导致填角焊缝的检查困难，因为焊缝的形状和位置可能不符合预期。

因此，根据常规的工程实践，推荐将 IC 放置在垂直于 PCB 表面的位置，以确保更高的定位精度和可靠性，并简化后续的光学检测和维修工作。

根据元器件交付包装的不同，可能需要吸嘴或夹具进行旋转运动来安装元器件。这种情况可能会导致以下问题和挑战：

1）降低贴装元器件的效率：旋转运动可能需要额外的时间和步骤来对齐和安装元器件。这会增加整个贴装过程的时间和复杂性，从而降低贴装效率。

2）需要更复杂的程序开发：为了实现元器件的旋转运动，需要编写更复杂的程序来控制贴装机器。这可能需要额外的开发和调试时间，增加工艺开发的复杂性。

3）容易引发错误、错位和跌落风险：旋转运动可能增加了元器件放置过程中的错误和失配的风险。在对齐和旋转元器件的过程中，可能发生元器件移位或倾斜，导致安装错误、错位或元器件跌落。

为了应对这些问题和挑战，可以考虑以下几点：

1）优化元器件的交付包装：与供应商协商，尽可能选择易于安装的元器件包装。例如，采用正确方向标识明确的贴片元器件，以最大限度地减少旋转运动的需要。

2）优化贴装程序：通过优化贴装程序，减少旋转运动的次数和角度，以提高贴装效率和减少错误的风险。这可能需要对贴装机器的设置和程序进行调整。

3）加强质量控制：在贴装过程中，加强质量控制措施，例如使用视觉检测系统或自动光学检测来检查元器件的位置和方向，以减少错误和失配的风险。

4）培训和操作规范：确保操作人员接受充分的培训，遵循操作规范，正确操作和安装元器件，以减少错误和风险。

通过综合考虑以上因素，可以降低贴装元器件效率下降和错误风险，并提高贴装过程的可靠性和效率。

9.2.2　元器件优先放置方向

在加工或组装过程中，PCB的弯曲可能会导致元器件结构和焊点内部损坏的风险，主要是裂缝。为了减少这种风险，可以考虑以下元器件的优先放置方向：

1）元器件的方向垂直于弯曲方向：当PCB发生弯曲时，元器件的方向应垂直于弯曲方向。这样可以减少元器件在弯曲过程中受到的应力和压力，降低结构和焊点的损坏风险。

2）过程流程的方向：在PCB的加工过程中，例如贴装、插件焊接等，相同方向的元器件应尽量排布在一起，以减少不同方向元器件之间的应变差异。这样可以降低元器件之间的应力差异，减少损坏的风险。

3）波峰焊的方向：在波峰焊过程中，同样需要考虑元器件的方向。元器件应该垂直于焊接波峰的移动方向放置，以减少焊接过程中对元器件的应力和压力。

通过优化元器件的放置方向，可以减少由于PCB弯曲引起的结构和焊点损坏的风险。同时，在加工和焊接过程中，尽量保持相同方向的元器件排布在一起，可以减少应力差异，提高元器件的可靠性和耐久性。这对于提高PCB的质量和可靠性非常重要。

9.2.3　SMD 与基板的兼容性

SMD（表面贴装器件）与基板的兼容性受到以下因素的限制：

1）热膨胀系数：基板和元器件本体材料之间的热膨胀系数差异可能会导致热应力，从而对连接点的可靠性产生影响。为了确保兼容性，需要选择具有相似热膨胀系数的材料。

2）散热性能：基板的散热能力对于承载 SMD 元器件起着重要作用。如果基板无法有效地散热，温度升高可能会影响元器件的性能和可靠性。

3）铜刻蚀分辨率：铜刻蚀是制作 PCB 时的重要步骤，它决定了布线等级，也影响到 SMD 元器件的间距和尺寸。如果铜刻蚀分辨率较低，可能会限制元器件的放置密度和布线设计。

4）表面加工平整度和规则性：对于大面积和细螺距的 SMD 元器件，表面的精加工平整度和规则性非常重要。如果表面不平整或不规则，可能会导致元器件无法正确连接或接触不良。

5）焊接过程兼容性：根据焊接过程的不同，SMD 元器件可能需要暴露于高温环境中。如果元器件无法耐受高温环境或焊接时间过长，可能会导致元器件损坏或性能下降。

为了确保 SMD 与基板的兼容性，需要综合考虑以上因素，并选择合适的材料、设计和制造工艺，以满足元器件和基板的要求，并保证电路的可靠性和性能。

9.2.4　基准点

为了帮助自动放置，需要在包含表面安装元器件的板表面上有三个全局基准点标记。基准点标记周围的区域（半径为 3mm）应没有丝印印制、阻焊层、走线、焊盘和文本。基准点标记必须位于图 9-1 所示的区域内。为了帮助放置精细螺距元器件（小于 0.75mm 螺距），除了使用两个全局基准点标记外，还应在元器件的中心的 PCB 表面上放置一个基准点标记。

9.2.5　元器件之间的间距与方向

如果由于性能原因，元器件放置得太近，可能会影响制造商制造板的能力。这可能会导致额外的时间和成本，甚至是重新设计。为了防止此类问题，可以实现一些元器件间距指南，以帮助确保 PCBA 的成功。

备注：间距规则根据 IPCA610 第 3 类考虑了位置的可变性。

元器件到元器件的间距对于焊接、返工、测试和自动化组装至关重要。如

PC板上的基准位置

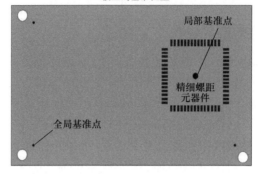

局部基准点

精细螺距
元器件

全局基准点

图 9-1   基准点位置

果元器件放置在一起太近，贴片机的放置头可能会干扰需要手动放置某些元器件的其他元器件。此外，这些条件中的任何一种都可能导致更昂贵的组装过程和更不可靠的产品。当将片式元器件以交错模式放置在板底部时，需要最小间距为 2.54mm，以确保不会发生阴影和未焊接端子，如图 9-2 所示。

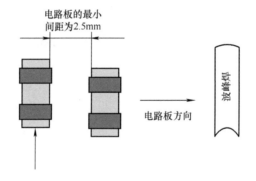

电路板的最小
间距为2.5mm

波峰焊

电路板方向

图 9-2   焊接时交错片式元器件之间需要的最小间距

最常见的封装类型的最小元器件间距如图 9-3 和图 9-4 所示。在设计新的或非标准元器件时应小心，以提供组装、返工和测试所需的间距。通常，元器件之间的间距为元器件高度（首选或最小高度的 1/2）。当出现间距问题时，应咨询制造工程部或组装供应商。

9.2.6   元器件和 PCB 的方向

元器件方向直接影响回流焊和波峰焊元器件的质量和可靠性。不可靠的焊缝、未焊接连接和立碑（见图 9-6）是放置和方向不正确的一些结果。板外形的尺寸和几何形状、连接器和元器件在板边缘的位置将确定通过放置和焊接设备的流动方向。

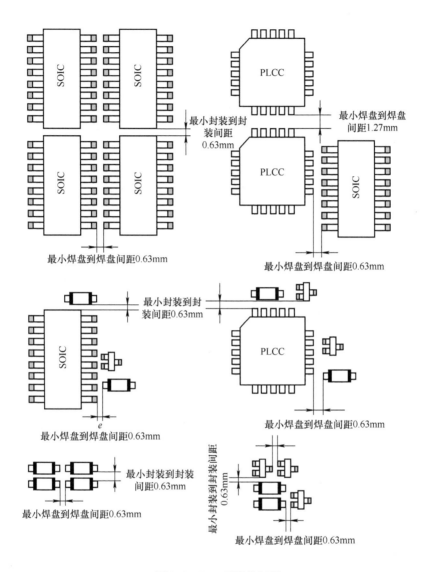

图 9-3　SMT 元器件间距

　　当大的元器件在这种设计中被捆在一起时，PCB 将不得不在高于必要的温度下回流焊，并可能发生对芯片元器件的损坏。可以通过在设计上均匀地展开大元器件，在焊接方面实现了更好的热分布，如图 9-5 所示。

　　在设计大型元器件如 SMT 插座、电感和钽电容时，应使用元器件间距。这允许有足够的空间进行视觉检查和焊接返工。

　　热考虑要求组装密度尽可能均匀地分布在可用的板空间上，并避免大元器件的密度。当元器件分散在板上时，回流时板的一个区域不会比另一个区域热。

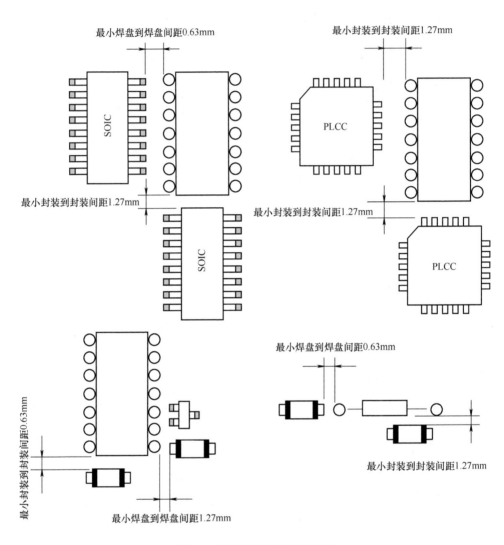

图 9-4   SMT 到通孔元器件间距

甚至元器件分布也需要帮助平衡跨表面和层的路线，并最小限度地减少弯曲和扭曲。

9.2.7   波峰焊的焊板方向

板的长轴希望通过焊机的流动方向。这可以最大限度地减少夹具的建造，以防止焊接时元器件下垂。如图 9-7 所示，241mm × 304mm 的 PCB 必须用沿短轴移动的 PCB 进行焊接，这是非首选的方向。这是因为板边缘的连接器会干扰抓住长轴上的元器件，可能需要额外的时间和工具来焊接元器件。

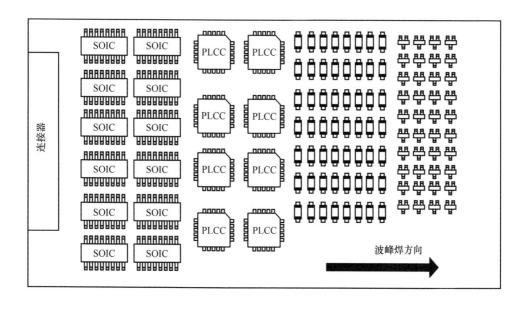

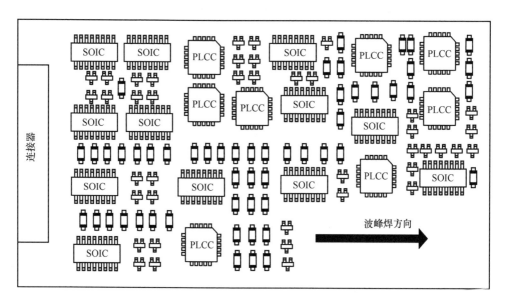

图 9-5 热分布的位置

9.2.8 元器件方向

关于板外形和焊接过程的首选元器件方向是 PCB 和 SOIC 的长轴平行于通过焊料设备的流动方向（见图 9-8）。

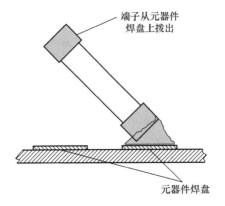

图 9-6　立碑元器件

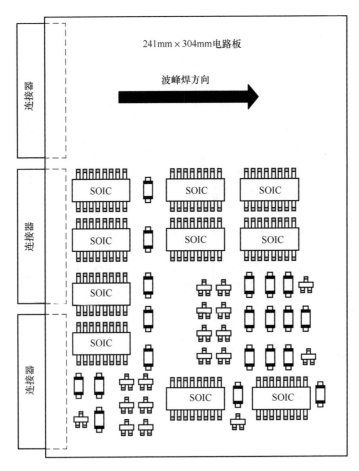

图 9-7　非首选 PCB 焊接的方向

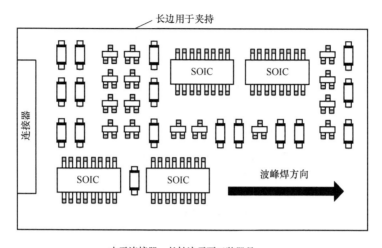

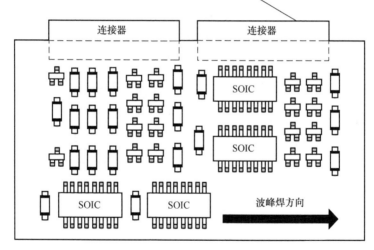

图 9-8　元器件方向

片式元器件应平行于波峰焊定向，以确保两个端子同时焊接，避免将芯片相互垂直放置的设计，这可能会导致阴影、焊料跳过和圆角不均匀。焊料圆角不均匀会对焊缝产生额外的应力，可能导致元器件开裂，如图9-9所示。

应避免可能导致较小的元器件遮挡波峰焊的位置。这导致创建焊接开路的可能性很高，应确定 PCB 的焊接方向，以便钽电解电容和 IC 等元器件不会遮挡来自较小片式元器件的波峰焊（见图9-10）。

9.2.9　电容放置

所有的极化电容极性方向应保持一致，便于目测。极性将在丝印上用封装

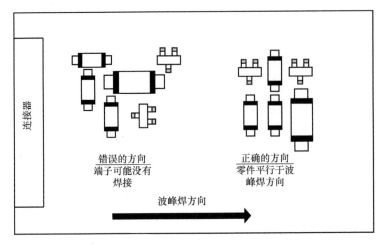

图 9-9　进板方向

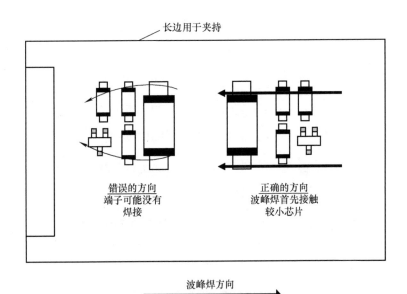

图 9-10　元器件阴影

轮廓上的加号或其他标识符（即条形）表示。板顶部或底部的片式去耦电容将垂直于集成电路和焊料流。它们将被放置得尽可能接近集成电路的电源引脚。

9.2.10　不建议底部放置

　　某些类型的元器件对较高的波峰焊温度很敏感，不应在波峰焊接触元器件的板的底部使用。其他类型的元器件可能不适合用于波峰焊，因为它们的引脚的配置和大小。

以下是避免放置在波峰焊板底部的元器件列表：

1）大体积片式电容：封装类型为 1812 和 1825 的大体积片式电容暴露在波峰焊时可能会出现裂纹。这是因为波峰焊的高温和热应力可能会导致电容封装材料的损坏。

2）高温易损坏的内存和 SRAM 芯片：某些内存和 SRAM 芯片在高温下会变得脆弱并且容易损坏。因此，这些芯片不适合放置在波峰焊板底部，以免受到高温波峰焊过程的损害。

3）1206 尺寸以下的封装：1206 是波峰焊的最小适用封装尺寸。较小尺寸的封装，如 0805，通常不适合波峰焊和环氧树脂的应用场景。这是因为较小的封装可能无法承受波峰焊的高温和热应力，也不适合与环氧树脂化学反应。

4）PLCC 封装引脚配置不适合波峰焊：PLCC（Plastic Leaded Chip Carrier）封装的引脚配置不适合波峰焊。它的引脚布局和波峰焊的需求不匹配，可能导致焊接不良或短路。

通过避免在波峰焊板底部放置以上类型的元器件，可以减少它们受到高温和热应力的风险，降低损坏和焊接问题的发生。这有助于确保贴片元器件的质量和可靠性，提高整体产品的性能和可靠性。

 ## 9.3　通孔安装技术

通孔安装技术是一种常用的电子制造技术，用于将电子元器件通过通孔连接到 PCB 上。在通孔安装技术中，元器件的引脚通过通孔穿过 PCB，并通过焊接来固定。

在通孔安装技术中，有两种常见的通孔类型：贯穿孔和过孔。

贯穿孔是完全穿透 PCB 的孔，可以从两个面上访问。在贯穿孔安装中，元器件的引脚插入贯穿孔并穿过 PCB 的另一侧，然后进行焊接。贯穿孔安装技术适用于需要较高的机械强度和可靠性的应用，例如大功率设备和机械环境下的电子设备。

过孔是只穿过 PCB 部分厚度的孔，只能从一侧访问。在过孔安装中，元器件的引脚插入过孔并焊接在 PCB 的一侧。过孔安装技术适用于对机械强度和可靠性要求不高的应用，例如低功率电子设备和消费类电子产品。

通孔安装技术有一些优点。首先，它提供了可靠的连接，能够承受较大的机械应力。其次，通孔安装技术适用于各种类型的电子元器件，包括插件、插头、开关等。另外，通孔安装技术也方便维修和更换元器件，因为焊点可以轻松地重新热化和重新连接。

然而，通孔安装技术也有一些限制。首先，通孔安装技术需要占用 PCB 表面的空间，限制了 PCB 的布线密度。其次，通孔安装技术在制造过程中需要更多的步骤和时间，并且成本较高。因此，在现代 PCB 设计中，表面贴装技术逐渐被广泛采用，减少了对通孔的需求。

通孔安装技术是一种常见的电子制造技术，用于将电子元器件通过通孔连接到 PCB 上。通孔安装技术有贯穿孔和过孔两种类型，适用于不同应用需求。通孔安装技术提供可靠的连接，但也有限制，如占用空间和制造成本较高。在现代 PCB 设计中，通孔安装技术逐渐被表面贴装技术取代，以提高布线密度和降低制造成本。

1. 推荐的元器件方向

在自动插入元器件时，通常需要考虑推荐的元器件方向，以确保正确的安装和连接。以下是一些关于自动插入推荐元器件方向的说明：

1）确定引脚方向：首先，需要确定元器件的引脚方向。引脚方向通常由元器件的设计确定，可以通过元器件数据手册或规格表获得。在自动插入过程中，确保元器件的引脚正确朝向插座或焊盘是至关重要的。

2）遵循标记或标识：许多元器件具有标记或标识，用于指示正确的安装方向。这些标记可以是箭头、点、线或其他形状，通常印制在元器件本身或元器件封装上。在自动插入过程中，操作员应确保引脚与元器件标记或标识相对应。

3）参考反面图：对于一些元器件，尤其是具有多个引脚的元器件，反面图可以提供有关正确安装方向的参考。反面图通常可在元器件数据手册或规格表中找到，并显示元器件引脚的编号和对应的功能。自动插入过程中，操作员可以参考反面图来确保元器件的正确安装方向。

使用自动插入设备的方向探测功能：许多现代自动插入设备具有方向探测功能，可以帮助确定元器件的正确安装方向。这些设备使用传感器或视觉系统来检测元器件的方向，并确保引脚正确放置在插座或焊盘上。方向探测功能可以提高自动插入的准确性和效率。

总体来说，在自动插入过程中，遵循元器件的设计和标记，参考反面图，并利用自动插入设备的方向探测功能，可以确保元器件的正确安装方向，如图 9-11 所示。这有助于减少错误和故障，并提高自动插入的成功率和生产效率。

2. 推荐的引脚突出

如果引脚未在底部固定，就需要采取一些措施来确保元器件在面板转移和波峰焊过程中不会提升。其中一个方法是在元器件的上侧施加压力，以防止其提升。这可以通过使用适当的夹具或工艺来实现。

此外，底部的引脚突出高度也需要根据元器件之间的间距来调整。这是为

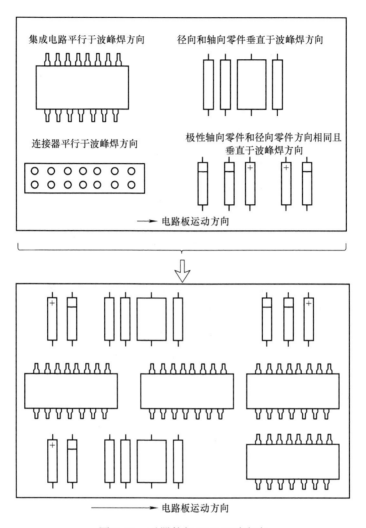

图 9-11　元器件与 PCB 运动方向

了避免过度突出，以便在波峰焊过程中避免出现旗帜效应。旗帜效应是指在焊接过程中，焊料从一个引脚跳到另一个引脚，导致焊桥的形成。因此，需要根据具体的元器件间距或元器件间距来确定底部引脚的突出高度 "H"。

此外，底部引脚的突出高度也需要考虑到可见尾部的要求。根据 IPC－A－610 标准的第三级，需要进行目视检查，因此底部引脚的突出高度应满足可见尾部的要求。

推荐的引脚突出应根据元器件之间的间距进行调整，以避免旗帜效应和满足可见尾部要求。此外，在元器件的上侧施加压力也是必要的，以确保在面板转移和波峰焊过程中元器件不会提升。这些措施有助于保证焊接质量和元器件的可靠性。

3. 选择波峰焊

选择波峰焊作为焊接方法具有多个技术特性,包括垂直流量分布的喷嘴、选择特定的焊接区域、适应不同大小的焊点和走线/焊盘间距,以及可以进行点对点焊接或定向线 XY 等。然而,在选择波峰焊时还需要考虑元器件和焊接要求的特定限制和注意事项:

首先,波峰焊喷嘴具有垂直流量分布,这使得可以精确地控制焊接区域。通过使用专用程序或可能的识别系统,可以选择特定的焊接区域。

其次,波峰焊可以适用于不同大小的焊点和走线/焊盘间距。这意味着可以根据需要选择适合的喷嘴尺寸,甚至可能使用氮气(N_2)幕帘来实现。

此外,波峰焊可以灵活地进行焊接,可以焊接点对点,也可以定向线 XY 或在几个平行平面上进行焊接。这使得波峰焊适用于各种不同的焊接需求。

选择波峰焊作为焊接方法还有其他一些优势。例如,波峰焊可以提供均匀的焊接质量和可靠性,因为焊接过程是在预定的温度和时间条件下进行的。此外,波峰焊还可以实现较高的生产效率,因为可以一次焊接多个焊点或走线。

然而,需要注意的是,波峰焊也有一些限制和注意事项。例如,需要根据具体的元器件和焊接要求来选择合适的波峰焊设备和参数。此外,在使用波峰焊时还需要考虑元器件的热敏感性和最大温度承受能力,以避免对元器件造成损害。

9.4 机器人自动焊接

自动化组装的目的是最小化组装的成本,元器件的库存,并提高组装的质量和可靠性。要为自动组装准备产品,需要使用质量一致的元器件。这些元器件应符合紧密的几何和尺寸公差,以减少由于元器件不匹配而导致的组装缺陷的机会。

如图 9-12 所示,在元器件引脚和焊盘(通常为通孔元器件)上应用垂直移动元器件,包括焊接工具和焊丝送入的中空导向器。焊接元器件的接入需要直径为 6mm 的无元器件区域。

飞溅和锡球是该区域短路,腐蚀,电迁移的潜在原因:对焊点周围的间距应考虑光学检查或清洁。

以下是设计师可以采取的一些步骤,以实现轻松的组装自动化:

1)只要可能,选择连接在一起的元器件(压接配合)。

2)尽量减少在组装中使用的紧固件的数量。相反,请使用自对齐和自定位

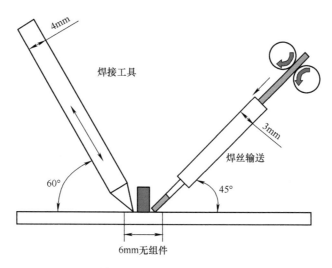

图 9-12　机器人自动焊接站

功能，包括导向柱、凹槽（沉头孔）和倒角。当不能排除紧固件时，请确保在整个设计过程中使用的螺钉头保持一致。

3）在设计过程中选择的每个元器件都应能够承受在组装过程中将施加的力。

4）选择可以轻松导向的元器件将减少周转时间，从而节省成本和时间。这将消除或至少减少在输送到组装线路之前重新定位的要求。

5）在设计元器件时，考虑其尺寸和形状，使其在组装过程中易于定位和插入。

6）使用模块化设计，将整个产品分为更小的组件，以便可以独立组装和测试。

7）在设计元器件时，考虑到可能的装配顺序，并确保组装顺序是合理和高效的。

8）使用标准化的接口和连接器，以便可以快速插拔和连接不同的组件。

9）使用适合自动化装配的材料和工艺，例如可编程逻辑控制器（PLC）和自动化工具。

10）在设计过程中，使用软件和模拟工具进行预测和优化组装过程。

11）进行严格的质量控制，包括测试和检查每个组装的产品以确保其符合规格和要求。

12）与供应商和制造商密切合作，以确保他们理解组装过程的要求，并提供相应的支持和培训。

13）持续改进和优化组装过程，以提高效率和质量，并降低成本和周期时间。

第 **10** 章

PCB 布线设计

10.1 简介

在 PCB 设计上，布线 PCB 走线和过孔通常被认为是一项简单的任务。导入 PCB 并在 PCB 上排列元器件后，开始用布线连接元器件似乎相对容易。虽然在简单 PCB 上使用低速 TTL（Transistor – Transistor Logic）的 DIP 器件的时代可能是如此，但今天的设计要求要复杂得多。PCB 上的走线应遵守非常具体的设计要求，以确保布线期间的信号完整性。尽管走线可能具有特定的布线要求，但当今更高级的 EDA 技术和功能可以帮助用户设置和遵循走线的设计规则。这些技术和功能可以根据正在使用的信号标准和所需的布线拓扑来选择。本章提供了布线的基本设计规则，但具体的布线技术和功能取决于用户的设计要求和工具的可用性。在进行布线设计时，建议与 PCB 设计工程师合作，并使用先进的布线工具和技术，以确保布线的质量和性能。

10.2 布线基本规则

大部分企业都已经根据自身的生产需求和设计标准，制定了一整套全面而严谨的 PCB 布局设计规则，其最终目的主要有两点：首先，能够更加便捷地制造出具有良好品质和优良性能的裸板，这无疑将在很大程度上降低制造成本，并大幅度提升产品的可靠性和稳定性；其次，企业还希望通过简洁明了的 PCB 布局设计，使得整体组装流程更加简便易行，更容易完成测试，检查以及后续的维修等相关工作，从而为用户提供更加优质的服务和产品体验。

设计规则中应考虑的 PCB 设计因素包括：

1）导线宽度和间距：根据电流和信号传输要求确定导线的宽度和间距。较宽的导线可以容纳更大的电流，而较小的导线可以实现更高的信号密度。

2）孔和焊盘的直径：根据元器件引脚和焊盘尺寸，确定孔的直径和焊盘的直径。孔的直径应适配于元器件引脚的尺寸，而焊盘的直径应根据焊接工艺和元器件尺寸确定。

3）走线布线：将信号线和电源线布置在适当的位置，避免交叉和临近，降低干扰和串扰。根据信号速度和布线密度，确定适当的走线宽度和间距。

4）地平面分布：确保有足够的地平面层，以提供低阻抗的回路和良好的屏蔽效果。地平面应分布均匀，避免大面积的分割和不连续。

5）阻焊层，元器件识别和表面成型：确定阻焊层的位置和尺寸，以保护PCB免受外界环境的影响。在设计中考虑元器件识别标记和表面成型，以便于组装、测试和维修。

6）端接和连接：确定PCB的端接方式，如边界引脚、焊盘或插座。选择合适的连接方式，如焊接、插拔或压接，以确保可靠的连接和易于维修。

7）地线回路：确保良好的地线回路，以提供低阻抗路径，减少信号的干扰和噪声。地线应该布置在靠近信号线旁边，并尽可能接近地引脚。

8）串扰控制：对于敏感信号线，应采取措施降低串扰。这包括使用差分信号线、布局信号线并行和平行，并确保足够的间距。

9）屏蔽保护：对于需要抗干扰的信号线或敏感元器件，可以使用屏蔽来提供额外的保护。这可以是屏蔽罩、屏蔽层或屏蔽套装。

10）走线的方向控制：根据信号的流向和布局需求，控制走线的方向。这有助于减少信号线长度差异和时延差异。

11）走线的开环检查：在布线之前，进行开环检查，确保信号线没有断线、短路或错误连接。

12）走线的闭环检查：在布线完成后，进行闭环检查，确保信号线连接正确，并且没有错误的走线路径。

13）倒角控制：对于边缘和角落的走线，应该进行倒角处理，以避免锋利的边缘和尖角。

14）元器件布局分区/分层：根据功能和电气要求，将元器件分区或分层布局。例如，将模拟和数字电路分开，将高频和低频电路分开。

15）孤立铜区控制：在地平面或电源平面层上创建孤立铜区，以隔离不同信号或电源区域，减少干扰。

16）电源地平面完整性：确保电源和地平面的连续性和稳定性。这可以通过适当的连接和铺铜来实现。

17）电源地平面层重叠：对于高频和敏感电路，可以考虑在电源和地平面层之间添加重叠层，以提供更好的电磁隔离和噪声抑制。

18）阻抗匹配：对于高速信号线，通过调整走线的宽度和间距，以及添加匹配电路，以确保信号的阻抗匹配，从而减少信号的反射和传输损耗。

考虑以上因素可以保证 PCB 的可靠性、性能和制造可行性。在设计过程中，还应遵循相关的设计规范和制造要求，进行规则检查和电路模拟，以确保设计的成功实施。

10.2.1 地线回路规则

如图 10-1 所示，环路最小规则，即信号线与其回路构成的环面积要尽可能小，环面积越小，对外的辐射越少，接收外界的干扰也越小。针对这一规则，在地平面分割时，要考虑到地平面与重要信号走线的分布，防止由于地平面开槽等带来的问题；在双层板设计中，在为电源留下足够空间的情况下，应该将留下的部分用参考地填充，且增加一些必要的接地过孔，将双面地信号有效连接起来，对一些关键信号尽量采用地线隔离，对一些频率较高的设计，需特别考虑其地平面信号回路问题，建议采用多层板为宜。

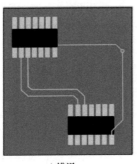 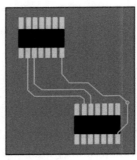

a) 错误   b) 正确

图 10-1   地线回路规则

地线回路规则是 PCB 设计中重要的原则之一，用于优化地线布局，减少电磁干扰和噪声对电路的影响。以下是地线回路规则的详细展开：

1）环路最小规则：根据环路最小规则，信号线与其回路构成的环面积要尽可能小。这意味着地线应该尽量靠近信号线，减少环路面积。较小的环路面积可以减少对外辐射和电磁干扰的敏感度。

2）地平面分割：在地平面设计中，需要考虑地平面与重要信号走线的分布，特别是在高频和敏感信号线附近，要避免地平面的开槽和分割，以免引入额外的耦合和干扰。

3）地填充和接地过孔：在双层板设计中，为了确保地线的有效连接，可以在为电源留出足够空间的情况下，将其余的部分用参考地填充。同时，可以增加一些必要的接地过孔，以便将双面地信号有效连接起来。这样可以提供更好的接地效果和电磁屏蔽。

4）地线隔离：对于一些关键信号，可以采用地线隔离的方式来减少与其他地线的耦合和干扰。通过将地线分成不同的区域，可以降低信号之间的相互影响，提高电路的性能和可靠性。

5）多层板设计：对于一些频率较高的设计，特别是高速数字信号或射频信号，建议采用多层板设计。多层板提供了更好的屏蔽和接地能力，可以有效地减少地线回路的干扰和噪声。

通过遵循地线回路规则，可以最大限度地减少地线布局引起的问题，提高电路的性能和可靠性。在 PCB 设计过程中，工程师应该根据具体的应用需求和设计要求，合理地规划地线布局，并进行仿真和测试来验证设计的效果。

10.2.2　串扰控制规则

串扰（CrossTalk）是指 PCB 上不同网络之间因较长的平行布线引起的相互干扰的现象，主要是由于平行线间的分布电容和分布电感的作用。克服串扰的主要措施是：

1. 加大平行布线的间距

增加信号线之间的距离可以减少串扰的影响。根据 3W 规则，信号线之间的间距应该至少是它们之间宽度（Width）的 3 倍。这样可以减少电场耦合和磁场耦合，降低串扰的程度。

2. 在平行线间插入接地的隔离线（不适合于 RF 走线）

在平行布线的两侧插入接地的隔离线，可以有效地减少串扰。这些隔离线可以将电磁辐射和电磁感应降到最低，从而减少串扰的影响。隔离线的长度应该足够长，以确保其有效地隔离信号线之间的干扰。

3. 减小布线层与地平面的距离

将布线层尽可能地靠近地平面（Ground Plane），可以减少串扰的影响。地平面提供了一个低阻抗的回路，可以降低信号线上的共模噪声和串扰。通过减小布线层与地平面之间的距离，可以减少信号线和地平面之间的耦合，从而减少串扰。

除了以上措施，还可以采取其他方法来克服串扰，如使用屏蔽罩、增加地线和电源线的数量、使用差分信号传输等。不同的方法可以根据具体的设计需求和布线环境进行选择。

通过加大平行布线的间距、插入接地的隔离线和减小布线层与地平面的距离，可以有效地克服串扰问题，提高信号的完整性和可靠性。

10.2.3　屏蔽保护规则

图 10-2 所示的屏蔽保护规则，实际上是为了尽量减小信号回路的面积。这种规则常见于一些关键信号，如时钟信号和同步信号。对于一些特别重要且频率较高的信号，应考虑采用同轴电缆屏蔽结构设计。这种设计方式将所布线的信号线上下左右用地线隔离，并且还需要考虑如何有效地将屏蔽地与实际地平面进行有效结合。

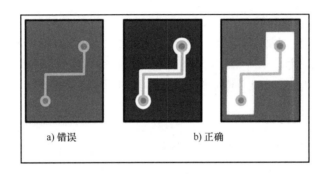

a) 错误　　　　　　　　　b) 正确

图 10-2　屏蔽保护规则

屏蔽保护规则是 PCB 设计中用于减少电磁干扰和保护重要信号的一种策略，以下是一些屏蔽保护规则：

1）重要信号的屏蔽：对于一些重要的信号，如时钟信号和同步信号，采用屏蔽结构可以有效地减少外界干扰和噪声的影响。屏蔽可以包围信号线，形成电磁屏蔽，使信号受到更少的干扰。

2）同轴电缆屏蔽结构：在一些特别重要且频率较高的信号线设计中，考虑采用同轴电缆屏蔽结构。这种结构是将信号线上下左右用地线隔离，形成一个屏蔽层。屏蔽层可以有效地阻止外界电磁场的干扰，提供更好的信号完整性和抗干扰能力。

3）屏蔽地与实际地平面的结合：在进行屏蔽保护设计时，需要考虑如何有效地将屏蔽地与实际地平面结合起来。屏蔽地是指用来隔离信号线的地线层，而实际地平面是指整个 PCB 的地平面。两者的连接需要通过适当的连接方式来实现，以确保屏蔽地能够有效地吸收和分散电磁干扰。

通过遵循屏蔽保护规则，可以有效地保护重要信号免受外界干扰的影响。在 PCB 设计中，工程师应该根据具体的信号特性和设计要求，选择合适的屏蔽结构，并确保屏蔽地与实际地平面的有效连接。此外，还可以进行仿真和测试来验证设计的效果，以确保信号的完整性和可靠性。

10.2.4　走线的方向控制规则

走线的方向控制规则，即相邻层的走线方向成正交结构，如图 10-3 所示。避免将不同的信号线在相邻层走成同一方向，以减少不必要的层间串扰；当由于板结构限制（如某些背板）难以避免出现该情况，特别是信号速率较高时，应考虑用地平面隔离各布线层，用地信号线隔离各信号线。

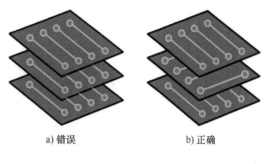

a) 错误　　　　　　　　b) 正确

图 10-3　走线的方向控制规则

走线的方向控制规则是 PCB 设计中的一个重要原则，用于优化信号传输和减少层间串扰的影响。以下是对走线方向控制规则的详细展开：

1）正交结构：相邻层的走线方向应该成正交结构，即垂直或水平方向相互交叉。这样可以最大限度地减少不同信号线之间的层间串扰。正交结构有利于降低电磁干扰和信号的互相影响。

2）避免相同方向走线：需要避免将不同的信号线在相邻层走成相同的方向。如果不同信号线走成相同方向，会增加层间串扰的可能性，导致信号完整性和性能的下降。因此，在走线时要尽量确保不同信号线在相邻层的走线方向不同。

3）地平面隔离：在某些情况下，由于板结构的限制，难以避免不同信号线在相邻层走成相同方向。特别是在信号速率较高的情况下，层间串扰的影响更为显著。为了解决这个问题，可以考虑使用地平面隔离各布线层。通过在不同层之间增加地平面，可以有效减少层间串扰的影响。

地信号线隔离：除了使用地平面隔离布线层外，还可以使用地信号线隔离各信号线。地信号线是指用来连接各层地线的线路。将不同信号线之间插入地信号线，可以有效地减少层间串扰和电磁干扰的影响。地信号线的引入可以提高信号完整性和抗干扰能力。

通过遵循走线的方向控制规则，可以最大限度地减少层间串扰和电磁干扰的影响，提高信号的传输质量和系统的性能。在 PCB 设计过程中，工程师应该根据具体的信号特性和设计要求，合理规划走线方向，并采取适当的隔离措施，以确保信号的可靠传输和抗干扰能力。

10.2.5 走线的开环检查规则

一般不允许出现一端浮空的布线（Dangling Line），如图 10-4 所示，主要是为了避免产生天线效应，减少不必要的干扰辐射和接收，否则可能带来不可预知的结果。

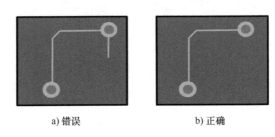

a) 错误   b) 正确

图 10-4 走线的开环检查规则

走线的开环检查规则是 PCB 设计中的一项重要规则，旨在避免布线中出现一端浮空的情况，通常称为"Dangling Line"。以下是对走线的开环检查规则的要求。

1）避免天线效应：当一端的信号线浮空时，它可能会表现出天线的行为，即作为天线来接收和辐射电磁波。这可能导致不必要的干扰和电磁辐射，从而干扰周围的信号和电路。为了避免这种情况的发生，应该严格遵守开环检查规则。

2）预防不可预知结果：当信号线的一端浮空时，它的电压和电流可能无法正常加载或驱动，可能导致电路出现不可预知的结果。这可能包括信号的失真、干扰的增加、电路的不稳定性等。为了确保电路的正常工作和稳定性，需要避免出现浮空的信号线。

为了遵守走线的开环检查规则，设计工程师应该注意以下几点：

所有信号线都应该有一个明确定义的终端，确保每个信号线都连接到一个合适的源端、终端或其他电路元器件。

当信号线已经到达终端，但是终端未被使用时，应该正确地终止该信号线，例如使用终端电阻或者将其连接到适当的地或电源。

在布线之前，进行合适的电路分析和仿真，以确保每个信号线都有正确的终端。

通过遵守走线的开环检查规则，可以避免信号线浮空带来的不必要干扰和预测不可知的结果。这有助于提高电路的可靠性和性能，并减少电磁辐射对其他电路的干扰。

10.2.6 走线的闭环检查规则

防止信号线在不同层间形成闭环。在多层板设计中容易发生此类问题，闭环将引起辐射干扰，如图 10-5 所示。

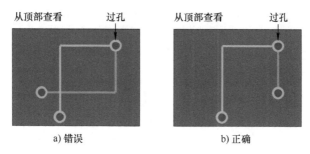

图 10-5 走线闭环检查规则

走线闭环检查规则是 PCB 设计中的一项重要规则，主要用于防止信号线在不同层间形成闭环。闭环的形成可能会导致电磁辐射和干扰，因此需要采取相应的措施来避免该问题。以下是对走线闭环检查规则的详细展开：

1）闭环形成的问题：在多层板设计中，由于布线的复杂性和层间互连的需求，信号线可能会在不同层之间形成闭环。闭环是指信号线形成一个环路，从而导致电流在环路中不断流动。闭环会产生电磁辐射和干扰，影响周围电路的正常工作。

2）辐射干扰的影响：闭环产生的电流会形成环路天线，引起辐射干扰。这种辐射干扰可能会影响周围电路的性能和可靠性，导致信号的失真、抖动、噪声等问题。尤其在高频和高速信号的设计中，闭环引起的辐射干扰更为明显。

3）避免闭环的方法：为了避免信号线在不同层间形成闭环，可以采取以下方法。

① 合理规划信号线的路径和布局，避免信号线相互交叉和环绕。通过控制信号线的走向，使其不会在不同层之间形成闭环。

② 使用屏蔽层或地层来隔离信号线，阻止闭环的形成。通过在信号线周围添加屏蔽层或地层，可以有效减少闭环产生的电磁辐射和干扰。

③ 进行仿真和分析，以检查是否存在闭环问题。通过使用电磁仿真软件和电路分析工具，可以对布线进行模拟和分析，及早发现和解决闭环问题。

④ 通过遵守走线闭环检查规则，可以有效减少信号线闭环带来的电磁辐射和干扰问题。这有助于提高电路的性能和可靠性，并确保系统正常工作。在 PCB 设计中，设计工程师应该密切注意信号线的布局和路径，合理规划走线，避免闭环的形成。

10.2.7 倒角规则

如图 10-6 所示，PCB 设计中应避免产生锐角和直角，产生不必要的辐射，同时过程性能也不好。

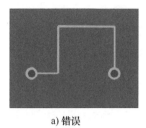
a) 错误

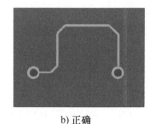
b) 正确

图 10-6 倒角规则

倒角规则是 PCB 设计中的一项重要规则，主要用于避免产生锐角和直角。锐角和直角在走线中可能会引起电磁辐射、信号完整性问题以及加工制造上的困难。以下是对倒角规则的详细展开：

1）电磁辐射问题：锐角和直角会导致信号线的电磁辐射增加。当信号通过锐角或直角时，电流会在这些角度处集中，形成电磁场。这个电磁场会引起辐射干扰，影响周围电路的正常工作。通过倒角可以减少辐射，提高电路的抗干扰能力。

2）信号完整性问题：锐角和直角会对信号的完整性产生负面影响。当信号通过锐角或直角时，可能会发生信号的反射、折射、损耗等问题，导致信号波形失真、时序问题以及信号的不稳定性。通过倒角可以缓解这些问题，提高信号的完整性和稳定性。

3）加工制造问题：锐角和直角在加工制造上也会带来一些困难。锐角和直角的存在使得 PCB 的切割和焊接更加困难，容易损坏 PCB 或导致焊接不良。通过倒角可以解决这些问题，使得 PCB 的加工制造更加容易和可靠。

为了遵守倒角规则，设计工程师应该注意以下几点：

在布线的过程中避免产生锐角和直角。将信号线的走向平滑转弯，尽量使用 45°或更大的角度来连接信号线。

对于已经存在的锐角和直角，可以通过添加倒角来解决。倒角是指将角度变为圆角或斜角，以减少电磁辐射和信号完整性问题。

在设计阶段进行仿真和分析，以评估锐角和直角对电路性能的影响。通过使用电磁仿真软件和信号完整性分析工具，可以预测和优化电路的性能。

通过遵守倒角规则，可以避免锐角和直角带来的不必要的辐射和性能问题。这有助于提高电路的抗干扰能力、信号完整性以及加工制造的可靠性。在 PCB

设计中，设计工程师应该注意避免产生锐角和直角，并合理进行倒角处理。

10.2.8 元器件去耦规则

如图 10-7 所示，在印制电路板上增加必要的去耦电容，滤除电源上的干扰信号，使电源信号稳定。推荐电源走线先经过滤波电容后连到电源引脚上。

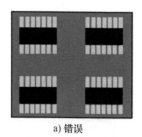 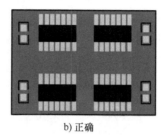

a) 错误　　　　　　　　　　　b) 正确

图 10-7　元器件去耦规则

元器件去耦规则是 PCB 设计中的一项重要规则，主要用于滤除电源上的干扰信号，使电源信号稳定。通过在印制电路板上增加必要的去耦电容，可以有效地去除电源中的高频噪声和干扰信号。以下是对元器件去耦规则的详细展开：

1）去耦的原理：电源线上的高频噪声和干扰信号可能会对电路的正常工作产生负面影响。去耦是指通过增加去耦电容来滤除这些噪声和干扰信号。去耦电容相当于一个短暂的电源，可以吸收和释放电流，使电源信号更加稳定。

2）选择合适的去耦电容：是实施元器件去耦规则的关键。去耦电容应具备高频响应能力和低 ESR（等效串联电阻）。常见的去耦电容包括陶瓷电容和钽电容。根据需要，可以选择不同容值和电压等级的电容来实现滤波效果。

3）去耦电容的布局：在 PCB 设计中，应将去耦电容尽可能靠近需要去耦的元器件。将去耦电容的引脚与元器件的电源引脚相连接，以最短的路径传输电流。这样可以最大限度地降低电感和电阻的影响，提高去耦效果。

4）滤波电容的连接：推荐将滤波电容连接到电源引脚上。通过在电源引脚处增加滤波电容，可以有效滤除电源输入端的噪声和干扰信号。这种布局可以在电源引脚和去耦电容之间形成一个低阻抗路径，使高频信号流回地，同时保持电源信号的稳定性。

通过遵守元器件去耦规则，可以有效滤除电源上的干扰信号，使电源信号更加稳定。这有助于提高电路的抗干扰能力，减少电源噪声对信号的影响，确保电路的正常工作。在 PCB 设计中，设计工程师应该选择合适的去耦电容，合理布局去耦电容和滤波电容，以实现良好的电源滤波效果。

10.2.9　元器件布局分区/分层规则

布局分区/分层主要是为了防止不同工作频率的模块之间的互相干扰，如图 10-8 所示。同时，尽量缩短高频部分的布线长度。通常将高频的部分布设在接口部分以减少布线长度。当然，这样的布局仍然要考虑到低频信号可能受到的干扰。同时，还要考虑到高/低频部分地平面的分割问题，通常采用将二者的地分割，再在接口处单点相接。对混合电路，也有将模拟与数字电路分别布置在印制板的两面，分别使用不同的层布线，中间用地层隔离的方式。

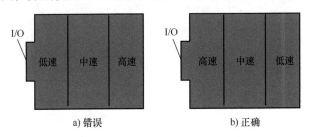

图 10-8　元器件布局分区/分层规则

元器件布局分区/分层规则是 PCB 设计中的一项重要规则，主要用于防止不同工作频率的模块之间的互相干扰，并尽量缩短高频部分的布线长度。以下是对元器件布局分区/分层规则的详细展开：

1）高频部分布设在接口处：为了尽量缩短高频部分的布线长度，通常会将高频模块布设在接口处。这样可以减少高频信号传输过程中的损耗和干扰，提高信号的传输质量。同时，通过将高频部分靠近接口，还可以方便连接其他模块或外部设备。

2）考虑低频信号的干扰：在进行元器件布局时，不仅要考虑高频信号的干扰问题，还要考虑低频信号受到的干扰。低频信号对于干扰更为敏感，因此需要在布局中保持一定的距离，采取屏蔽措施或采用差分信号传输等方式来减少干扰。

3）高/低频地平面的分割：在进行布局时，可能需要考虑高/低频部分地平面的分割。高频和低频信号在地平面上产生的电流会相互干扰，因此将高/低频部分的地平面分割开来，可以减少干扰。在接口处，可以采用单点相接的方式将高频和低频地平面连接起来，以确保地平面的连续性。

4）混合电路的布局：对于混合电路，通常会将模拟和数字电路分别布置在PCB 的两面，并使用不同的层进行布线。中间可以使用地层进行隔离，以减少模拟和数字信号之间的干扰。这种布局方式可以提高电路的性能和抗干扰能力。

通过遵守元器件布局分区/分层规则，可以有效防止不同工作频率的模块之间的干扰,同时尽量缩短高频部分的布线长度。这有助于提高电路的性能和抗干扰能力,保证信号的传输质量。在进行 PCB 设计时,设计工程师应该合理选择和布置元器件,考虑高/低频部分的地平面分割,以及混合电路的布局方式。

10.2.10　孤立铜区控制规则

孤立铜区的出现,将带来一些不可预知的问题,因此将孤立铜区与别的信号相接,如图 10-9 所示,有助于改善信号质量。在实际的制作中,PCB 制造商将一些板的空置部分增加了一些铜箔,这主要是为了方便印制板加工,同时,对防止印制板翘曲也有一定的作用。

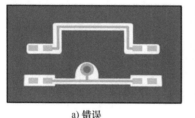 

a) 错误　　　　　　　　　　　　　　　b) 正确

图 10-9　孤立铜区控制规则

孤立铜区控制规则是 PCB 设计中的一项重要规则,主要用于控制和处理孤立铜区的存在。以下是对孤立铜区控制规则的详细展开:

1) 处理孤立铜区的问题:孤立铜区的存在可能会导致一些不可预知的问题,例如电磁干扰、电气短路等。因此,在 PCB 设计中,需要合理处理孤立铜区,以改善信号质量和确保电路的正常工作。处理的方法通常是将孤立铜区与其他信号相接,例如接地或删除。

2) 将孤立铜区接地:将孤立铜区与地平面相接是一种常见的处理方法。通过将孤立铜区与地平面相连,可以有效地降低电磁干扰和电气噪声,提高信号的质量和稳定性。在 PCB 设计中,需要合理规划地平面的布局,确保地平面的连续性和稳定性。

3) 删除孤立铜区:另一种处理孤立铜区的方法是直接删除它们。在 PCB 制造过程中,部分制造商可能会在板的空置部分增加一些铜箔,这主要是为了方便印制板的加工,同时也有一定的防止印制板翘曲的作用。在设计中,可以将这些多余的孤立铜区删除,以减少可能的干扰和问题。

4) 注意制造商的要求:在进行 PCB 设计时,需要注意制造商的要求和规范。不同的制造商可能对孤立铜区的处理有不同的要求,例如最小间距、最小宽度等。设计师应该了解并遵守这些要求,以确保设计符合制造工艺和标准。

通过遵守孤立铜区控制规则,可以有效处理和控制孤立铜区的存在。合理处理孤立铜区可以改善信号质量，减少电磁干扰和电气问题，确保电路的正常工作。在 PCB 设计中，设计工程师应该根据实际情况选择合适的处理方法，遵守制造商的要求和规范。

10.2.11　电源地平面完整性规则

对于导通孔密集的区域，要注意避免孔在电源和地层的挖空区域相互连接，形成对平面层的分割，从而破坏平面层的完整性，并进而导致信号线在地层的回路面积增大。为避免破坏平面层，做扇出时过孔间距至少保证能走一根信号线，如图 10-10 所示。

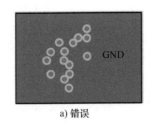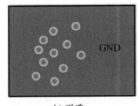

a) 错误 　　　　　　　　　　　　　　b) 正确

图 10-10　电源地平面完整性规则

电源地平面完整性规则是 PCB 设计中的一项重要规则，主要用于确保电源和地层的完整性，避免孔在电源和地层的挖空区域相互连接，破坏平面层的连续性。以下是对电源地平面完整性规则的详细展开：

1）避免孔在电源和地层的挖空区域相互连接：在设计中，需要注意电源和地层之间的连续性。如果孔在电源和地层的挖空区域相互连接，就会形成对平面层的分割，导致平面层失去完整性。这可能会引起信号的回路路径变长，增加信号传输的延迟和损耗。

2）避免信号线在地层的回路面积增大：当平面层被破坏时，信号线可能会找到其他路径来绕过孔的挖空区域。这会导致信号线在地层的回路面积增大，增加了信号的回路电感和电阻，影响信号的传输质量和稳定性。因此，需要避免破坏平面层，保持平面层的完整性。

3）扇出时过孔间距的保证：在进行扇出设计时，过孔的间距至少应保证能够走一根信号线。这样可以确保信号线与电源和地层之间的连续性，并避免破坏平面层。如果孔的间距过小，可能会导致信号线无法正确连接到电源和地层，从而影响信号的传输和性能。

通过遵守电源和地平面完整性规则，可以保持电源层和地层的连续性，避免破坏平面层，降低信号的回路面积，提高信号的传输质量和稳定性。在 PCB 设计中，设计师应该合理规划电源和地层的布局，避免孔在挖空区域相互连接，保证扇出时过孔间距的要求。这样可以确保电源的稳定供电和地层的良好接地，提高电路的性能和抗干扰能力。

10.2.12 电源地平面层重叠规则

如图10-11所示，不同电源层在空间上要避免重叠，主要是为了减少不同电源之间的干扰，特别是一些电压相差很大的电源之间，电源平面的重叠问题一定要设法避免，难以避免时可考虑中间隔地层。

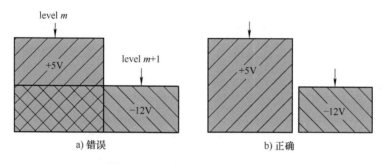

图10-11　电源地平面层重叠规则

电源地平面层重叠规则是PCB设计中的一项重要规则，主要用于避免不同电源层在空间上的重叠。以下是对电源地平面层重叠规则的详细展开：

1）避免不同电源之间的干扰：不同电源之间的干扰可能会影响电路的稳定性和性能。如果不同电源层重叠在一起，可能会导致电源之间的电磁干扰，干扰信号的传输和接收。因此，需要避免电源层的重叠，以减少不同电源之间的干扰问题。

2）避免不同电源之间的高电压差：当不同电源之间的电压差异很大时，电源层的重叠问题更加重要。较高电压的电源层可能会对较低电压的电源层产生电磁干扰，干扰信号的稳定性和传输质量。因此，需要特别注意电压相差很大的电源之间的重叠问题，并采取相应的措施避免干扰。

3）设法避免电源平面的重叠：在设计中，应设法避免电源平面的重叠。这可以通过合理规划电源的布局和引脚分配来实现。例如，在布局时，可以将不同电源放置在较远的位置，使它们之间的距离尽可能大，减少重叠的可能性。此外，还可以通过合理的引脚分配和电源线的布线，使电源之间的连接尽可能短，减少干扰的机会。

4）中间隔地层的考虑：在某些情况下，很难完全避免不同电源层的重叠。如果确实存在电源层重叠的问题，可以考虑在重叠区域中添加中间隔地层。隔地层可以提供额外的隔离和电磁屏蔽，减少电源之间的干扰。但需要注意，添加隔地层可能会增加PCB的复杂性和制造成本，因此需要在设计时综合考虑。

通过遵守电源地平面层重叠规则，可以减少不同电源之间的干扰，提高电路的稳定性和性能。在 PCB 设计中，设计工程师应该合理规划电源的布局和引脚分配，避免电源层的重叠。如果无法完全避免重叠，可以考虑添加中间隔地层来提供额外的隔离和屏蔽。这样可以有效减少干扰问题，提高电路的抗干扰能力和可靠性。

10.2.13 3W 规则

为了减少线间串扰，应保证线间距足够大，当线中心间距不少于 3 倍线宽时，则可保持 70% 的电场不互相干扰，称为 3W 规则，3W 规则中的 W 代表线宽，即线的宽度，如图 10-12 所示。如要达到 98% 的电场不互相干扰，可使用10W 的间距。

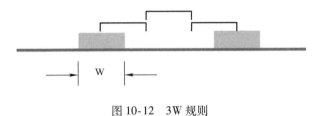

图 10-12 3W 规则

3W 规则是一种在 PCB 设计中用于减少线间串扰的规则。其核心原则是确保线与线之间的距离足够大，以减少电场的相互干扰。以下是对 3W 规则的详细展开：

1）线间距足够大：为了减少线间串扰，线与线之间的距离应足够大。当线中心间距不少于 3 倍线宽时，可以保持 70% 的电场不互相干扰。

2）保持电场不互相干扰：线间串扰是指线与线之间的电场相互干扰，可能导致信号的失真和干扰。通过遵守 3W 规则，可以确保线与线之间的电场不会相互干扰，从而减少串扰问题。当线的中心间距大于 3 倍线宽时，70% 的电场不会跨越到相邻线上，从而减少干扰的可能性。

3）达到更高的抗干扰能力：如果希望进一步提高抗干扰能力，可以使用更大的线间距。根据 3W 规则，当线的中心间距达到 10 倍线宽时，可以实现 98% 的电场不互相干扰。这意味着只有 2% 的电场可能会跨越到相邻线上，大大减少了串扰的风险。

通过遵守 3W 规则，设计工程师可以在 PCB 设计中减少线间串扰的问题。确保线与线之间的距离不少于 3 倍线宽，可以保持 70% 的电场不互相干扰。如果希望进一步提高抗干扰能力，可以使用更大的线间距，如 10 倍线宽，以实现98% 的电场不互相干扰。这样可以提高信号的传输质量，减少干扰对电路性能的影响。在 PCB 设计中，设计师应该根据具体要求和设计约束，合理规划线间距，遵守 3W 规则，以确保电路的可靠性和稳定性。

10.2.14　20H 规则

由于电源层与地层之间的电场是变化的，在板的边缘会向外辐射电磁干扰，称为边沿效应，如图 10-13 所示。解决的办法是将电源层内缩，使得电场只在接地层的范围内传导。以一个 H（电源层和地层之间的介质厚度）为单位，若内缩 20H 则可以将 70% 的电场限制在接地层边沿内；内缩 100H 则可以将 98% 的电场限制在内。

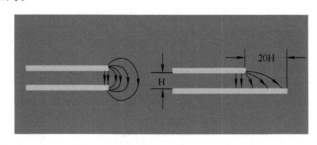

图 10-13　20H 规则

20H 规则是在 PCB 设计中用于减少电源层边沿效应和电磁干扰的一种规则。以下是对 20H 规则的详细展开：

1）边沿效应和电磁干扰：在 PCB 设计中，电源层与地层之间的电场是变化的，并且在板的边沿会向外辐射。这种现象称为边沿效应，可能会引起电磁干扰问题。边沿效应会导致电场的不稳定和电磁噪声的增加，可能对周围电路产生干扰。

2）解决边沿效应的方法：为了解决边沿效应和降低电磁干扰，可以采取一些措施。其中一种方法是将电源层内缩，即将电源层的边缘向内移动一定距离，使得电场只在接地层的范围内传导。通过内缩电源层，可以限制电场的辐射范围，减少干扰的机会。

3）20H 规则的应用：根据 20H 规则，以一个 H（电源层和地层之间的介质厚度）为单位，将电源层内缩 20H 可以将 70% 的电场限制在接地层边沿内。这意味着大部分电场都在接地层内传导，减少了边沿效应导致的干扰。如果内缩 100H，则可以将 98% 的电场限制在接地层内。

通过遵守 20H 规则，设计工程师可以减少电源层边沿效应和电磁干扰的问题。将电源层内缩一定距离，使得大部分电场都在接地层内传导，可以减少边沿效应带来的干扰。根据具体要求和设计约束，可以选择合适的内缩距离，如 20H 或更大的距离，以限制电场在接地层内传导。这样可以提高电路的抗干扰能力，减少干扰对周围电路的影响。

需要注意的是，在采用 20H 规则时，要考虑电源层内缩对 PCB 布局和连接的影响。内缩电源层可能会导致布局调整和线路走向的改变，因此需要综合考虑各个方面的因素进行设计。

10.2.15 尽量避免长线

长线容易引起信号衰减和传输延迟，因此在布线过程中尽量避免长线的出现，可以通过调整元器件的位置和布局来减少线路长度。

长线容易引起信号衰减和传输延迟，因此在 PCB 布线过程中尽量避免长线的出现是一种常见的设计原则。以下是对尽量避免长线的展开：

1）信号衰减和传输延迟：长线在传输过程中会引起信号衰减和传输延迟。信号衰减是指信号在传输过程中逐渐减弱的现象，可能导致终端无法正确解读信号。传输延迟是指信号在传输中所需的时间延迟，可能导致信号的时序性受到影响。长线会增加电阻、电感和电容等的影响，导致信号衰减和传输延迟的问题更加严重。

2）调整元器件位置和布局：为了减少线路长度，可以通过调整元器件的位置和布局来实现。在 PCB 设计中，合理规划元器件的位置可以缩短信号路径，减少线路长度。例如，将相关的元器件放置在靠近一起，可以最小化信号的传输距离。此外，还可以考虑使用多层 PCB 布线，通过内层铜层进行连线，缩短信号路径。

3）使用差分信号传输：差分信号传输是一种有效减少线路长度的方法。差分信号传输利用了两个相互对称的信号线，将信号差值传输，从而抵消了电磁干扰和信号衰减的影响。相比于单端信号传输，差分信号传输可以实现更好的信号完整性和抗干扰性能。因此，在设计中可以优先考虑使用差分信号传输来减少长线的需求。

通过避免长线的出现，可以有效减少信号衰减和传输延迟的问题。在 PCB 布线过程中，通过调整元器件的位置和布局，合理规划信号路径，可以缩短线路长度。此外，考虑使用差分信号传输也是一种有效的方法。综合考虑电路性能和设计要求，设计工程师应尽量避免长线的出现，并采取相应的优化措施，以提高信号的传输质量和可靠性。

10.2.16 避免信号线交叉

交叉的信号线容易引起串扰和干扰。在布线过程中，要尽量避免信号线之间的交叉，并保持适当的距离。

避免信号线交叉是 PCB 设计中的一项重要原则，可以减少串扰和干扰带来的问题。以下是对避免信号线交叉的展开：

1）串扰和干扰：信号线之间的交叉可能会引起串扰和干扰。串扰是指当一个信号线上的信号被另一个信号线上的信号干扰而产生误差或失真。干扰是指外部电磁场对信号线的影响，可能导致信号的完整性和可靠性问题。交叉的信号线会增加信号之间的相互作用，增加串扰和干扰的风险。

2）避免信号线交叉：为了避免信号线交叉，布线过程中应采取一些措施。首先，可以通过合理的元器件布局来降低信号线交叉的可能性。将相关的信号线组织在一起，并保持较大的间距，可以减少信号之间的相互作用。其次，可以使用地平面层和电源层之间的间隔层来隔离信号线。通过在间隔层中引入地隔离层或者电源隔离层，可以减少信号线之间的相互干扰。

3）保持适当的距离：在布线过程中，保持适当的距离是避免信号线交叉的关键。较大的距离可以减少信号之间的电磁相互作用，降低串扰和干扰的风险。距离的选择应考虑信号的频率和特性以及设计的要求。一般来说，高频信号要求更大的距离来保持信号完整性。

通过避免信号线交叉，可以减少串扰和干扰对信号的影响。在 PCB 设计中，合理规划元器件的位置和布局，将相关的信号线放置在一起并保持适当的距离，可以降低信号之间的相互作用。此外，使用隔离层来隔离信号线也是一种有效的方法。综合考虑电路性能和设计要求，设计工程师应遵循避免信号线交叉的原则，以提高信号的传输质量和可靠性。

10.2.17　考虑阻抗匹配

阻抗匹配是为了确保信号传输的完整性和稳定性。在布线过程中，要考虑信号线的阻抗，并根据需要进行匹配，以减少信号的反射和衰减。

阻抗匹配是在布线过程中考虑信号线的阻抗，并通过设计和布线来确保信号传输的完整性和稳定性。阻抗匹配主要是为了减少信号的反射和衰减，从而提高信号的质量和可靠性。

在布线过程中，考虑阻抗匹配的一些关键点包括：

1）信号线设计：根据信号的频率特性和传输要求，选择合适的信号线宽度和间距，以满足所需的阻抗数值。在 PCB 设计软件中，可以根据所选择的材料和层厚，计算出所需的信号线宽度和间距。

2）阻抗匹配技术：在布线过程中，可以使用不同的阻抗匹配技术来实现阻抗匹配。最常见的技术包括增加或减小信号线的宽度、改变信号线的间距、使用阻抗匹配电路等。根据具体的设计需求和约束条件，选择合适的阻抗匹配技术。

3）终端和驱动器设计：除了信号线本身的阻抗匹配，还需要考虑终端电阻和驱动器的设计。终端电阻的阻抗值应该与信号线的特性阻抗相匹配，以最大限度地减少信号的反射。驱动器的输出阻抗也应该与信号线的阻抗相匹配，以确保信号的传输质量。

4）信号层和电源平面的布局：在多层 PCB 设计中，信号层和电源平面的布局也会影响阻抗匹配。信号层和电源平面之间的距离和电源平面的连续性可以影响信号线的阻抗。因此，在布局过程中，要注意保持信号层和电源平面之间的合适距离，并确保电源平面的连续性。

通过考虑信号线的阻抗并进行匹配，可以减少信号的反射和衰减，提高信号的传输质量和可靠性。阻抗匹配的主要目标是确保信号的完整性和稳定性，从而提高 PCB 的性能和可靠性。

10.2.18　考虑信号和电源的共模噪声

共模噪声是指信号和电源上的干扰信号。在布线过程中，要考虑信号和电源的共模噪声，并采取相应的措施进行抑制，如使用滤波器和屏蔽等。

考虑信号和电源的共模噪声是在布线过程中非常重要的一步。共模噪声主要来自于环境干扰、电源波动和信号线之间的交叉干扰等因素。共模噪声会对信号的完整性和稳定性产生负面影响，导致电路的性能下降。

以下是一些常见的抑制共模噪声的方法和措施：

1）使用滤波器：对于电源和信号线上的共模噪声，可以使用滤波器来抑制。滤波器可以帮助去除高频噪声和干扰信号，保持信号的纯净性，可以根据具体的应用需求选择合适的滤波器类型，如 RC 滤波器、LC 滤波器、差模滤波器等。

2）使用屏蔽：可以有效地隔离信号线和电源线，避免共模噪声的干扰。屏蔽可以采用金属层、屏蔽罩、屏蔽线或屏蔽套等形式。屏蔽材料应该覆盖在信号线或电源线周围，以最大限度地减少干扰信号的进入。

3）地线设计：合理的地线设计可以有效地降低共模噪声。在布线过程中，要确保地线的连续性和低阻抗，避免地线回路中产生回流电流。可以采用分离地线、星形地线或地平面隔离等方法来改善地线的设计。

4）优化布局：合理的布局可以减少信号线和电源线之间的交叉干扰。可以将信号线和电源线分开布置，避免它们交叉或平行走线。同时，避免信号线和电源线与高频噪声源或辐射源靠近，以降低干扰的可能性。

5）选择合适的元器件：在电路设计中，选择具有良好抗干扰特性的元器件也是抑制共模噪声的重要因素。例如，选择具有较高的共模抑制比的运放、使用抗干扰能力较强的电容和电感等。

通过采取这些方法和措施，可以有效地抑制信号和电源上的共模噪声，保证信号的完整性和稳定性。这样可以提高 PCB 的性能和可靠性，并减少由于共模噪声引起的故障和失效。

10.2.19　避免信号线与高功率线路的交叉

避免信号线与高功率线路的交叉是在布线过程中重要的一步，以确保信号的完整性和稳定性。高功率线路往往具有较高的电压和电流，会产生较强的电磁场和电磁干扰。当信号线与高功率线路交叉时，容易引起串扰和干扰，导致信号质量下降甚至无法正常传输。

以下是一些常见的方法和措施，可以帮助避免信号线与高功率线路的交叉：

1）路径规划：在布线之前，对高功率线路和信号线进行路径规划。尽量使它们路径分开，避免交叉或平行走线，可以采用分层布线和屏蔽隔离的方法，将高功率线路和信号线分布在不同的层次或区域。

2）保持距离：在布线过程中，尽量保持信号线与高功率线路之间的距离。足够的距离可以减少电磁干扰的传播和影响，可以通过增加间距、增加地平面层的间隔、使用屏蔽或隔离材料等方式来实现。

3）使用屏蔽：在高功率线路附近的信号线上，可以使用屏蔽来减少干扰。屏蔽可以采用金属层、屏蔽套或屏蔽罩等方式。屏蔽可以提供额外的屏蔽效果，阻挡来自高功率线路的电磁干扰。

4）地线设计：合理的地线设计也可以帮助减少信号线与高功率线路之间的干扰，维持地线的连续性和低阻抗，避免地线回路中产生回流电流，可以采用分离地线、星形地线或地平面隔离等方法来改善地线的设计。

5）使用滤波器：为信号线添加合适的滤波器，可以帮助抑制高功率线路产生的干扰信号。滤波器可以帮助去除高频噪声和干扰信号，保持信号的纯净性。

通过避免信号线与高功率线路的交叉，并采取上述的方法和措施，可以有效地减少干扰和串扰，确保信号的传输质量和稳定性。这样可以提高PCB的性能和可靠性，减少由于干扰引起的问题和故障。

10.2.20　考虑热管理

布线过程中要考虑PCB的热管理，避免热点集中和过热现象，可以通过合理安排元器件的位置和布局，使用散热片和散热孔等方法来实现热管理。

在PCB布线过程中，热管理是一个重要的考虑因素。过热会对PCB和其上的元器件造成损害，可能导致性能下降、可靠性问题甚至故障。因此，合理的热管理措施是必不可少的。

以下是在布线过程中考虑热管理的一些具体措施：

1）元器件位置和布局：合理安排元器件的位置和布局是热管理的重要因素之一。高功率元器件应该分散放置，避免集中在一个区域。同时，为了促进热量的传导和散热,可以将高功率元器件安排在散热片上,并使用热导胶/垫实现更好的传热效果。

2)散热片和散热孔:在设计过程中,可以添加散热片和散热孔来增加散热面积和通风量。散热片可以有效地吸收和传导热量,散热孔则能够提供良好的通风和空气流动。这些措施可以帮助降低元器件的工作温度,并提高热量的散发效率。

3)内层铜层散热:在 PCB 设计中,可以使用内层铜层作为散热层。内层铜层有较大的表面积,可以通过导热来帮助元器件的散热。将内层铜层与散热片或散热孔相连,可以进一步提高散热效果。

4)热管理材料:选择合适的热管理材料也是重要的一步。例如,散热胶/垫可以填充在元器件和散热器之间,提高热量的传导效率。此外,还可以考虑使用导热胶/垫、散热风扇等设备和材料来增强热管理能力。

5)温度传感器:布线过程中,可以考虑加入温度传感器来实时监测元器件的工作温度。这样可以及时发现温度异常,采取相应的措施来调整布线或增加降温设备,确保 PCB 的正常工作温度。

热管理在 PCB 布线过程中起着重要作用。通过合理的元器件布局,使用散热片和散热孔等方法,选择适当的热管理材料,可以有效降低元器件工作温度,避免热点集中和过热现象,提高 PCB 的可靠性和性能。

10.2.21 避免过度布线

过度布线会导致信号线之间的交叉和干扰加剧,同时也增加了 PCB 的复杂度和成本。在布线过程中,要避免过度布线,尽量简化布线路径。

过度布线是指在布线过程中,信号线之间的交叉和干扰过多,导致 PCB 布线路径过于复杂的情况。过度布线不仅会增加布线的难度和复杂度,还会增加 PCB 的成本和设计风险。因此,在布线过程中,需要注意避免过度布线,尽量简化布线路径。

以下是一些避免过度布线的方法和技巧:

1)模块化设计:将 PCB 划分为不同的功能模块,每个模块内部的布线相互独立。通过模块化设计,可以简化布线路径,减少信号线之间的交叉和干扰。

2)优化元器件布局:合理安排元器件的位置和布局,以最短的路径连接各个元器件。避免元器件之间的长距离布线,减少信号线的交叉和干扰。

3)使用内层铜层:利用内层铜层进行连线,可以减少外层布线的复杂度。内层铜层布线可以提供更短的路径,减少信号线之间的交叉和干扰。

4)使用层间跳线:在需要连接的信号线之间,可以使用层间跳线进行连接,避免在同一层上进行长距离的布线。这样可以减少信号线的交叉和干扰,简化布线路径。

5）使用差分信号线：对于高速信号或抗干扰要求较高的信号，可以使用差分信号线传输。差分信号线可以减少对地干扰，提高信号的抗干扰能力，从而减少信号线之间的交叉和干扰。

6）使用屏蔽和隔离技术：对于特别敏感的信号线，可以使用屏蔽和隔离技术来减少干扰。例如，在布线过程中可以使用屏蔽罩或隔离地平面来隔离信号线，减少交叉干扰。

通过合理的元器件布局、使用内层铜层、层间跳线、差分信号线以及屏蔽和隔离技术等方法，可以避免过度布线，简化布线路径，减少信号线之间的交叉和干扰。这样不仅可以提高 PCB 的性能和可靠性，还可以减少生产成本和维护难度。

这些规则都是为了保证 PCB 的可靠性、性能和抗干扰能力。在布线过程中，需要根据具体的设计要求和约束来选择和应用这些规则。

10.3　射频信号布线设计

射频 PCB 设计与传统 PCB 有些不同。使其与众不同的是阻抗匹配、走线类型（最好是共面）、消除通孔短截线（以避免反射）、接地层、通孔和电源去耦等参数。叠层和材料选择等其他方面在这些 PCB 中也起着至关重要的作用。

考虑到所有这些因素，射频设计过程的复杂性会因 EMI（Electro Magnetic Interference）干扰、高频信号通道等因素而增加。在本节中，将详细讨论所有这些问题。

10.3.1　阻抗匹配

阻抗匹配是在受控阻抗射频电路中非常重要的概念。它是为了确保整个走线的阻抗保持一致，从而实现最大功率传输而进行的。在阻抗匹配中，走线的特性阻抗（Characteristic Impedance，Z0）起着关键作用。特性阻抗是指走线上的电流和电压之间的比率。它取决于走线的几何形状、PCB 材料的介电常数、走线厚度以及距离参考接地层的高度。

为了确保阻抗匹配，我们需要设计匹配电路。匹配电路可以通过调整走线的几何形状或添加电子元器件来实现。其中一种常见的匹配电路是使用微带线（Microstrip Line），如图 10-14 所示。

微带线是一种在 PCB 上常用的走线形式，它由一层金属导线（通常是铜）和一层地平面（Ground Plane）组成。通过调整微带线的宽度和地平面的间距，

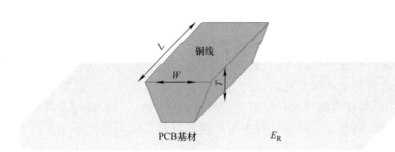

图 10-14　微带线

可以实现特定的特性阻抗。如果设计中需要匹配不同的特性阻抗，可以使用匹配电路来调整微带线的宽度或添加其他元器件。

　　除了微带线，还有其他类型的匹配电路，如带状线（Stripline），如图 10-15 所示，和共面波导（Coplanar wave Guide）。这些电路也可以根据需要进行调整，以实现特定的特性阻抗和阻抗匹配。

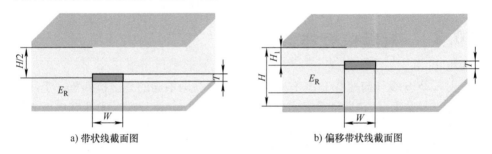

a) 带状线截面图　　　　　　　　　b) 偏移带状线截面图

图 10-15　带状线截面图

　　阻抗匹配在高频电路设计中非常重要。通过确保整个走线的阻抗一致，可以最大限度地减少信号的反射和损耗，提高电路的性能和可靠性。因此，在 PCB 布线设计中，阻抗匹配是一个需要特别关注的方面。

10.3.2　射频板材料

　　射频 PCB 采用满足高频操作要求的某些材料制造。这些材料应具有低信号损耗，在高频操作下保持稳定，并且应能够吸收大量热量。介电常数（DK）、损耗角正切（$\tan \delta$）和热膨胀系数（CTE）值也需要在宽频率范围内保持一致。这些板的介电常数典型值范围为 3 ~ 3.5。对于 10 ~ 30GHz 的频率范围，损耗角正切值在 0.0022 ~ 0.0095 的范围内。除了所有这些特定的必须项外，还考虑了材料成本和制造的便利性。

　　射频 PCB 的材料选择对于确保高频操作的稳定性和性能至关重要。以下是一些常用的射频板材料：

1）PTFE（聚四氟乙烯）：是一种具有低介电常数和低损耗角正切的材料，因此在射频应用中非常受欢迎。它具有优异的高频性能和热稳定性，可以在宽频率范围内保持一致的性能。

2）FR-4：是一种常见的玻璃纤维增强环氧树脂材料，用于一般的PCB制造。尽管FR-4在高频操作下的性能相对较差，但在低频和中频范围内仍然可以使用。它是一种低成本和易于加工的材料。

3）PTFE玻纤复合材料：将PTFE与玻纤增强剂结合在一起，以提高机械强度和热稳定性。这种材料在高频操作下具有较好的性能，可以提供更高的介电常数和较低的损耗角正切。

4）PTFE陶瓷复合材料：将PTFE与微细陶瓷粉末结合在一起，以提供更高的介电常数和较低的损耗。这种材料在高频操作下表现出色，具有较高的机械强度和耐热性。

5）高频层压板：采用特殊的高频材料制成，如RO4003C、RO4350B等。这些材料具有较高的介电常数和低损耗角正切，在高频操作时表现出色。它们通常用于严苛的射频应用，如天线、无线通信和雷达系统等。

在选择射频PCB材料时，需要综合考虑其频率响应、损耗特性、热稳定性、机械强度、制造成本和加工便利性等因素。根据具体的应用要求和预算限制，选择合适的射频板材料可以确保电路的高性能和可靠性。

10.3.3 射频PCB叠层

射频板叠层需要注意走线和元器件之间的隔离、电源去耦、层数和排列、元器件放置等细节。标准的4层射频叠层如图10-16所示。

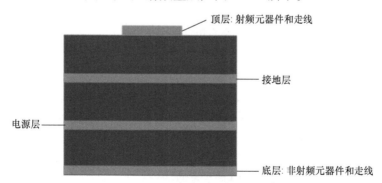

图10-16 射频PCB叠层

射频PCB的叠层设计对于确保高频性能和信号完整性至关重要。以下是一些射频PCB叠层设计的注意事项：

1）走线和元器件的隔离：射频走线和元器件应该尽量远离其他非射频元器

件和走线，以减少互相之间的干扰，可以在顶层将射频走线和射频元器件放置，而其他非射频走线和元器件则放置在底层。

2）电源去耦：射频板叠层中应该安排电源层和接地层，以提供稳定的电源和良好的地平面。电源层可以提供电源供应和去耦电容，以减少射频信号对电源的干扰。

3）层数和排列：射频板的层数和排列应根据具体的设计要求和信号特性进行选择。一般来说，4层射频叠层是常见的选择，但在需要更高的性能和更低的干扰时，可以考虑使用更多的层数。

4）元器件放置：射频元器件的放置应考虑到最小的互相干扰和最佳的信号传输。射频元器件应尽量靠近射频走线，以缩短信号路径，并避免与非射频元器件和走线之间的干扰。

5）地平面设计：良好的地平面设计对于射频板的性能至关重要，应该确保有足够的接地层，以提供良好的接地和导电性。地平面层应保持连续性，并避免断开或分割。

射频 PCB 叠层的设计需要综合考虑信号的完整性、干扰的最小化和性能的最优化。根据具体的应用要求和设计限制，选择合适的叠层设计可以确保射频电路的稳定性和可靠性。

10.3.4　射频走线设计

射频走线传播高频信号，因此会受到传输损耗和干扰问题的影响。这些走线的特性阻抗是设计师主要关心的问题。在射频板中，走线被视为传输线。设计的最常见的传输线类型是共面波导（CPWG）、微带线和带状线。以下是确定正确操作和最小损耗的射频走线设计方面：

1）走线的长度应尽可能短，这有助于减少衰减。

2）在布局中，切勿将射频走线和普通走线相互平行放置。如果这样放置，两者之间就会产生干扰，需要接地层为信号提供返回路径。

3）测试点不应该放置在走线上。它将中断走线的阻抗匹配值。

4）与保持急转弯相比，逐渐弯曲的弯道更适合走线性能，如图 10-17 所示。

5）尽量避免使用尖锐的转弯，尖锐的转弯会导致信号的反射和损耗增加，应该选择圆滑的曲线，以保持信号的完整性。

6）在无法避免直角的情况下，使用称为倒角工艺来减少不良影响，如图 10-18 所示。

7）在信号传输路径上使用适当的终端阻抗匹配。终端阻抗应与驱动源端和终端的阻抗匹配，以减少信号的反射和损耗。

a) 直角转弯   b) 圆角转弯

图 10-17　直角和圆角比较

8）对于微带线和带状线，走线的
宽度和厚度对于阻抗匹配和信号传输特
性至关重要。设计师应根据所需的阻抗
值和信号频率选择适当的宽度和厚度。

9）使用合适的材料来制造射频走
线。材料的介电常数和损耗角正切会影
响信号传输的性能。选择具有低介电常
数和低损耗角正切的材料可以减少信号
的损耗和干扰。

10）进行射频走线的仿真和分析。
使用射频仿真软件，如 HFSS、ADS 等，
可以帮助设计师分析和优化走线的特性
阻抗、传输损耗和干扰等。

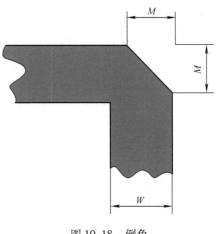

图 10-18　倒角

11）注意地平面和接地的设计。良好的地平面可以提供良好的接地和信号
返回路径，减少信号的干扰和损耗。

12）射频走线设计需要综合考虑信号传输特性、阻抗匹配、信号完整性和
干扰问题。通过合适的走线布局、合适的终端阻抗匹配和优化材料选择，可以
实现高性能和可靠的射频电路设计。

10.3.5　射频走线的计量

倒角的长度 M 为

$$M = W\left(1.04 + 1.3 \times e^{\left(-1.35\frac{W}{H}\right)}\right)$$

式中，M 为倒角的长度；W 为走线的宽度；H 为走线的厚度。

在射频 PCB 设计中查找计量尺寸的公式：

1）始终连接具有最小阻抗的电容以进行去耦。

2）以自谐振频率（SRF）操作电容产生最小阻抗。电容的 SRF 值与其电容值成反比。

3）选择 SRF 接近噪声频率的电容。

由于存在自谐频率（SRF），现实中电容的有效频率范围是有限的，可以从制造商处获得 SRF，但有时候必须通过直接测量进行特征分析。在 SRF 以上时，电容呈现感性，因此不具备去耦或旁路功能。如果需要宽带去耦，标准做法是使用多个（电容值）增大的电容，全部并联。小电容的 SRF 一般较大（例如，0.2pF、0402 SMT 封装电容的 SRF 为 14GHz），大电容的 SRF 一般较小（例如，相同封装 2pF 电容的 SRF 为 4GHz）。

10.3.6 接地层布局

接地层布局也是正确进行射频设计的重要部分。在接地层布局中，需要控制接地的阻抗。通过合适的接地路线和地形划分，可以减少接地阻抗的波动，提高信号的稳定性和可靠性。

通过合理的接地层布局，可以减少信号干扰和噪声，提高 PCB 的性能和可靠性。因此，在射频 PCB 设计中，接地层布局是一个非常关键的步骤，需要仔细考虑和规划，示例如图 10-19 所示。

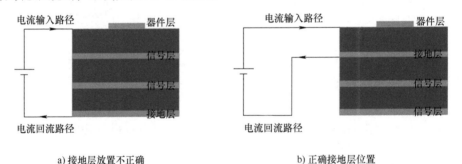

图 10-19　射频 PCB 中所需的接地层布局

10.3.7 过孔设计

应尽可能避免射频走线中的过孔。但是，如果这些无法避免，则必须遵循特定的通孔直径和长度。通孔会在 PCB 中感应寄生电容。在射频板的情况下，该电容会影响高频运行。因此，为了减少这些频率的干扰，重要的是设计过孔时要牢记以下准则：

1）增加平行过孔：通过增加平行过孔的数量，可以减少寄生电容。平行过孔指的是将多个过孔放置在同一直线上，使它们与信号线或地线保持平行。这样可以降低过孔与信号线或地线之间的电容耦合效应。

2）为每个引脚或焊盘设计专用过孔：每个元器件的引脚或焊盘都应该有专门的过孔与之连接。这样可以确保信号的良好传输，避免不同元器件之间的干扰。

3）通过缝合实现接地层：在适用的情况下，可以通过在接地层之间引入缝合来减少通过过孔的射频布线。这样可以为电流建立更短的接地返回路径，减少信号通过过孔从一层到另一层的干扰。

4）限制顶层接地平面和内层平面之间过孔的数量和距离：根据信号的波长，确定顶层接地平面和内层平面之间过孔的最大数量和距离。过孔的放置距离不应超过信号波长的1/20，以确保信号的良好传输和减少干扰。

5）布线规划：合理布置信号线和地线，尽可能使它们平行布置，以减少互感效应。避免高速信号线和低速信号线穿越相同的过孔，以防止高速信号的互相干扰。

6）过孔细长结构：过孔尽量使用细长的结构，以减少串扰和电磁波辐射。细长的过孔可以减少信号之间的相互干扰，提高信号的传输质量。

7）信号阻抗匹配：在设计过孔时，考虑信号的阻抗匹配，以减小信号的反射和幅度损失。合理选择过孔的尺寸和间距，以满足信号的传输需求，并考虑制造工艺的可行性。

8）避免靠近边缘：在设计过孔时，避免过于靠近边缘，以免过孔和边缘之间的电荷积累导致干扰，保持一定的距离可以减少边缘效应对信号的影响。

9）合理规划层间连接：在多层板设计中，合理规划过孔的层间连接，避免过多的层间转接。过多的层间连接会导致信号的损耗和干扰增加，因此需要合理选择层间连接方式，以减少信号的损耗和干扰。

通过遵循以上准则，可以有效降低频率干扰，提高PCB设计的性能和可靠性。

10.3.8　电源去耦

对于射频板，降噪至关重要。在高工作频率下，这些板对噪声的影响变得非常敏感。因此，所有可能的方法都用于电源去耦，如图10-20所示。

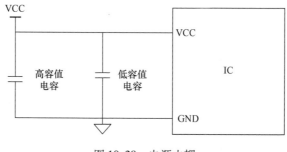

图10-20　电源去耦

1. 去耦电容的选择

在此过程中，我们需要运用恰当的方法过滤掉通过电源进入电路的噪声，而特指的电容正是我们所称的去耦电容。这些电容跨接电源，连接去耦电容后，整个电路的阻抗应该不会发生变化。阻抗匹配是每个射频 PCB 不可或缺的特性，因此，坚持以下设计注意事项以避免阻抗变化：

（1）选择适当的电容值

去耦电容的选择应该根据所需的频率范围和噪声过滤要求来确定。通常，较大的电容值可以提供更好的低频噪声过滤，但同时也会增加电路的响应时间。因此，需要在电容值和响应时间之间进行权衡。

（2）选择高质量的电容

为了确保去耦电容的性能稳定和可靠性，应该选择高质量的电容。这些电容应具有低 ESR（等效串联电阻）和 ESL（等效串联电感），以减少电容本身的损耗和串扰。

（3）考虑电容的尺寸和布局

电容的尺寸和布局也对电路的阻抗产生影响。在选择电容时，需要考虑其尺寸和布局，以确保它们不会引起阻抗变化或干扰其他电路元器件。此外，电容应尽可能靠近被去耦的元器件，以最大限度地降低电路的阻抗。

（4）考虑电容的工作温度范围

根据电路的工作环境和应用需求，选择能够在合适温度范围内正常工作的电容。过高或过低的温度可能会导致电容性能的下降或故障。

（5）进行仿真和测试

在设计阶段，使用电路仿真工具对去耦电容进行仿真和优化。这可以帮助评估电容器的性能和对电路阻抗的影响。在完成 PCB 布局后，进行电路测试以验证去耦电容的功能和性能。去耦电容的接地如图 10-21 所示。

通过遵循以上设计注意事项，可以选择合适的去耦电容，并确保它们不会引起电路阻抗的变化。这有助于提供稳定的电源电压，并有效地过滤噪声，提高电路的性能和可靠性。

2. 射频元器件的电源去耦

较高的电容旨在过滤系统中的低频噪声并存储能量，较低的电容旨在过滤高频噪声。去耦电容的放置要求：

（1）就近原则

去耦电容应尽可能地靠近芯片的电源引脚。减小去耦电容和芯片之间走线的寄生电感，去耦效果更好。

（2）越小越近的原则

小容值电容最靠近芯片，然后按照容值递增的原则依次远离芯片（远离是

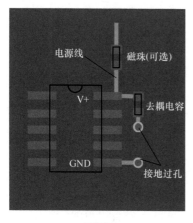

a) 正确

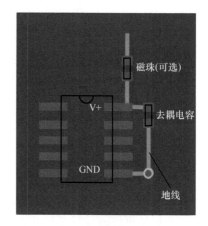

b) 错误

图 10-21　去耦电容接地

相对的，前提是遵循就近原则）。小电容负责高频响应，应该更靠近芯片缩短响应的时间。并且小电容可以滤除高频噪声，若距离芯片太远，则电容和芯片之间的走线会重新拾取噪声，削弱去噪效果。

（3）电源线先经过去耦电容再连接至芯片引脚

（4）多个电容并联时，最好不要平行并排摆放（有互感）（见图 10-22）

（5）去耦电容应放置在与元器件相同的层上

为了减小去耦电容和芯片之间的走线寄生电感，最好将去耦电容放置在与芯片所在的层上。这样可以缩短走线长度，减少电感的影响，提高去耦效果。

（6）将电容与信号流路径平行放置

为了减小电容与信号流路径之间的串扰和干扰，最好将电容与信号流路径平行放置。这样可以减少电容对周围信号的干扰，保持信号的完整性和准确性。

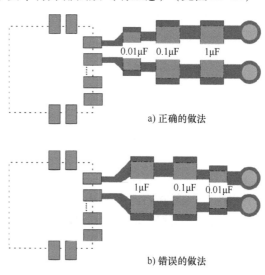

图 10-22　电容并联摆放

（7）为每个电容保留单独的接地过孔

为了确保每个去耦电容的接地路径短且独立，最好为每个电容单独保留一个接地过孔。这样可以避免电容之间的接地回路互相干扰，提高去耦电容的性能。

（8）电容应按其容值从电源的升序排列

为了确保电源供电的稳定性和平衡性，应将电容按照其电容值从小到大的顺序排列，最小的电容离电源引脚最近。这样可以确保电源的供电压降均匀，避免电容之间的压降差异，提高去耦效果。

遵循以上指南可以更好地放置去耦电容，提高其性能和效果，保证电路的稳定工作。

3. 射频元器件的走线

射频板的设计和制造需要设计师和制造商更多的关注。由于这些板子容易受到干扰和高频噪声，即使是最轻微的错误也会影响运行。以上所有方法和方面都将帮助更好地进行设计。以下是一些特定于射频设计的通用规则：

（1）元器件下方无走线

为了避免信号的干扰和相互影响，射频电路的元器件下方应尽量没有走线。这样可以减少信号之间的相互干扰，提高射频电路的性能。

（2）接地过孔尽可能靠近元器件焊盘

为了提供良好的接地路径，接地过孔应尽可能靠近元器件的焊盘。这样可以减少接地回路的电阻和电感，提高接地的效果。

（3）走线越短越好

射频信号的传输速度很快，因此走线的长度应尽量短。较长的走线会引入额外的电阻、电感和电容，导致信号衰减和失真。

（4）射频信号路径尽可能短

为了减少信号传输的损耗和干扰，射频信号的路径应尽可能短。这样可以减少信号的衰减和干扰，提高信号的传输质量。

（5）除天线区域外，射频单元电路布局下方全铺铜到 GND

为了提供良好的地平面屏蔽和接地效果，射频单元电路布局下方应全铺铜到地平面。这样可以减少射频信号的辐射和干扰，提高电路的性能和可靠性。

（6）尊重 π 型滤波器配置的放置和布线

π 型滤波器是常用的射频滤波器，其放置和布线应遵循设计规范。尊重 π 型滤波器的配置可以提高滤波器的效果，减少射频信号的干扰。

遵循这些通用规则，可以提高射频设计的性能和可靠性，减少信号的干扰和失真，确保射频电路的正常工作。

10.3.9　射频电路 PCB 检查清单

射频电路设计涉及许多复杂的参数和因素，如阻抗匹配、电源分配、信号干扰、噪声等，很容易出现错误和问题。射频电路的误差或缺陷可能会导致产品性能下降、过度消耗电量、减少寿命或故障等问题，这些问题不仅会导致产品质量下降，还会增加后期调试和修复的难度和成本。使用射频电路设计检查清单可以帮助设计人员在设计过程中避免常见的错误和问题，提高设计质量和可靠性。通过使用清单，设计人员可以确保尽可能覆盖所有设计要点和细节，并及时发现和纠正潜在的错误和问题。这有助于减少产品开发时间和成本，提高产品性能和稳定性，同时也可以降低后期调试和修复的难度和风险。

射频电路设计检查清单的目的是确保射频电路在设计和制造过程中符合相关标准和要求，避免潜在的设计错误和制造缺陷，见表10-1。这有助于提高产品质量和可靠性，并降低后续故障率和修复成本。此外，射频电路设计检查清单还可以帮助设计人员和制造人员更好理解射频电路的各个方面，并确保设计和制造过程的一致性。

表 10-1　射频电路 PCB 检查清单

大类	小类	编号	要素描述
通用	布局	1	ESD 防护器件直接放在信号主路径上
		2	模块分腔屏蔽合理，已关注腔体自谐振频率
		3	屏蔽墙及内倒角位置的顶面是布局、布线、信号过孔禁布区
		4	匹配器件靠近相关的 RF 器件端口布局
		5	已考虑热设计，保证热量不集中，散热容易
		6	RF 主信号流一字布局，如果受空间限制，不能一字布局时，可以采用 L 形布局，慎用 U 形布局
		7	对绕线电感的布局必须要保证相邻电感的磁力线相互垂直，对印制线类电感（LTCC 工艺）如做不到磁力线相互垂直，应该远离放置
		8	分立器件构成的组合电路，不被其他器件或传输线打散，例如电阻衰减器的三个电阻布局互相靠近。滤波器电路要一面布局，并且不能被其他传输线打散
		9	高中低频组合滤波，高频小容量滤波电容最靠近器件引脚
		10	PCB 螺钉数量和布局合理
		11	功放 PCB 开窗综合考虑了安装余量和电气性能
		12	功放可变电容、隔直电容位置已按原理图设计者要求布局
		13	器件离屏蔽壁间距符合要求，考虑了公差
		14	射频 PCB 的输入输出和其他部分的接口是否满足设计要求
		15	在正常工作或测试环境下，没有短截线
		17	数字芯片 PWM 调制输出直流的 RC 滤波电路，放置在数字芯片侧
		18	腔内同频增益超过 40dB 级联放大电路需进行分腔。例如：接收通道的增益一般会很大，需要进行分腔

（续）

大类	小类	编号	要素描述
通用	布局	19	级联衰减电路的衰减量大于 40dB 的电路需进行分腔
		20	级联滤波电路的带外衰减和级联开关电路的隔离度大于 40dB，则需要分腔
		21	射频电源的分配一般按照就近供电的原则，以免相互之间产生干扰。同时，在不同芯片共用同一个电源芯片时，要注意芯片之间是否会通过电源产生干扰
		22	电源的摆放位置是否合适，要保证输入输出电源线不能交叉，走线距离最短
		23	电源输入口的滤波电容是否靠近输入引脚，并且按照从大到小的顺序排列，容值最小的电容最靠近电源的输入引脚
		24	器件数据手册上有特殊要求的布局是否满足
	布线	1	RF 布线需要进行控制走线阻抗，将它们布得尽可能直接，这样可以减小损耗和不期望得到的耦合
		2	微带线下方需要连续的地，同样的，带状线上方和下方也需要连续的地；地平面不仅提供需要的回路，还可以将信号跟其他信号层隔离
		3	长的、没有屏蔽的走线，如 RF 前端的连线需要用带状线，这样有利于使用固有的屏蔽
		4	避免在内层和外层多次来回走线
		5	当 RF 信号线在不同层之间过渡时，过孔需要远离潜在的干扰电路、走线及过孔（比如数字控制线、时钟、电源等）；确保射频过孔和干扰路径之间铺地并加地过孔，起隔离作用
		6	时钟线、数据线、控制线之间的距离需满足 3W 原则。如果空间允许，尽量拉开线间距离
		7	走线要最短，不能闭环，不能有锐角和直角
		8	晶振表面以下不能有过孔和走线。PLL 滤波器件、VCO、滤波器和电感下表面不能走线
		9	模拟信号与数字信号，电源线与控制信号线，弱信号与其他任何信号需要分层（最好有地隔离）或相距较远走线。如果分层相邻层的线与线之间不能并行走线，最好垂直走线。如果没有分层线间的距离是要满足隔离度的要求，至少满足线距大于 3W
		10	射频敏感信号不能靠近强辐射信号
		11	差分信号线需对称走线，线长相差不能超过 2.54mm，差分线对间的间距需满足 3W 规则

（续）

大类	小类	编号	要素描述
通用	布线	12	输入输出阻抗不是50Ω的器件，输入输出阻抗线需满足阻抗匹配要求
		13	在原理图中，有特殊要求的阻抗线需满足原理图的设计要求
		14	不同单元电源线布线时，电源线之间需相互隔离，以免各单元电路通过电源相互干扰
		15	不同电源层在空间上不能重叠，如果重叠需要有地层隔离
		16	电源的走线线宽要满足电流的通流量要求。（一般参考为1A/mm线宽）
		17	RF信号布线周围如果存在其他RF信号线，在两者之间需辅地铜皮，并打地过孔
		18	电源部分导线印制线在层间转接的过孔数符合通过电流的要求（1A/ϕ0.3mm孔）
		19	RF信号布线周围如果存在其他不相关的非RF信号（如过路电源线），在两者之间需辅地铜皮，并打地过孔
		20	小信号放大器的电源布线需要地铜皮及接地过孔隔离，避免其他EMI干扰窜入，进而恶化本级信号质量
		21	接地线要短而直，减少分布电感，减小公共地阻抗所产生的干扰
		22	RF主信号路径上的接地器件和电源滤波电容需要接地时，为减小器件接地电感，要求就近接地
		23	有些器件的底部是接地的金属壳，要在器件的投影区内加一些接地孔，投影区内的表面层不得布信号线和过孔
		24	接地线需要走一定的距离时，应加粗走线线宽、缩短走线长度，禁止接近和超过1/4导引波长，以防止天线效应导致信号辐射
		25	除特殊用途外，不得有孤立铜皮，铜皮上一定要加地线过孔
		26	对某些敏感电路、有强烈辐射源的电路分别放在屏蔽腔内，组装时屏蔽腔压在PCB表面。PCB在设计时要加上"过孔屏蔽墙"，就是在PCB上与屏蔽腔壁紧贴的部位加上接地的过孔。要有两排以上的过孔，两排过孔相互错开，同一排的过孔间距在2.54mm左右
		27	一些RF器件封装较小，SMD焊盘宽度可能小至0.3mm，而RF信号线宽可能达1.25mm以上，要用渐变线，禁止线宽突变，且过渡部分的线不宜太长
		28	当50Ω细微带线上有大焊盘时，大焊盘相当于分布电容，破坏了微带线的特性阻抗连续性，需将焊盘下方的地平面挖空，来减小焊盘的分布电容，并通过软件仿真，保证阻抗为50Ω
		29	过孔是引起RF通道上阻抗不连续性的重要因素之一，如果信号频率大于1GHz，就要考虑过孔的影响。具体情况需用仿真优化

（续）

大类	小类	编号	要素描述
射频模块	频率源模块	1	数据、时钟、使能线不能在数字频率合成器芯片、晶体、晶振、变压器、光耦、电源模块等器件底部表面层走线
		2	频率综合器的电源线要和其他干扰信号进行隔离，以免影响频率综合器的相位噪声和杂散
		3	环路滤波器的布局要同层布局，并且结构紧凑，靠近相关的滤波引脚，在滤波器的下表面不能走线
		4	VCO 的电源和控制电压，要和其他干扰信号进行隔离
		5	VCO 和频率综合器下面不能走线
		6	频率综合器的数据、时钟、使能信号之间的距离要满足至少 3W 的间距。如果分层布线，不能平行重叠走线
	参考源模块	1	参考源的参考输入信号，是从中频送过来的，走线一定要短，不能对其他电路有影响
		2	数据、时钟、使能信号之间的距离要满足至少 3W 的间距。如果分层布线，不能平行重叠走线
		3	VCO 的电源和控制电压，要和其他干扰信号进行隔离
		4	参考源的输出电路要和其他信号进行隔离
	LNA模块	1	LNA 的输入信号线要越短越好。减小线损，增强接收通道的灵敏度
		2	LNA 的匹配电路要靠近相应的引脚放置
		3	射频前端的 ESD 防护电路，一定要放在射频信号的主干线上，以防降低防护等级
	小信号放大器模块	1	小信号放大器的电源布线需要地铜皮及接地过孔隔离，避免其他 EMI 干扰窜入，进而恶化本级信号质量
		2	单片放大器偏置电感的焊盘也最好放在 RF 信号线上，如果空间紧张也可通过 0.3mm 高阻线与 RF 信号线相连
		3	当同一电源给两级放大器同时供电时，电源要从后级向前级供电，以免后级放大电路影响前级
		4	小信号放大器的电源地回路要小，电容接地要短而直，减小公共地阻抗所产生的干扰
	滤波器模块	1	滤波器的匹配器件要靠近相应的引脚
		2	当滤波器的输入输出引脚为大焊盘时，为了保证阻抗的连续性，需要将其下面的层挖空，需通过仿真软件计算具体的阻抗值
		3	当滤波器底部是金属外壳与接地脚相连，器件面投影区是禁布区，不能布微带线和过孔

（续）

大类	小类	编号	要素描述
射频模块	集成混频器	1	要注意混频器的外围器件应该按照 DATASHEET 的要求布局
		2	对于集成双平衡混频器，扼流电感和隔离电感一定要远离，并且垂直放置
		3	对于集成双平衡混频器，隔离电感的接地必须充分，尽量在附近多打地孔
		4	对于集成双平衡混频器，2 个扼流电感要保持对称平行放置
	集成调制器	1	I/Q 是两对差分线对，这两对差分线对间的间距满足 3W 规则，并且中间要加地孔隔离
		2	I/Q 分别是两对差分线对，这两对差分线要并行走线，不能交叉走线
		3	两对差分线线长相差不能超过 2.54mm
		4	差分线走线过孔不能超过 4 个
电源电路	射频电源	1	电源线是 EMI 出入电路的重要途径。通过电源线，外界的干扰可以传入内部电路，影响 RF 电路指标。为了减少电磁辐射和耦合，要求 DC – DC 模块的一次侧、二次侧、负载侧环路面积最小。电源电路不管形式有多复杂，其大电流环路都要尽可能小
		2	单板上长距离的电源线不能同时接近或穿过级联放大器（增益大于45dB）的输出和输入端附近。避免电源线成为 RF 信号传输途径，可能引起自激或降低扇区隔离度。长距离电源线的两端都需要加上高频滤波电容，甚至中间也加高频滤波电容
		3	RFPCB 的电源入口处组合并联三个滤波电容，利用这三种电容的各自优点分别滤除电源线上的低、中、高频。例如：10μF，0.1μF，100pF。并且按照从大到小的顺序依次靠近电源的输入管脚
		4	用同一组电源给小信号级联放大器馈电，应当先从末级开始，依次向前级供电，使末级电路产生的 EMI 对前级的影响较小，且每一级的电源滤波至少有两个电容：0.1μF、100pF。当信号频率高于 1GHz 时，要增加 10pF 滤波电容
		5	不同电源层在空间上要避免重叠，主要是为了减少不同电源之间的干扰，特别是一些电压相差很大的电源之间，电源平面的重叠问题一定要设法避免，难以避免时可考虑中间隔地层
		6	电源部分导线印制线在层间转接的过孔数符合通过电流的要求（1A/φ0.3mm 孔）
		7	PCB 的电源部分的铜箔尺寸符合其流过的最大电流，并考虑余量（一般参考为 1A/mm 线宽）
		8	电源线的输入输出不能交叉

（续）

大类	小类	编号	要素描述
其他	安规	1	电源印制导线在层间转接的过孔数符合通过电流的要求（1A/φ0.3mm 孔）
		2	PCB 的电源部分的铜箔尺寸符合其流过的最大电流，并考虑余量（一般参考为 2A/mm 线宽）
		3	单板上高温器件的防护和热处理措施合理（类似加热器件的高温器件处理）
		4	较大面积可触及导电元器件外壳与地连接（如 DC/DC 外壳、屏蔽盒）
		5	较大体积元器件的固定孔及安装后的电气间隙和在印制板上的爬电距离符合安规要求（如 DC/DC 外壳、屏蔽盒）
		6	屏蔽盒固定后，与其他接插件等带能量危险或与危险电压电极的电气间隙达到安规要求；固定螺钉及垫片在印制板上爬电距离符合要求
		7	−48V 输入印制线位于重叠位置，层间距离没有小于 0.1mm
		8	PCB 电源部分的连接器有防止反插措施
		9	DC/DC 的输入/输出印制线，不与 DC/DC 模块在同一面（贴装 DC/DC 除外，无台阶的 DC/DC 外壳会与印制线的电气间隙不够，甚至会依靠阻焊剂绝缘）
		10	功放输出口有保护电路（如环行器等）保证不会过功率引发过热或燃烧事件
		11	防雷击连接器与气体放电管及保护二极管之间的布线要尽量粗，并且其布线到地的距离要大于 2mm 以上

10.4 设计布局验证

在 PCB 设计和制造过程中，确保生产良率、避免错误是至关重要的。执行设计布局验证是提高制造良率的一种常用方法。设计布局验证可以在设计阶段发现和纠正潜在问题，确保 PCB 符合制造要求，并提高制造良率。这对于确保产品质量、减少报废率和提高生产效率非常重要。

10.4.1 设计规则检查

PCB 设计和制造是一个复杂的过程，需要管理多层板上的数千个元器件和连接。确保生产良率无错误至关重要，提高制造良率的一种方法是执行设计规则检查（DRC）。

在设计阶段发现错误将防止产品因电源接地短路、过孔未对准和引脚丢失而报废。用于制造的 DRC 对于确保生产线上制造的 PCB 质量非常重要。

DRC（设计规则检查）是在 PCB 设计过程中用于验证设计是否符合特定规则和要求：

1）走线间距和走线与焊盘间距：DRC 可以检查走线之间和走线与焊盘之间的最小间距是否符合规定的要求。这是为了避免过于接近的走线之间或走线与焊盘之间发生短路。

2）电源和地线的间距：设计中的 DRC 可以确保电源和地线之间有足够的间距，以防止干扰。地线的间距通常要加宽，以减少互相间的干扰。

3）关键信号线的设计：DRC 可以检查关键信号线的走线长度、保护线长度以及所需的输入和输出线间隔是否符合要求。这有助于确保关键信号的传输质量和稳定性。

4）接地连接的检查：DRC 可以验证模拟电路和数字电路是否有单独的接地连接。这是为了避免不同地点之间的地线互相干扰。

5）PCB 标签的检查：DRC 可以确保 PCB 标签不会与电路发生短路，从而避免潜在的问题。

6）无用走线的修改：DRC 可以检查并提示是否存在不需要的走线。这有助于简化设计并提高布线效率。

7）阻焊的检查：DRC 可以验证电阻焊是否能满足制造工艺的要求。这有助于确保焊接质量和连接可靠性。

8）电源层边缘的缩小：DRC 可以检查多层板中电源层外缘是否缩小，以避免电源层外露短路的风险。

9）确保信号完整性：DRC 可以检查信号线的长度、匹配和阻抗控制是否满足特定的信号完整性要求。这对于高速信号和差分信号特别重要，以确保信号的稳定传输和减少信号失真。

10）确保电源和地平面的连续性：DRC 可以验证电源和地平面是否正确连接，以提供稳定和低噪声的电源供应。这对于减少电源纹波、噪声和共模干扰非常重要。

11）检查元器件引脚的正确连接：DRC 可以检查元器件引脚的正确连接，以确保元器件正确连接到 PCB，并避免引换导致的问题。

12）规避热点和热失真：DRC 可以检查 PCB 设计中的电源和热点，以避免过多的热量集中并导致热失真问题。这有助于提高 PCB 的可靠性和寿命。

13）确保层间绝缘：DRC 可以验证层间绝缘是否满足规定的要求，以避免层间短路和 PCB 的不良操作。

通过执行 DRC，设计人员可以及早发现和解决潜在的问题，确保 PCB 设计符合制造和生产的要求，从而设计出高效可靠的 PCB。总体来说，DRC 是在

PCB 设计过程中非常重要的一步，它可以帮助设计人员遵循制造和装配要求，减少制造和组装中的问题，并最终提供高质量、可靠的 PCB。

10.4.2　PCB 布局设计评审

布线完成后，应由 PCB 设计师进行并组织 PCB 布局设计评审，评审人员应包括：硬件工程师、结构工程师、工艺工程师、测试工程师、EMC 工程师等。在评审过程中，各方工程师可以共同审查和讨论布局设计，识别潜在问题并提出改进建议。以下是评审人员应考虑的主要角色和职责：

1）硬件工程师：是评审中的关键角色，负责设计电路原理图和选择元器件。他们应确保布局与电路设计相匹配，评估布线的合理性和信号完整性，并验证布局是否满足电气性能要求。

2）结构工程师：关注 PCB 布局的物理结构和机械特性。他们应确保布局与整体产品结构相协调，评估布局对产品外壳、散热和连接的影响，并提供结构上的优化建议。

3）工艺工程师：负责评估布局对制造流程和组装工艺的影响。他们应考虑布局对焊接、组装和测试的可行性，并提供制造和组装上的改进建议。

4）测试工程师：关注布局对测试和调试的可行性。他们应验证布局是否易于测试，评估信号接口和测试点的可访问性，并提供测试上的优化建议。

5）EMC 工程师：负责评估布局对电磁兼容性的影响。他们应确保布局符合 EMC 标准和规范，评估电磁辐射和抗干扰性能，并提供 EMC 上的改进建议。

通过这样的多方评审，可以全面审查 PCB 布局设计，确保设计的合理性、可靠性和性能。评审人员的专业知识和经验可以提供有价值的反馈，帮助优化设计并减少潜在问题的风险。

10.4.3　偏差

在布局设计期间，如果有任何不合格点被报告为偏差，这些偏差必须由项目团队进行评审，并接受评审结果，无论是否采取纠正措施。

这些不符合点可以根据其重要性级别分为高、中、低。根据项目的不同阶段，可以发出相应级别的警报。

高级别的不符合点通常涉及设计的关键方面，可能对产品的性能、可靠性或安全性产生严重影响。这些不符合点需要立即解决，并采取适当的纠正措施。

中级别的不符合点可能会对产品的某些功能或性能产生一定的影响，但不会对整体的可靠性产生重大威胁。这些不符合点应在合理的时间内得到纠正。

低级别的不符合点通常是一些次要的问题，对产品的性能或可靠性影响较小。这些问题可以在后续的设计迭代中逐步得到修复。

通过对不合格点进行评级和警报，可以帮助项目团队更好地管理和解决布局设计中的偏差。评审过程可以确保所有的偏差都得到适当的关注和处理，以确保最终设计的质量和性能。

10.5 泪滴

补泪滴不得违反设计规则检查定义的最小间距。在 PCB 制造过程中经常出现的一个问题是孔未对齐和由于钻头偏移而导致的不良断裂。即使它们不会导致 PCB 被拒收，但随着时间的推移，它们也可能导致走线分离问题。尽管它们如此普遍，并且似乎超出了用户的控制范围，可以采取哪些措施来准备和防止这些问题在用户的设计中发生呢？值得庆幸的是，过孔和焊盘上的 PCB 泪滴有助于确保偏移的钻孔仍然可以形成可靠的连接，同时还可以防走线与过孔分离。

PCB 泪滴并不局限于过孔的孔环，尽管这是最常见的地方之一，可以在高可靠性应用。除了过孔外，PCB 泪滴还可以添加到 SMD 焊盘、走线之间的直角连接以及走线从宽到窄宽度过渡的位置。这些格式如图 10-23 所示。

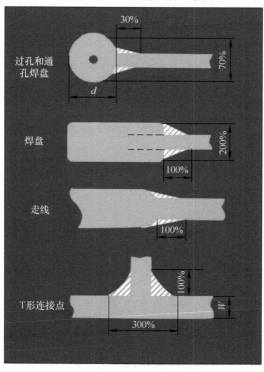

图 10-23　补泪滴的方式

10.6 电磁兼容

在设计电子 PCB 时，有必要采取一些预防措施，以确保能够满足其 EMC 性能要求。一旦设计和建造了电路，试图修复 EMC 性能将更加困难和昂贵。因此，在设计期间可以解决许多方面的问题，以确保优化 EMC 性能：

1）最小辐射的电路设计。

2）EMC 滤波器。

3）电路分区。

4）接地。

5）屏蔽罩。

6）屏蔽线和电缆。

7）接地环。

8）ESD 保护。

9）电源去耦。

10）接地连续性。

通过采取这些预防措施，可以大大提高电路的 EMC 性能。但是，它仍需要进行 EMC 测试，以确保其满足所需的性能。

以下通用规则将是某些功能或所有 PCB 布局的参考。

10.6.1 最小辐射的 EMC 电路设计

EMC/EMI 合规性需要牢记的主要领域之一是连接电缆产生的射频辐射发射和接收干扰的敏感性。它们构成了任何产品中干扰的主要耦合路径。这些电缆通常需要传输高频信号和可能的数据，这可能会在提高其 EMC/EMI 性能方面带来一些挑战。

任何电缆都会接收和辐射信号，尤其是当它接近 1/4 波长或其奇数倍时，因为它形成了一个谐振电路。然而，即使电缆确实接近这些长度，电磁兼容性、EMC 也可能是一个问题。

一种解决方案是滤波进出设备的电缆。虽然这确实降低了 EMI 水平，但它也可能降低电路的性能。如果需要传输高速数据，那么任何尖锐的边缘都会被滤波器去除，在最坏的情况下，信号可能会衰减到系统无法工作的程度。因此，可能需要在设备性能和电磁兼容性、EMC 要求之间对滤波器进行仔细的平衡。

在这些情况下，信号可以以差分格式传送。然后可以将信号电缆构造为双绞线，甚至可以屏蔽。这样可以传输高频信号，但它对辐射和接收的敏感性降低，因为接收到的任何信号都会出现在两条线上并被抵消。此外，由于同样的原因，不会发生辐射。

10.6.2 滤波器

EMC 滤波器成为 EMC 工程师在许多情况下使用的有用工具。EMC 滤波器对于只传输低频信号的线路特别有用。电源输入电缆或其他承载状态电压的线路特别适合滤波。在这里，EMC 滤波器可以去除任何高频成分，将低频成分留在线路上，不会产生太多辐射。

EMC 滤波器应放置在设备的入口处，并应与机箱紧密结合。这样，在被滤波器去除之前，没有信号可以进入设备并辐射到设备中。

10.6.3 电路分区

电路设计的这一要素对于确保电路能够通过其 EMC 测试非常重要。鉴于它控制电路的整个拓扑结构和机械结构这一事实，它必须在设计的最初阶段完成。

划分过程的第一阶段是将电路分为 EMC 关键区域和非关键区域。电磁兼容性、EMC 关键区域是包含辐射源或可能易受辐射影响的区域。这些区域可能包括高频电路、低电平模拟电路和高速逻辑（包括微处理器电路）的电路。

非关键 EMC 区域是那些包含不太可能辐射信号或易受辐射影响的区域。电路包括线性电源（不是开关模式电源）、慢速电路等。

完成此操作后，即可进行设计布局，可以屏蔽关键或敏感区域，或根据需要在接口处添加滤波器，以防止 EMI 辐射，或保护这些电路免受 EMI 影响。

通过隔离 EMC 关键区域，可以在设计的初始阶段或以后添加相关措施。拥有接口提供了优化整体性能以满足其 EMC 测试的可能性。这可能导致增加进一步的滤波、筛选等，或者如果不需要某些措施，它甚至可以降低成本。

10.6.4 接地

单元内的接地方案对其 EMC 性能特别重要。接地不良会导致接地回路，进而导致信号被辐射或在设备内被拾取，导致电磁兼容性差，从而导致 EMC 性能下降。

确保接地系统的功能是确保电流能够顺利返回源头的路径。为了实现这一目标，以下几点值得牢记：

1）低阻抗：接地系统应该具有尽可能低的阻抗。这意味着接地路径应该是导电性能良好的，以便电流能够顺畅地流动回源头，而不会产生过多的电压降。通过使用足够大的接地线或铜箔，以及确保接地点之间的连接良好，可以降低接地系统的阻抗。

2）直接路径：接地系统应该是直接的，即电流应该能够通过最短的路径回到源头。任何环路或偏差都可能导致电流路径变长，增加阻抗和干扰的风险。因此，在接地系统设计中，应该避免使用过长的接地线或回路，并确保接地点之间的路径是直接的。

3）杂散效应：是指由于接地系统的不良设计或实施而引起的干扰问题。这种干扰可能会影响电路的稳定性和可靠性，甚至引起电磁兼容性（EMC）问题。为了预防这些问题，接地系统的设计应该注意避免任何可能引起杂散效应的因素，如环路、共模干扰和接地电流的分布不均匀等。

通过遵循这些原则，并避免任何可能引起杂散效应的因素，可以提高接地系统的性能，并减少潜在的干扰和 EMC 问题。

规划接地系统并非易事。它比看起来更具挑战性，但对于良好的 EMC 性能至关重要。长度必须保持在最短，因为在超过几千赫兹的频率以上，阻抗主要由电感控制，即使在低频下，几厘米的长度也会产生显著差异。

为了克服这些影响，应尽可能使用粗线，并且在 PCB 上必须使用接地层。关键走线必须在地平面上方运行，并且它们的布线应使它们不会在地平面中遇到任何中断。有时需要在接地平面上设置一个槽或中断，若发生这种情况，则必须在该平面上布线一条关键走线，即使它会使其稍长一些。

可以采用这些和其他方法来确保接地系统能够将 EMC 问题降至最低，应该对接地进行大量考虑，因为以后可能不容易更改。

10.6.5 屏蔽外壳

尽管从成本的角度来看，屏蔽外壳可能不是首选，但将设备放置在接地的导电外壳中将显著提高性能。然后，可以在该接口处进行所有滤波，并且导电壁将提供辐射屏障，从而提高 EMC 性能。

在成本和可能的美观性很重要的情况下，可以在机柜内部喷涂导电涂料，尽管所提供的屏蔽水平不会像使用完全导电的金属外壳那样好。如果需要高水平的 EMC 性能，应注意选择不破坏屏蔽连续性的情况。理想情况下，外壳应该由尽可能少的要素组成。在每个焊点处都会有辐射通过的可能性。在出现焊点的地方，它们应尽可能紧密，并且它们之间应具有良好的连续性。

一些使用带有阳极氧化铝面板的预制结构的金属外壳不能提供良好的 EMC 性能，尽管它们在美学上比一些射频密封外壳更令人愉悦，必须根据所需的性能和需要进行的 EMC 测试进行平衡。

10.6.6 屏蔽线和电缆

当线路和电缆需要进出单元时，可以对电缆进行屏蔽，以防止传输的信号辐射或拾取外部信号。然而，当电磁兼容性 EMC 应用需要屏蔽电缆时，屏蔽必须在进入设备后立即与设备信号接地相连，否则可能会辐射或拾取不需要的信号，这会影响 EMC 合规性。

电磁兼容性，EMC 性能对当今的电子设备来说非常重要，因此有必要针对 EMC 进行设计。为了使设备能够通过其 EMC 测试并投放市场，它必须符合现行的指令和法规。一个单元要获得成功，就必须将其设计为提供高水平的电磁兼容性、EMC 性能和降低 EMI。

10.6.7　接地环

由于 PCB 的可及性，必须在 PCB 周围使用一圈接地，如图 10-24 所示。该接地环必须连接到 PCB 的内部接地，并且必须用于实现 PCB 的接地网格。接地环由宽度为 2mm 的走线实现，并且通过过孔将接地环连接到接地层。

图 10-24　接地环

接地环的设计应遵循以下通用规则：

1）环状：接地环的形状应尽可能接近环状，以确保最小的回路面积。这样可以减少电磁干扰的可能性。

2）导电性：接地环应具有良好的导电性能，以确保低阻抗的接地路径。使用宽带、低阻抗的导线或导电板材料来构建接地环。

3）连接：接地环应连接到所有重要的地点，包括电源地、信号地和机壳地等。这样可以确保整个 PCB 上的地点之间有相对稳定的电位差。

10.6.8 ESD 保护

对于所有 ESD 保护，如电容、压敏电阻或齐纳二极管，规则适用。保护器件必须放在走线的通道上，没有特定的走线加入保护。从保护到地层的走线必须宽而且非常短（最小 2mm）。从元器件接地到连接器的连接也必须短而直接，如图 10-25 所示。

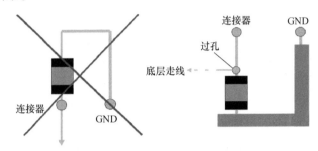

图 10-25　ESD 器件放置示例

以下是一些常见的 ESD 保护规则：

1）引入保护元器件：在设计中引入 ESD 保护元器件，如 TVS（瞬态电压抑制器）二极管。这些元器件能够快速地吸收和分散来自 ESD 事件的高电压脉冲，保护电路中的其他元器件。

2）选择合适的保护元器件：选择适合用户设计需求的 ESD 保护元器件，根据其响应时间、耐受电压和电流能力等特性。确保这些元器件能够提供足够的保护，以防止电路中的元器件受到损坏。

3）放置保护元器件：将 ESD 保护元器件放置在可能受到 ESD 影响的电路输入和输出端口附近。这样可以最大限度地减少 ESD 事件对电路的影响，同时确保保护元器件能够迅速响应和吸收 ESD 脉冲。

4）地线和屏蔽：正确地连接地线和屏蔽也是 ESD 保护的重要因素。通过确保良好的接地连续性和屏蔽，可以将 ESD 脉冲引导到地线上，并减少其对电路的影响。

10.6.9 电源去耦

为了有效去耦集成电路或微控制器的电源，滤波器必须遵守以下规则：

1）将保护放置在连接到该元器件的走线的直接通道上：为了最大限度地减少电源噪声的传播，去耦电容必须直接放置在连接到集成电路或微控制器的电源走线上。这样可以确保电源噪声能够尽快地被吸收和抑制。

2）连接走线的长度不得超过 1mm：为了最大限度地减小电源线的电阻和电感，连接到去耦电容的走线长度应尽量短，通常，这个长度不应超过 1mm。较短的走线长度可以降低电源线的电阻和电感，从而提高去耦效果。

3）保护必须尽可能靠近集成电路引脚：为了确保去耦电容能够最大限度地吸收电源噪声，它们应尽可能靠近集成电路或微控制器引脚，通常，这个距离不应超过 2mm。较近的放置可以减少电源线和去耦电容之间的电阻和电感，从而提高去耦效果。

4）保护地与集成电路地的连接必须短而直接：为了确保去耦电容能够有效地将噪声引导到地线上，保护地（通常是集成电路下的接地层）与集成电路地的连接应该是短而直接的。这样可以最大限度地减小接地回路的阻抗，提高去耦效果。

遵守这些规则可以确保去耦电容在集成电路或微控制器的电源中起到良好的滤波作用。同时，还应根据设计要求和应用需求选择合适的去耦电容，并确保其电压等级和电流能力能够满足设计需求。与 PCB 设计工程师合作，并使用先进的布线工具和技术，可以帮助优化去耦布线和确保其性能和质量。

去耦是一种常用的 PCB 布局技术，用于降低电源噪声和电源波动对电路的影响。以下是一些常见的去耦规则：

1）去耦电容：在电源引脚附近放置合适的去耦电容，用于吸收电源线上的高频噪声。这些电容应选择与设计的负载电流和频率相匹配，并确保其电压等级足够。

2）电容位置：去耦电容应尽可能地靠近负载器件的电源引脚。这样可以最大限度地减少电源线的电阻和电感，减小电源噪声的传播路径。

3）多级去耦：对于特别噪声敏感的电路，可以使用多级去耦电容。通过在电源引脚和负载之间添加多个去耦电容，可以进一步降低电源噪声。

4）接地：确保去耦电容的接地是正确的，连接到适当的地点。这样可以确保电容能够有效地吸收噪声，并将其引导到地线上。

10.6.10 接地连续性

地层必须遵循 PCB 的关键信号，不得有任何不连续性，如图 10-26 所示。因此，如果层的关键走线发生变化，接地走线也必须改变层。为了保证符合这一规则，可以通过对项目的具体分析和模拟，实现关键信号的识别。一般来说，受此限制的信号特别是 PCB 的所有电源（12V/5V……其他）和快速通信信号（时钟/SPI 等）。

接地连续性是电磁兼容性设计中的一个重要方面，它有助于确保整个 PCB 上的地点之间有相对稳定的电位差。以下是一些常见的接地连续性规则：

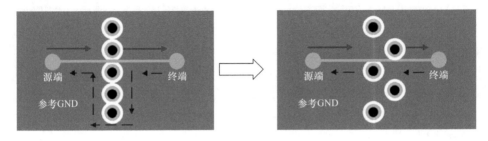

图 10-26　接地连续性

1）接地平面：在 PCB 的布局中，铺设接地平面是确保接地连续性的关键。接地平面应覆盖整个 PCB，并与各个地点连接在一起，形成一个均匀的接地回路。

2）分割：根据信号的特性和要求，可以在接地平面上进行适当的分割。例如，可以将模拟和数字信号的接地平面分开，以减少干扰。

3）连接：确保接地平面与所有重要的地点连接，包括电源地、信号地和机壳地等。这样可以确保整个 PCB 上各个地点之间有较低的阻抗。

4）阻抗控制：接地平面的设计应考虑阻抗控制。通过合理的接地平面设计和选择导线材料，可以降低接地回路的阻抗，并提高接地连续性。

这些规则将有助于确保电磁兼容性设计中的接地环、ESD 保护、去耦合接地连续性的质量和性能。在进行 PCB 布局时，应根据具体的设计要求和应用需求，优化布局并遵循这些规则。

10.7　爬电距离和电气间隙

当标准工作电压高于 AC 30V 或 DC 60V 时，从产品安全的角度来看，爬电距离和电气间隙的 PCB 线间距成为一个重要因素，高于这些水平的电压被认为是危险的，这就是为什么这些设计被认为是高电压的原因。在高密度互连 PCB 中，保持走线之间的最小间距是一项相当具有挑战性的任务。走线的爬电距离和间隙距离在高电压下变得很重要。设计高压 PCB 需要充分了解国际安全标准和法规，如 IPC2221A 和 UL60950 – 1，遵循这些 IPC 标准可确保最终产品安全且功能齐全。这些标准的设计考虑了在附近操作产品和其他设备的人员的安全性。设计人员需要全面了解电介质绝缘电阻、介电击穿电压、PCB 材料、漏电流、间隙和爬电距离以及湿度和湿度高度等跟踪和工作条件等参数。为了确认 PCB 的设计符合安全标准，需要使用测试设备在实验室环境中对其进行测试。此过程有助于发现将来由于环境条件或高电压而在操作过程中可能出现的任何问题。

电子电路小型化的趋势给设计人员带来了巨大的挑战，特别是在包括高压电路在内的混合技术中。大多数电子电路都需要紧凑的 PCB 设计，无论是智能手机还是手持式医疗成像系统。以前，使用高压板作为单独的板是多板系统中的常见做法。通过小型化，可以合并多个 PCB，这也允许设计人员利用混合技术，包括模拟、数字和 RF 电路。PCB 走线间距考虑因素已成为制造商的主要关注点，因为高压电路需要额外的规则来形成增加的电气间隙和隔离，以确保操作员的安全。这些规则有助于找到实现精确电路形成和减小整体产品尺寸的方法，表 10-2 为走线最小宽度和最小间距。

表 10-2　走线最小宽度和最小间距

铜厚	外层制程能力				内层制程能力			
	线宽/mil	线宽/mm	间距/mil	间距/mm	线宽/mil	线宽/mm	间距/mil	间距/mm
5μm	2	0.0508	3	0.0762	2	0.0508	2	0.0508
9μm	3	0.0762	3	0.0762	2.5	0.0635	2.5	0.0635
17.5μm	4	0.1016	4	0.1016	3	0.0762	2.25	0.05715
35μm	6	0.1524	6	0.1524	4	0.1016	4.25	0.10795
70μm	8	0.2032	8	0.2032	6	0.1524	6.25	0.15875
105μm	12	0.3048	12	0.3048	7	0.1778	8	0.2032
140μm	14	0.3556	14	0.3556	8	0.2032	10	0.254

10.7.1　最小 PCB 线/走线间距

PCB 元器件和其他走线之间的最小线间距是承受给定电压所需的距离，它根据爬电距离和间隙距离来定义。电压、应用和 PCB 元器件类型等因素在确定最小 PCB 走线间距要求方面起着关键作用。两个 PCB 走线之间的距离通过各种方法和计算来测量，同时牢记电气间隙和爬电距离的标准。

10.7.2　爬电距离和电气间隙距离

爬电距离是 PCB 上导体走线沿绝缘材料表面的最短距离，而间隙定义为两个导体走线之间通过空气（视线）的最小距离，如图 10-27 所示。

与在空气中测量的间隙不同，爬电距离是沿着绝缘材料表面测量的。在处理高压设计时，设计人员必须了解爬电距离和电气间隙规则之间的区别。

10.7.3　污染对 PCB 表面的影响

由于灰尘颗粒和湿气的污染，走线间会产生电流泄漏。这可能导致导体之

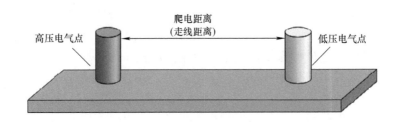

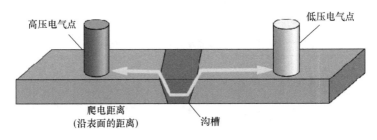

图 10-27　爬电距离和电气间隙距离

间的绝缘材料表面缓慢击穿。表面击穿可能是由于电压尖峰引起的。相对漏电起痕指数（CTI）过低的恒定高电压将导致表面击穿。

1. 用于 PCB 材料选择的比较漏电起痕指数（CTI）

比较漏电起痕指数（Comparative Tracking Index，CTI）定义了由于污垢和湿气等环境条件引起的 PCB 绝缘材料的电压击穿。它表示 PCB 基板承受 PCB 表面两条走线之间的击穿的能力。它用于评估 PCB 基材的起痕电阻，并有助于计算走线之间的高压隔离值。CTI 值表示 PCB 材料对污垢和湿气等环境影响的抵抗力，材料的 CTI 值越高，其抗击穿能力就越强。FR4 的默认 CTI 值为 175，在特殊材料上最高可达 600。CTI 值有助于推断整体 PCB 起痕电阻。这些值给出了泄漏或短路的估计值，因为走线间距因组装密度而变小。根据 IEC – 60112 标准，CTI 级基板具有良好的抗击穿性。CTI 是选择 PCB 材料时的关键参数，IEC 为 PCB 的 CTI 计算规定了以下 3 个等级，见表 10-3。

表 10-3　漏电起痕指数参数

比较漏电起痕指数（CTI）/V	等级
$600 \leqslant CTI$	Ⅰ
$400 \leqslant CTI < 600$	Ⅱ
$175 \leqslant CTI < 400$	ⅢA
$100 \leqslant CTI < 175$	ⅢB

CTI 是一种用于衡量 PCB 绝缘材料对电气击穿的敏感性的测量指标。

CTI 的测量方法是将一个电压应用于 50 滴 0.1% 氯化铵溶液，在材料表面形成的液滴上方。然后观察材料在此电压下是否会发生击穿，以及是否会导致失效。

CTI 值主要取决于两个因素：间隙和爬电距离。间隙是指两个 PCB 导体之间的水平距离，而爬电距离是指涂覆在 PCB 表面的绝缘材料上液滴中液体蔓延的距离。

CTI 值越高，表示材料对电气击穿更为耐受。这意味着材料具有更好的绝缘性能，能够在较高的电压下保持稳定。

CTI 值还可以提供有关整体 PCB 的起痕电阻的信息。起痕电阻是指材料表面形成的液滴上的电流通过的电阻。较低的 CTI 值意味着绝缘材料的起痕电阻较低，而较高的 CTI 值则表示起痕电阻较高。

在 PCB 设计和制造过程中，了解 CTI 值对于选择合适的绝缘材料和确保电路的可靠性非常重要。根据设计要求和应用环境，需要选择具有适当 CTI 值的材料，以确保它们能够承受所需的电压和保持稳定运行。

2. 爬电距离和 CTI 值

根据 PCB 基材的 CTI 值，爬电距离值会有所不同。如果 CTI 值较高，则需要较小爬电距离值。简而言之，高 CTI 值表示 PCB 导体之间的距离较小。计算 PCB 爬电距离和电气间隙的测量取决于施加的电压、空气污染和温度变化等因素。此外，湿度决定了空气的击穿电压并影响电弧的可能性。另一方面，随着 PCB 材料和环境条件，由于颗粒积聚引起的水分和污染缩短了爬电距离。设计人员无法在 PCB 布局设计阶段解决与间隙相关的问题，因为测量的距离是沿着空气通道（视线）的。元器件放置可能会在减少间距期间发生的错误。然而，关键因素，如绝缘材料的使用和双面组装的采用，在确定 PCB 元器件间距要求时起着关键作用，绝缘材料充当高压节点之间的片材屏障。它们还可以套管或覆盖过度暴露的高压引脚，属于表面贴装类别的 PCB 元器件比例很高，允许设计人员根据 PCB 两侧的间隙要求放置电路。保持与 PCB 上的边界表面和通孔连接点的间隙也很重要。相同电位的相同高压电路中的节点不需要增加电气间隙或爬电距离。但是，低压电路必须满足与高压电路相关的间隙要求。很少有国际标准建议使用保形涂层来限制与间隙相关的问题，保形涂层根据设计要求进行应用。最小爬电距离可以解决走线击穿。避免沿绝缘体表面的导电路径可限制走线击穿。

影响爬电距离和电气间隙的几个因素包括：

1）工作电压。

2）污染程度。

3）绝缘。

4）电路类型。

10.7.4　PCB 爬电距离和电气间隙的工作电压

工作电压是设备承受额定电压时特定绝缘层上的最高电压。该定义在各种国际标准中都有规定，包括 IEC950 和 EN60950。爬电距离和电气间隙值是通过确定特定工作电压下的工作电压来计算的，换算关系见表 10-4。在确定工作电压时，需要评估峰值和均方根（RMS）电压。直流电压的峰值将决定电气间隙，交流电压的 RMS 值将决定爬电距离。根据工作电压，计算最小 PCB 线间距，例如，根据 IEC – 60950 – 1，609V 次级电路的工作电压将承受 2700V 的峰值电压，因此均方根（RMS）电压将为 $2700 \times \sqrt{2} V = 3818V$。根据 UL796，采用 1600V/mm 标准来计算所需的最小距离。因此，两条走线之间的间距为 $3818/1600mm = 2.39mm$。

表 10-4　工作电压换算关系

工作电压（a）	峰峰值电压（p）	均方根（RMS）电压
500V	1750V	3257V
526V	2000V	3566V
551V	2200V	3803V
575V	2400V	4034V
609V	2700V	4369V
620V	2800V	4478V

上表显示了峰峰值电压如何随工作电压而变化，符合 IEC – 60950 – 1 标准。

10.7.5　PCB 的污染程度与爬电距离和电气间隙

污染程度从高压/安全的角度考虑污染物将如何影响暴露于不同环境的产品。它是根据周围存在的干污染和冷凝量进行分类的。污染程度越高，粉尘污染和冷凝越多，从而影响产品的安全性。调整爬电距离和间隙距离以确保 PCB 的安全性。污染程度根据大气中的污染水平和湿度水平而变化。例如，根据多个安全标准和认证机构，实验室区域属于 2 级污染。污染等级 1 可应用于密封在空气和防水外壳内的产品。另一方面，污染等级 3 适用于工业制造等恶劣环境条件。

根据 IEC60947 – 1 标准，污染程度分为四大类：

1）污染等级 1：零污染或干燥环境。在这种类型中，存在非导电污染，对电子电路操作无害。例如，密封外壳或灌封产品。

2）污染等级 2：大多数情况下，存在非导电污染。但是，由于冷凝而存在暂时导电污染的可能性。实验室区域是污染等级为 2 的例子之一。

3）污染等级 3：在这种类型中，由于周围环境的湿度或灰尘而发生导电污染或化学污染。例如，重工业环境更容易受到灰尘的影响。

4）污染等级 4：存在持续的导电性，这是由湿度和灰尘污染过多引起的。外部条件，如雨或降雪，会导致污染等级为 4，并导致持续的导电性。

1. 通过设计特点控制污染程度

采取了几个步骤来避免污染程度对爬电距离和电气间隙的影响。这些步骤是根据与 PCB 线间距相关的设计特征和系统的操作特性采取的。例如：通过产品的气密密封可以避免污染等级 1；通过通风限制湿度或灰尘颗粒的积累，避免了 2 级污染。

此外，加热器和风扇将避免污染。在设备不间断运行的情况下，持续通电或加热是非常优选的。持续通电还可以避免过度冷却，因此不会发生冷凝。此外，通过使用适当的外壳，可以避免 3 级污染。这些外壳限制了外部环境因素，如湿度。

2. 用于 PCB 爬电距离和电气间隙的绝缘

通常，对于无法接近的电子电路，首选单级绝缘。但是，我们更喜欢使用双层绝缘来防止危险电压。实施双层绝缘系统必须遵循几条规则。绝缘对于符合安全超低电压（SELV）标准的电路是必需的。用户可触摸电压或 SELV 系统被称为电气系统，其中电压在 IEC 和 EN60335 标准的正常条件下不能超过允许值。这些 SELV 电压必须是无害的。这些 SELV 电路在低功耗和逻辑电平下工作，例如 DC ± 3.3V 至 DC ± 24V。SELV 电路的一些示例包括连接到外围设备（如打印机和键盘）的输入/输出连接器和电缆。

10.7.6　绝缘类型分类

绝缘类型主要分为五种不同的类型，即功能性（F）、基本（B）、双重（D）、补充（S）和增强（R）。这些绝缘类型的定义在多个标准中都有提及，并且非常复杂。对于设计师来说，了解所有这些规则并根据要求在设计中应用它们非常重要。将危险电压与安全超低电压（SELV）电路隔离非常重要。根据国际标准，以下绝缘类型定义：

1）功能性绝缘：这种类型的绝缘确保了产品的正常功能，但不能保证安全保护。

2）基本绝缘：这提供了单层绝缘，以避免对电子元器件造成任何伤害。

3）补充绝缘：这种类型的绝缘材料为基本绝缘材料增加了一层额外的保护

（最小厚度为 0.4mm），以保护其免受冷凝。

4）双重绝缘：这是功能、基本和补充绝缘的组合。

5）加强绝缘：这属于一个单一系统，提供与双重绝缘相同的保护。它还要求单层使用的最小厚度为 0.4mm（根据 UL60950/EN60950）。

这些安全标准可帮助设计人员保护电子电路免受异常（单次击穿）情况的影响。通过实施双重或加强绝缘来避免单次击穿情况，其中第二层用于保护。

10.7.7 导电阳极灯丝故障

导电阳极灯丝（CAF）是金属丝，由于 PCB 中铜的电迁移引起的，这进一步导致设备故障。CAF 的增长桥接了两个相反极化的铜导体。CAF 以四种不同的方式发生：通孔到通孔、走线到走线、通孔到走线和层到层。CAF 主要是由于两个关键因素，测试或偏置电压（在设备测试期间施加的电压）和高相对湿度。CAF 故障尤其发生在孔到孔中，如图 10-28 所示。

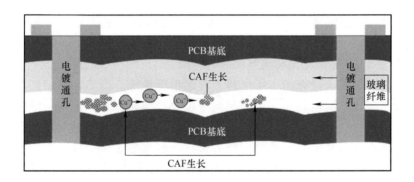

图 10-28 导电阳极灯丝的生长

影响 CAF 生长的关键因素包括电场强度、温升、湿度和层压板类型。CAF 故障主要发生在高密度 PCB 中，导致 PCB 线间距减小，然而，制造缺陷也可能导致 CAF 故障。金属丝的生长通常是从铜阳极到铜阴极，最终导致电子电路的电气故障。CAF 分两个阶段发生：树脂玻璃的降解和铜的电化学迁移，导致灯丝生长。

树脂玻璃的降解是一个可逆的过程，其中材料的绝缘电阻在烘烤和干燥过程后返回。实际 CAF 增长的第二步被认为是不可逆转的。CAF 失效所需的时间取决于测试电压、相对湿度、间距、温升和树脂体系。

10.7.8 PCB 爬电距离和电气间隙的电路类型

为了定义电路类型，必须根据 SELV（非危险电路分类为 SELV）、ELV、危险等来识别每个电路模块。此信息可用于定义适当的绝缘类型和级别数，以便在电路块之间以及内部元器件与用户之间使用。以下类别用于定义不同的电路类型以及所需的绝缘类型：

1）0 类电路：具有 0 类电路的设备没有保护接地连接。它们具有单层绝缘。此类设备旨在用于干燥区域，单个故障都可能导致触电。这些电器在大多数欧盟国家已被禁止。

2）01 类设备：它们类似于 0 类，但有一个未使用的接地端子，因为使用了两根芯电缆。

3）Ⅰ类设备：它们使用保护性接地（例如，接地金属外壳）作为一级绝缘，因此，只需要外壳和危险电压的任何部分之间进行基本绝缘。

4）Ⅱ类设备：它们使用双重或加强绝缘，无须接地金属外壳和接地电源插头。

5）Ⅲ类设备：由 SELV 电源供电，内部不会产生危险电压，因此只需要功能性绝缘。

1. PCB 元器件间距

在某些情况下，电气安全和电压隔离被赋予了高度优先级、爬电距离和电气间隙，隔离距离非常重要。端子、连接器和 PCB 元器件间距在多个国际标准中都有明确定义。但是，我们将间距分为两部分，例如：

1）非绝缘带电元器件和其他非绝缘金属元器件之间的间距。它包括端子和散热器、机箱、金属盒、机柜等之间的间距。

2）极性相反的非绝缘带电元器件之间的间距。它包括端子、连接器、裸线、相邻元器件间距等。

3）元器件端子上的高温硅胶灌封允许增加爬电距离并增强污染程度。它避免了沉积过程中形成任何空腔和空隙，以防止隔离问题。该措施还通过增加端子的间距来提高电气安全性。

2. PCB 爬电距离和电气间隙问题的设计指南

较低的间隙会导致过电压，从而导致相邻导电走线之间的瞬时击穿。采取以下措施解决电气间隙和爬电距离问题：

1）爬电距离可以通过移动走线和增加设计中的表面距离来避免。

2）按照标准，高压和低压电路之间有足够的间距。

3）使用曲线而不是任意角度弯曲走线。

4）长方形焊盘可以改善引脚之间的间距。

5）选择具有高介电高 CTI 的 PCB 材料，与合同制造商讨论使用哪些材料最适合处理高电压以抵抗 PCB 绝缘击穿。

6）在 PCB 处于放置和布线阶段时，与 UL 工程师互动，以使用户的 PCB 获得 UL 认证。

7）涂覆保形涂层，保护用户的 PCB 免受外部污染，并且它的成分是电介质，为用户的 PCBA 表面增加了绝缘。

8）设计人员还可以在走线之间添加一个槽或放置垂直绝缘屏障。在设计中加入 V 型槽、平行侧槽口或放置槽口可以有效解决爬电距离问题。

9）使用适当的屏蔽技术，如金属屏蔽罩或涂层，以减少电磁干扰和交叉耦合。

10）避免在高压和低压电路之间穿越地平面，以防止爬电距离缩短。

11）注意 PCB 上的电气间隙要求，根据应用和标准确定最小间隙。

12）进行电气间隙和爬电距离的模拟和数字仿真，以确保在实际运行中不会出现电气故障。

13）与制造商合作，确保制造过程中的质量控制和检查，以避免导致电气间隙或爬电距离问题的制造缺陷。

爬电距离是 PCB 导体之间沿其表面的空间。我们需要同时保持最小爬电距离和封装密度。下面讨论一些有助于提高封装密度同时保持所需爬电距离的技术，如图 10-29 所示。

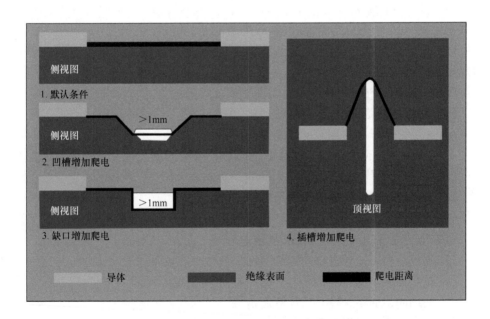

图 10-29　使用 V 型槽、陷波和槽技术解决 PCB 中的爬电距离问题

1）增加走线距离方法：平坦绝缘表面的默认情况，在这种方法中，爬电距离是沿着两个导体之间的 PCB 表面测量的，可以通过增加走线之间的距离来增

加爬电距离。

2）V型槽方法：在这种情况下，V型槽增加了导体之间的表面距离。增加的表面长度向下测量到凹槽，直到达到至少1mm或更大。

3）平行侧陷波方法：它进一步增加了表面距离，但宽度应至少为1mm或更大。

4）插槽方法：是一种通过在PCB中实施超过1mm宽度的槽来增加爬电距离的方法。这种方法是一种简单且成本效益较高的解决方案之一。通过在PCB的设计中增加槽的数量和宽度，可以有效地增加绝缘距离，从而提高电路的绝缘性能。

插槽方法的优势在于它可以在不更换整个PCB材料的情况下实现。通过简单地修改设计和制造流程，可以在现有的PCB上实施插槽。这使得插槽方法比其他更复杂的方法更容易实施。

然而，插槽方法也有一些限制。首先，它需要足够的可用空间来实施插槽。如果PCB的空间有限，可能无法在足够的位置和宽度上添加插槽，从而限制了这种方法的可行性。

另外，对于高压设计，选择合适的PCB材料也非常重要。高压设计通常需要材料具有更高的绝缘性能和耐电压能力。一些常用的高压设计PCB材料包括玻璃纤维增强聚酰亚胺（FR－4）和聚四氟乙烯（PTFE）等。这些材料具有较高的绝缘强度和耐电压能力，能够满足高压设计的要求。

在设计高压PCB时，设计人员需要仔细选择PCB材料，因为PCB会暴露在常规环境中，并且随着年龄的增长而发生过电压事件，其次，在选择PCB材料和元器件时也遵循安全标准，一般来说，应严格遵守PCB要求的合规性。设计师需要牢记以下几点：

1）元器件：根据合规性选择暴露在高压下的元器件。确保端子之间保持足够的间距。遵循元器件数据表中提到的布局指南。

2）板材：选择具有非常高介电击穿率的PCB层压板。高压层压板具有非常高的性能，但价格高昂。

3）铜：用于制造PCB走线和过孔的铜应具有适当厚度（以盎司（oz）为单位）以承受高电流和机械应力。

4）树脂和玻璃：板上的树脂和玻璃含量会影响其在高压情况下的耐用性。具有高树脂含量和小玻璃样式的PCB可提供最佳的介电性能。

查看表10-5，了解具有污染程度和材料组的工作电压的爬电距离要求（以mm为单位）。所有测量都应准确，并且必须考虑最终应用。

表 10-5　工作电压的爬电距离要求与污染程度和材料组别

工作电压	功能，基本，增强绝缘							
	污染程度 1	污染程度 2			污染程度 3			
	材料组	材料组			材料组			
	Ⅰ、Ⅱ、Ⅲa 或 Ⅲb	Ⅰ	Ⅱ	Ⅲa 或 Ⅲb	Ⅰ	Ⅱ	Ⅲa 或 Ⅲb
<50	使用表中适当的间距	0.6	0.9	1.2	1.5	1.7	1.9
100		0.7	1.0	1.4	1.8	2.0	2.2
125		0.8	1.1	1.5	1.9	2.1	2.4
150		0.8	1.1	1.6	2.0	2.2	2.5
200		1.0	1.4	2.0	2.5	2.8	3.2
250		1.3	1.8	2.5	3.2	3.8	4.0
300		1.6	2.2	3.2	4.0	4.5	5.0
400		2.0	2.6	4.0	5.0	5.6	6.3
600		3.2	4.5	5.3	8.0	9.5	10.0
800		4.0	5.6	8.0	10	11	12.5
1000		5.0	7.1	10.0	12.5	14	16.0

注：在最近的两点之间允许线性插值，计算出的间距被四舍五入到下一个更高的 0.1mm 增量。

3. PCB 爬电距离和电气间隙标准

当设计人员从事高压板设计时，在处理功率半导体和工作电压为 >30Vrms/DC 60V 的 PCB 时，必须了解安全标准。适当的间距参数（如间隙和爬电距离）对于避免任何闪络并保护产品和用户非常重要。安全标准和测试机构根据产品要求、用途、电压类型、污染程度、涂层、绝缘和海拔规定了导体走线之间的正确间距。由于不正确间距的后果各不相同，从法律违规到严重伤害和重要设备的破坏，因此值得花时间熟悉与用户的设计相关的标准。

可以应用以下标准：

IPC‑2221 PCB 设计通用标准。IPC‑2221 是 PCB 爬电距离和电气间隙指导的通用标准。本标准详细解释了对材料质量、可追溯性、布局指南的要求，以确保质量。如果用户遵循 IPC2221A 规则集，则可以假定已提供足够的隔离。基于 IPC‑2221 的高压间隙计算器对于确定 PCB 的最小间距非常有帮助。对于IPC2221 标准，还提供用于爬电距离和电气间隙测量的计算器。

爬电距离和电气间隙距离的计算和测量是所有安全标准中最重要的部分之一，因此设计工程师在整个设计阶段咨询产品安全工程师非常重要，以避免在产品投放市场之前在测试机构出现任何故障。爬电距离和间隙距离不仅适用于PCB，也适用于安装在 PCB 上的元器件（尤其是磁性元器件）。同样重要的是要注意，随着工作电压、污染程度、过电压类别和海拔的增加，爬电距离和间隙距离也会增加。

（10.8） 整理和清理

检查并改善地层网格，确保所有连接都布线好之后，优化接地层，检查通孔和 SMD 焊盘上的热释连接，并改善走线平衡。

当对连接器进行波峰焊接时，可以要求在外部连接器引脚上添加助焊剂，根据焊接过程和连接器间距，可以采用不同的解决方案。

第 **11** 章

高速信号布线

高速电路设计是一个非常复杂的设计过程。本章所阐述的方法就是专门针对解决这些高速电路设计问题的。此外，在进行高速电路设计时有多个因素需要加以考虑，这些因素有时互相对立。如高速器件布局时位置靠近，虽可以减少延时，但可能产生串扰和显著的热效应。因此在设计中，需权衡各因素，做出全面的折中考虑；既满足设计要求又降低设计复杂度。高速 PCB 设计手段的采用构成了设计过程的可控性，只有可控的，才是可靠的，也才能是成功的。

11.1 高速信号的定义

高速电路是指工作频率在 45～50MHz 的数字逻辑电路或者占整个电子系统一定比例的电路。高速电路面临一些特殊的挑战，其中一个主要挑战是信号传输中的传输线效应。

传输线效应是指信号边沿的快速变化引发的非预期结果。当信号的上升沿或下降沿变化得很快时，会产生高频谐波。传输线上的电容和电感特性会导致这些高频谐波发生反射、干扰和失真，对信号的完整性造成影响。

11.2 高速信号的考虑因素

为了正确布线高速信号，需要考虑以下几个因素：

1）传输线长度和延时：传输线的长度会影响信号传输的延时。当传输线长度大于信号驱动端上升时间的一半时，就会产生传输线效应。因此，需要合理规划布线，确保传输线长度适当，以避免信号失真和时序问题。

2）传输线衰减和损耗：在高速电路设计中，传输线会引起信号的衰减和损耗。这可能导致信号幅度减小、噪声增加和信号完整性下降。为了补偿传输线的衰减和损耗，可以使用合适的驱动器和线路增益放大器来增强信号。

3）传输线阻抗匹配：为了减少信号反射和干扰，需要保持传输线和驱动端、接收端之间的阻抗匹配。阻抗不匹配会导致信号反射和信号幅度的变化，影响信号的完整性和稳定性。因此，在布线过程中需要选择合适的线宽、距离和层间距离，以保持适当的阻抗匹配。

4）信号层和接地层：使用适当的信号层和接地层布局，可以减少信号的串扰和电磁干扰。分层布线和合理规划接地层可以提供良好的信号引导和屏蔽效果，降低信号互相干扰的可能性。

11.3 高速信号的挑战

电子系统设计面临着许多挑战，尤其是在当前系统复杂性和集成度大幅提高的情况下。以下是电子系统设计所面临的一些主要挑战：

1）高频挑战：随着系统时钟频率的增加，电子系统设计面临着高频挑战。在高频下，传输线效应和信号完整性问题变得更加显著。传输线长度和布线对于信号传输的延迟和干扰产生了重要影响，需要采取特殊的设计措施来避免信号失真和时序问题。

2）信号完整性：在高速电路设计中，信号完整性的保持变得尤为重要。信号完整性问题包括信号反射、串扰、时钟抖动等，这些问题可能导致信号失真和不稳定性。为了确保信号完整性，设计师需要合理规划布线、选择适当的信号层和接地层，并采取补偿措施，如输入/输出缓冲器、阻抗匹配器等。

3）电磁兼容性：随着系统集成度的提高，电子系统面临着更多的 EMC 问题。高速电路中的信号辐射和敏感性增加，可能导致电磁干扰和抗干扰能力降低。设计师需要采用抑制辐射的布线技术、合理规划接地层和电源布局，以及使用屏蔽和滤波器等措施来提高系统的 EMC 性能。

4）热管理：高速电路工作时可能会产生较高的功耗和热量。设计师需要合理规划散热结构、优化电路布局和散热路径，以确保系统的热管理。这包括选择合适的散热材料、设计散热器和风扇，并在设计过程中考虑热量分布和热传导。

5）封装和组装：高速电路设计还需要考虑封装和组装的影响。封装的电感、电容和电阻特性，以及封装布局对信号传输和时序的影响需要被充分考虑。此外，组装过程中的温度控制、焊接技术和连接可靠性等问题也需要被关注。

11.4 高速信号的布线规则

高速信号的布线规则旨在确保信号的完整传输和稳定性，以提高高速电路的性能和可靠性。通过合理控制传输线长度、规划信号层和接地层、保持阻抗匹配和考虑热管理等方法，可以减少信号失真、串扰和干扰，提高系统的工作频率和数据传输速率。

1. 叠层结构

根据经验，在信号走线下面有一个共同的地平面是最有益的。为了达到最佳的效果，设计师应该至少加入一个四层的 PCB；对复杂的设计采用一个信号层配一个地线层是十分有效的方法。

（1）四层结构

一个四层的 PCB 允许将其中一个内层投入到一个完整的地平面上。地平面是一张铜片，形成 PCB 的其中一层，并覆盖 PCB 的其中一层的整个区域。这确保了 PCB 中任何两个接点之间的最小阻抗。这个地平面不应该被铺设其中的任何走线所破坏。

当最接近地平面的外层用于安装所有的高速元器件，如射频元器件时，使用微带走线或共面走线。另一侧用于安装不太关键的元器件。第二个内层用于电源平面，电源平面尽可能大，以降低阻抗，如图 11-1 所示。

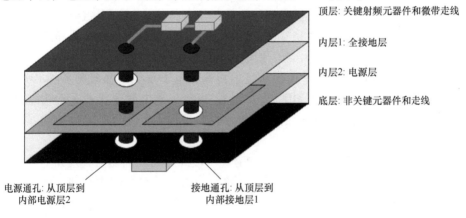

图 11-1 四层 PCB 结构

（2）双层结构

在成本最小化方面，双面 PCB 可能是正确的选择，要实现这一点是相当困难的。当需要在同一区域 PCB 的两侧铺设走线时，就不能保证良好的接地。唯一的解决方案是在走线的两侧实现地平面，这些地平面通过大量的过孔相互连接，如图11-2所示。

当地平面在顶层和底层之间共享时，设计一个双面PCB就会变得复杂。设计人员应确保在最关键的部分下至少有一个完整的地平面。顶部必须尽可能用于布线，底部尽可能用于铺地。需要大量互连的过孔来连接顶部和底部接地。最重要的是，在两层板中，走线不应该穿过对面的高速走线。

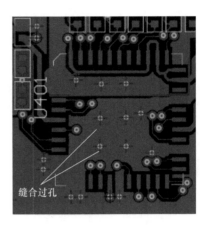

图11-2 地平面缝合过孔显示的PCB

（3）地层分割

在危急情况下，有时会实施分裂的地平面。例如，逻辑部分的地平面和模拟部分的地平面，连接在一个单个点上。

其概念是为了降低模拟地平面上的噪声。遗憾的是，要准确地实现这样一个想法是相当具有挑战性的。特别是，必须将所有的走线从一个区域连接到另一个区域，如图11-3所示。如果没有，那么这些走线将作为一个天线，它将发射或接收假信号。在大多数情况下，只要元器件的放置在适当的地平面部分，单地平面比分裂地平面更可靠，提供更好的结果。

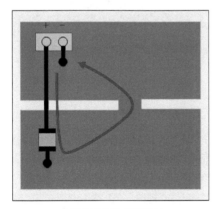

a) 强电流回路: 强辐射场

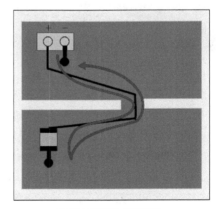

b) 弱电流回路: 弱辐射场

图11-3 返回电流回路

通常，避免分裂地平面，除非有特定的需要，如减少强ESD风险和减少模拟地平面噪声。通过在网格中放置空隙来避免出现热点。

2. 信号过孔选择网格模式，以避开热点

过孔定位不当可能会产生电流密度增加的平面区域。这些地区被称为热点

地区，必须避免出现这些热点问题。最好的解决方案是将如图 11-4 所示的过孔
放置在一个网格中，在过孔之间留出足够的空间让电源平面通过。根据经验法
则，尽可能间隔 0.4mm。

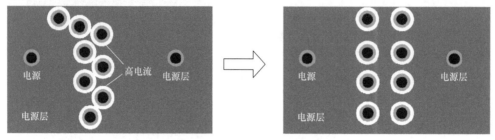

图 11-4 选择网格模式，以避开热点

3. 在布线高速信号时，保持 135°走线弯角，而不是 90°

在布线高速信号时，折弯应保持在最小值。如果需要进行折弯，则应采用
135°的折弯，而不是如图 11-5a 所示的 90°。在 90°时，不能保证 PCB 蚀刻光滑。
此外，非常高速的锋利的边缘可以作为一个天线。

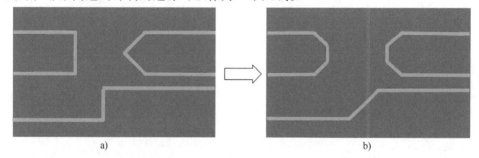

图 11-5 保持 135°走线弯曲，而不是保持 90°弯曲

4. 为了达到特定的走线长度，需要蛇形的走线

如图 11-6 所示，在同一走线中相邻铜之间必须保持 4 倍走线宽度的最小距
离。每段弯曲处的宽度应为走线宽度的 1.5 倍。ECAD 工具中的大多数 DRC 不
检查这些最小距离，因为走线是同一个网络的一部分。

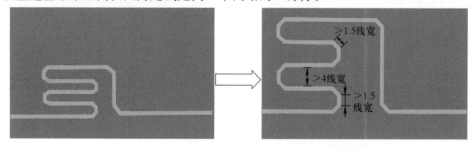

图 11-6 保持弯曲处的最小距离和弯曲长度

5. 增加在瓶颈区域外的信号之间的间距，以规避串扰

应保持走线之间的最小距离，以尽量减少串扰。串扰水平取决于两条走线之间的长度和距离。在某些区域，走线的布线到达瓶颈，走线比预期的更近。在这种情况下，应增加瓶颈外信号之间的距离。即使满足了最低要求，间距也可以进一步增加一点，如图11-7所示。

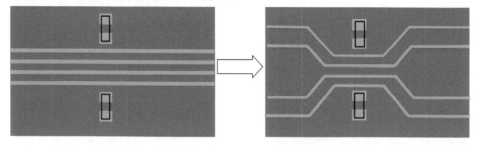

图11-7　尽可能增加走线之间的间距

6. 通过实现菊花链布线来避免长短链布线，以保持信号的完整性

长分支走线可能充当天线，从而增加违反EMC标准的问题。分支走线也可以产生对信号完整性产生负面影响的反射。高速信号上的上拉或下拉电阻是分支的常见来源。如果需要这样的电阻，则将信号布线如图11-8所示。

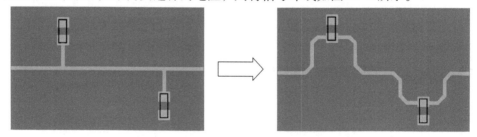

图11-8　通过实现菊花链布线来避免分支走线

7. 不要在差分对之间放置任何元器件或过孔

布彼此平行的高速差分对时，应保持恒定的距离。这个距离有助于达到指定的差分阻抗。设计者应尽量减少由于焊盘层进入而扩大指定间距的区域，差分对应呈对称方向排列，如图11-9所示。

8. 差分对对称地布线

即使信号如图11-10所示对称地布线，设计者也不应在差分对之间放置任何元器件或过孔。在差分对之间放置元器件和过孔可能会导致EMC问题和阻抗不连续性。

9. 差分耦合电容放置

一些高速差分信号对需要串行耦合电容这些电容应对称放置，如图11-11

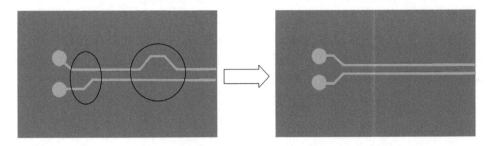

图 11-9　对称地布置差分对，并保持信号平行

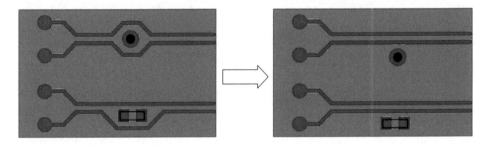

图 11-10　差分对之间不包括任何元器件或过孔

所示。电容和焊盘产生阻抗不连续，0402 优于 0603，应避免使用较大的封装，如 0805 或 C 型封装。

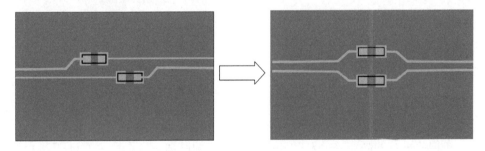

图 11-11　对称地放置耦合电容

10. 差分信号换层过孔对称放置

由于过孔在阻抗中引入了巨大的不连续性，因此必须减少过孔的数量，并应对称地放置，如图 11-12 所示。

11. 差分信号同层放置

在布线差分对时，两个走线应布线在同一层上布线，以满足如图 11-13 所示的阻抗要求。此外，在走线中也应包含相同数量的过孔。

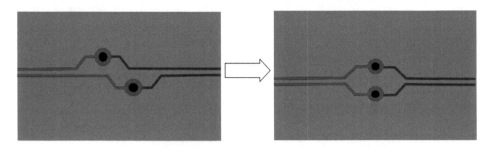

图 11-12　过孔对称放置

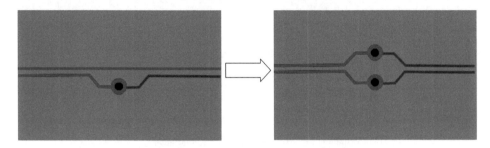

图 11-13　在同一层上的差分对，放置相同数量的孔

12. 差分信号走线长度匹配

长度匹配，以实现正、负信号之间的紧密延迟倾斜。高速接口对到达目的地的时间有额外的要求，即不同走线和信号对之间的时钟倾斜。例如，在一个高速并行总线中，所有的数据信号都需要在一段时间内到达，以满足接收机的设置和保持时间的要求。PCB 设计者应确保不超过此种允许的偏斜。

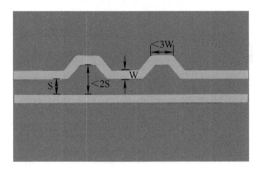

图 11-14　蛇形走线

差分对信号要求在正信号和负信号走线之间有一个非常紧密的延迟偏差。因此，任何长度的差异都应该通过使用蛇形线来补偿。蛇形走线的几何形状应仔细设计，如图 11-14 所示，以减少阻抗不连续。

13. 蛇形的走线放置在长度不匹配的源端

这确保了正、负信号分量在连接点上同步传播，如图 11-15 所示。

14. 弯曲处进行长度不匹配的补偿

补偿应在非常接近弯曲处的地方，最大距离为 15mm，如图 11-16 所示。

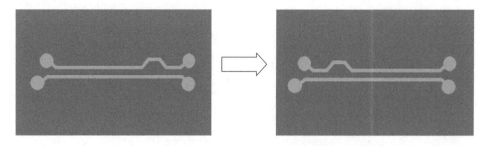

图 11-15　在源端的不匹配点添加长度校正

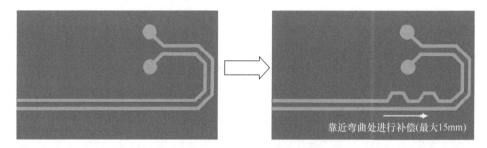

靠近弯曲处进行补偿(最大15mm)

图 11-16　将长度补偿位置靠近弯曲处

15. 两个弯曲处相互补偿（共面补偿）

如果弯曲处接近 15mm，则不需要用蛇形线进行额外补偿，如图 11-17 所示。信号的异步传输距离不得超过 15mm。

16. 差分对连接的每个线段中的不匹配应单独匹配

在图 11-18 所示，过孔将差分对分成两个部分。弯曲需要单独补偿。这确保了正信号和负信号通过过孔同步传播。DRC 忽略了这种违反，因为它只检查整个连接的长度差异。

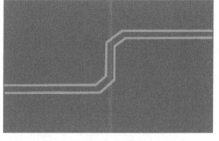

图 11-17　弯曲处可以相互补偿

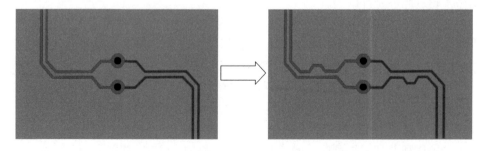

图 11-18　长度差异应在每个线段中进行补偿

17. 信号速度在 PCB 的所有层中都不相同

由于很难找出差异，所以如果需要匹配信号，最好是在同一层上布线信号，如图 11-19 所示。

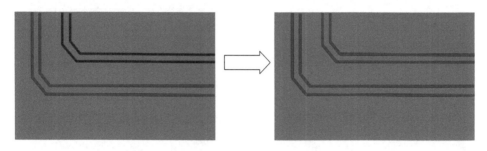

图 11-19　同一接口内的对最好在同一层上

18. 考虑焊盘内的走线长度到其总长度

如图 11-20 所示从电气的角度描述了相似的两种布局。在左图中，电容焊盘内部的走线长度不相等。即使信号没有使用内部走线，一些 EDA 工具认为这是长度计算的一部分，并显示正信号和负信号之间的长度差。为了最小化，确保两个信号的焊盘输入相等。

同样地，一些 EDA 工具在计算总长度时也不考虑过孔的长度。由于差分对在两个走线中应该有相同的间距，因此公差不影响长度匹配。但是，它会影响匹配两个差分对或匹配并行总线的计算。

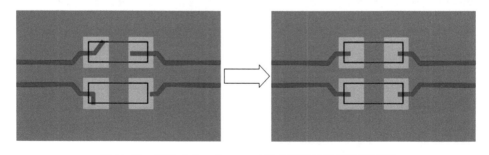

图 11-20　请注意在一些 EDA 工具中遇到的长度计算问题

19. 尽可能避免蛇形走线

如图 11-21 所示，差分对信号的不对称中断，尽可能避免蛇形走线。

20. 差分对的短的走线补偿

如果焊盘之间有足够的空间，可以包括较短的走线而不是蛇形走线，这通常比蛇形的走线更受欢迎，如图 11-22 所示。

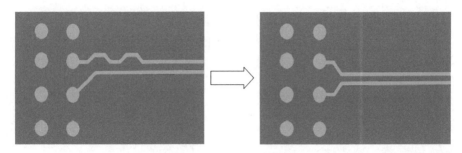

图 11-21　差分对的对称

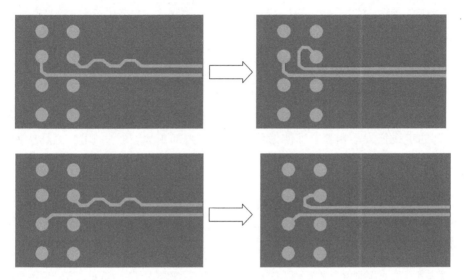

图 11-22　差分对的首选分离

21. 不要在分裂平面上传递信号

　　一个不正确的信号返回路径会导致噪声耦合和电磁干扰问题。在布线一个信号时，设计者应该始终考虑信号的返回路径。功率走线和低速信号采用最短的回电流路径，如图 11-23 所示。与此相反，高速信号的返回电流试图沿着信号路径前进。

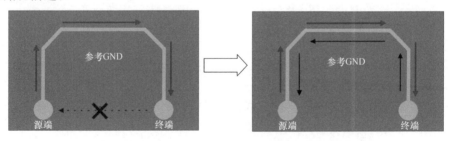

图 11-23　在高速 PCB 中，返回电流试图沿着信号路径运行

22. 避免走线通过分裂平面

信号走线不应该通过分裂平面，因为返回路径不能跟随信号走线，如图 11-24 所示。如果一个平面在终端和源端之间分裂，围绕路径信号走线。如果一个信号的前向路径和返回路径被分开，它们之间的区域就像一个环形天线。

如果一个信号需要在两个不同的参考平面上布线，则应加入缝合电容。缝合电容使返回电流从一个参考平面移动到另一个参考平面。电容应放置在靠近信号路径，使前进和返回路径之间的距离保持较小。缝合电容的值一般在 10nF 到 100nF 之间。

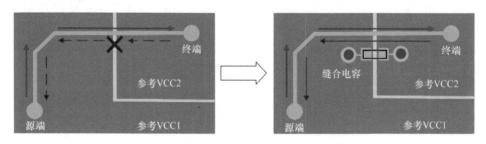

图 11-24   缝合电容在分裂平面上的位置

23. 避免出现平面障碍物和平面插槽

通常，必须避免出现平面障碍物和平面插槽。如果真的有必要通过这些障碍物，则应使用如图 11-25 所示。

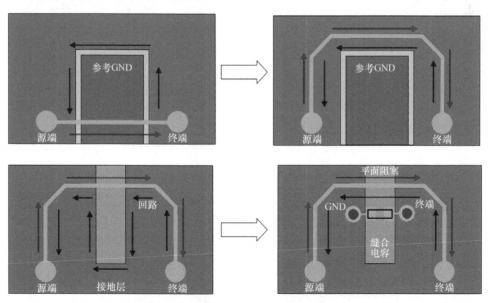

图 11-25   穿越平面障碍物时加入的缝合电容

24. 注意参考平面的空隙

如图 11-26 所示，当放置过孔靠近时，会产生参考平面中的空洞。应确保空隙之间的充分分离，避免较大的空隙区域。最好放置更少的地平面和电源过孔，以减少通过空隙。

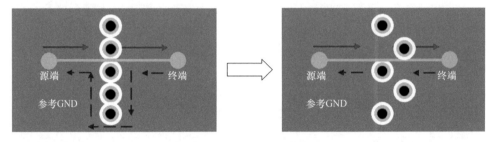

图 11-26　避免通过平面空隙

25. 应在信号的源端和终端处考虑返回路径

如图 11-27 所示，左侧的设计被认为是一个糟糕的设计。由于在源端只有一个接地过孔，因此返回电流不能按预期返回参考地平面。返回路径是顶层上的接地连接。目前的问题是，信号走线的阻抗是根据地平面而不是顶层的地走线来计算的。因此，在信号的终端和源端放置接地过孔是必要的。这允许返回电流在地平面上返回，如图 11-27b 所示。

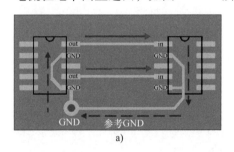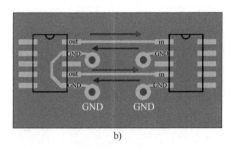

a)　　　　　　　　　　　　　b)

图 11-27　放置地平面过孔时应考虑返回路径

26. 当使用电源平面作为参考时，应使用缝合电容

当一个电源平面被认为是对一个信号的参考时，该信号应该能够在电源平面上传播回来。信号参考源和汇中的接地。为了切换到电源平面的参考，缝合电容应该合并在终端和源端。如果终端和源端使用相同的电源走线供电，则旁路电容可以放置在信号起始/出口点附近，如图 11-28 所示。缝合电容的理想值是在 10nF 到 100nF 之间。

27. 当差分信号切换到一层时，参考地平面也将被切换

因此，应在图 11-29 所示右侧的层变化孔附近添加缝合孔。这允许返回电

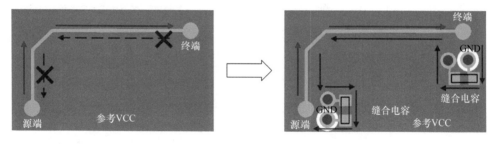

图 11-28　当使用电源平面作为参考时，应使用缝合电容

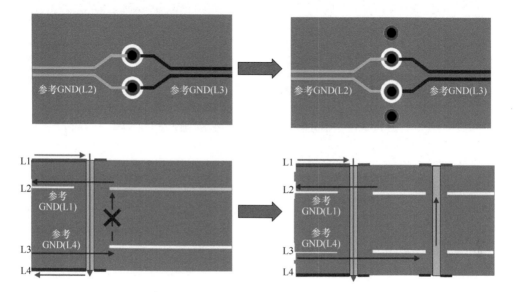

图 11-29　当信号改变参考地平面时，应使用缝合电容

流改变地平面。在处理差分信号时，过孔应对称放置。

28. 当信号切换到具有不同参考平面的不同层时，则应实现缝合电容

这允许返回电流从地平面通过缝合电容流向电源平面，如图 11-30 所示右侧。此外，当考虑差分对时，缝合电容的放置和路径应是对称的。

29. 避免参考平面边缘布线

设计者不应在参考平面的边缘或靠近 PCB 边界处发送高速信号，如图 11-31 所示，这可能会对走线阻抗产生不利影响。

30. 分离模拟和数字地平面，以降低噪声

定义单独的模拟参考地平面和数字地平面部分的方法，使在原理图中很容易确定哪些元器件和引脚应该连接到数字地平面，哪些应该连接到模拟地平面部分。这些设计可以通过放置两个不同的地平面作为参考来实现。这两个平

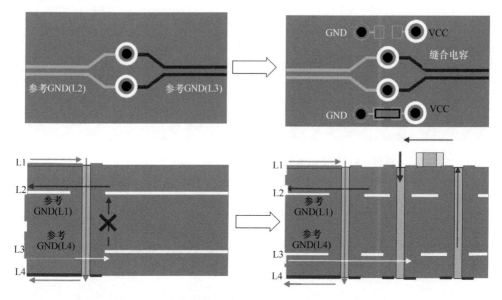

图 11-30　当信号参考平面发生变化时，加入缝合电容

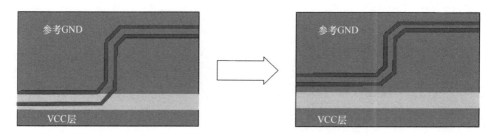

图 11-31　高速信号不应在参考平面和 PCB 边缘进行传输

面应准确放置。数字和模拟部分应放置在各个部分的上方，如图 11-32 所示右侧。

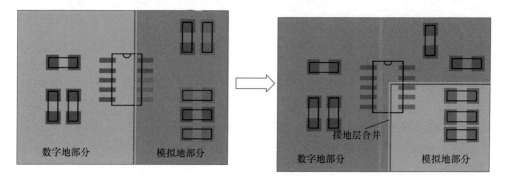

图 11-32　电源平面分割

31. 混合信号电路要求模拟和数字接地在单点连接

在原理图中，总是建议在模拟和数字部分之间放置磁珠或 0Ω 电阻。数字和模拟接地的合并应放置在集成电路附近。如图 11-33 所示，在具有分割平面的混合信号设计中，数字信号不应在模拟地平面上布线，模拟信号也不应在数字地平面上布线。

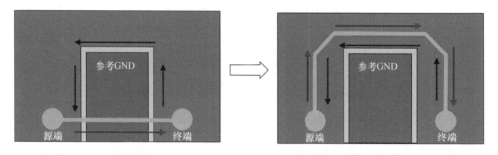

图 11-33 数字信号不得穿过模拟地平面

32. 在模拟地平面和数字地平面之间虚拟分割布局

在虚拟分割方法中，模拟地平面和数字地平面在原理图中不分开。此外，这两个接地域在布局中也没有电分离。有趣的是，布局是虚拟分割的，也就是说，在模拟和数字地平面之间有一个假想的分离，如图 11-34 所示。在放置元器件时，应仔细考虑虚拟分裂平面的正确一侧。

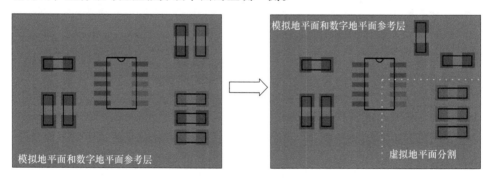

图 11-34 应仔细虚拟平面上的元器件放置

在高速 PCB 布线过程中，设计者应记住两个接地域之间的虚拟线。数字信号和模拟信号走线都不允许穿过虚拟分割线。虚拟分裂线不应该有一个复杂的形状，因为没有平面阻塞，以保持模拟和数字返回电流分开。

如果元器件的引脚宽度接近于走线的宽度，则可获得最佳的高速性能。

33. 元器件的选择

PCB 的设计从原理图开始，特别是对元器件的选择。表面安装器件（SMD）

是首选，因为更小的元器件和更短的走线可以具有更稳定的高速性能。

选择这个封装有时会很棘手，一个有益的标准是查看为 50Ω 阻抗计算出的走线宽度。如果元器件的宽度接近走线宽度，通常可以达到最佳的高速性能。这将降低走线和元器件焊盘之间的阻抗匹配问题，如图 11-35 所示。

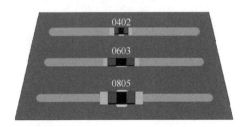

图 11-35　不同元器件的走线宽度

阻抗不匹配可以通过选择那些与计算走线宽度几乎相同的元器件来减少。测试点应在原理图阶段进行规划。

所有上述的高速 PCB 布线实践可以帮助设计师制作一个板，不仅是一个有效的设计，而且是一个制造友好的板。

11.5　总结

高速布线是设计中的一个重要环节，也是一个具有挑战性的任务。高速布线的难点主要包括信号完整性、串扰和干扰、时钟分布、匹配和延迟等问题。

1）信号完整性：高速信号容易受到反射、衰减和噪声的影响，导致信号失真。解决方法包括使用合适的传输线模型、注意走线长度匹配、规避信号回路、优化信号弯曲和过孔设计等。

2）串扰和干扰：高速信号之间的串扰和干扰会导致信号质量下降。解决方法包括增加信号间距、保持对称布线、使用差分信号和屏蔽技术、减少信号回路面积等。

3）时钟分布：时钟信号对整个系统的同步非常重要，但分布不均匀会导致时钟抖动和时序问题。解决方法包括合理放置时钟发生器、使用时钟树设计、平衡时钟路径长度等。

4）匹配和延迟：高速信号在传输过程中需要保持匹配和控制延迟，否则会导致时序问题。解决方法包括走线长度匹配、使用缝合电容、相互补偿等。

高速布线的原则和意义在于保证信号的可靠传输和系统的稳定性。遵循这些原则可以减少信号失真、降低串扰和干扰、提高时序性能、优化信号完整性，从而确保系统在高速运行时的可靠性和性能。

　　高速布线的意义还在于提高系统的抗干扰能力和兼容性。合理的布线设计可以降低系统对外界干扰的敏感度，减少电磁辐射和电磁敏感性，提高系统的抗干扰能力。

　　总之，高速布线的难点在于信号完整性、串扰和干扰、时钟分布、匹配和延迟等问题，解决方法包括使用合适的模型和技术、合理布线、优化时钟分布和信号匹配、提高抗干扰能力等。遵循高速布线的原则和意义可以确保系统的可靠性、稳定性和性能。

第 12 章

电磁兼容设计

PCB 作为元器件之间的电气连接起着关键作用，是电子设备或设备中的基础。因此，它的性能和质量直接关系到电子产品的性能和质量。随着微电子技术的飞速发展，众多的电子产品趋向于协同工作，使得它们之间的干扰越来越大。此外，增加 PCB 密度导致 PCB 设计质量在确定干扰和抗干扰程度方面起着关键作用。因此，除了元器件选择和电路设计，电磁兼容设计（Electromagnetic Compatibility，EMC）是指设备或系统能够在电磁环境中正常工作，同时拒绝对周围设备或系统产生不可接受的电磁干扰的能力。电磁干扰的形成是由多种原因造成的，主要概括为极高的工作频率或不可接受的布局或布线。在不可避免的高频（RF）背景下，设计师在实施 PCB 设计时应重点关注元器件布局、布线、电源和接地设计，以考虑 EMC。此外，对于不同层数的 PCB，应考虑不同的设计要素以实现最佳性能。

 ## 12.1 干扰源

12.1.1 差模电流和共模电流

1. 差模传输和共模传输

任何电路都包含共模（CM）电流和差模（DM）电流。它们都决定了射频传输的程度。事实上，它们之间存在着巨大的此消彼长。当给出几个引脚或走线和一个参考返回源时，两种类型的电流都可用。一般而言，差模信号携带数据或有用信息。然而，作为差模电流的负面影响，共模对 EMC 造成的影响最大。差模传输通常定义为从线到线的传输，而共模传输通常定义为从线到地的传输。闭环产生的最大场强可由公式计算出：

$$E = \frac{A \times f^2 I_s}{380r}$$

式中，E 指最大场强（μV/m）；r 指闭环与测量天线之间的距离（m）；f 指频率（MHz）；I_s 指电流（mA）；A 指环的面积（cm^2）。

由上式可知，场强与环路面积成正比。为了降低差模传输电平（TL），除了减少源极电流之外，还应该缩小环路面积。

电压降引起的共模辐射导致部分接地电压高于参考接地电压。与有影响的接地系统相连的电缆被视为天线，是共模辐射的一个组成部分。远场分量可用公式表示：

$$E = \frac{KILf}{r}$$

式中，K 为透射系数；I 指共模电流（A）；L 指电缆长度（m）；f 指传输频率（MHz）；r 是指距离（m）。

这个公式清楚地表明场强与线路长度成正比。共模传输电平的减少取决于共模电流的减少和电缆长度的减少。

2. 共模和差模之间的转换

当有两条不同阻抗的信号线可用时，差模和共模可以相互转换。阻抗主要由引脚或与物理走线相关的梳形电容和电感决定。对于大多数 PCB 的走线，应将寄生电容和电感控制在最低限度，以避免产生共模和差模干扰。因此，对环境敏感的电路必须通过某种方法达到平衡，使每根导体的引脚或梳状电容相当于寄生电容。

3. 阻止共模和差模干扰

阻止共模和差模电流和射频干扰的基本准则在于电流容量偏移或电流容量最小化。当电流在走线中流动时，会产生磁力线，从而有电场的发生。这两个场都能够辐射射频能量。如果磁力线被抵消或降低到最小，射频能量将不再存在，这将最终停止干扰。可以遵守的具体措施或规则将在本文后半部分讨论。

4. 串扰

作为 PCB 设计的关键要素，串扰在整个过程的每个环节都必须仔细考虑。串扰是指走线、引脚、电缆线束、元器件或其他易于受电磁干扰影响的电子元器件之间不需要的电磁耦合。

作为主要的 EMI（电磁干扰）传输方法，串扰往往会在走线之间造成干扰。串扰可分为电容耦合和电感耦合。前者通常源于走线位于其他走线或参考平面之上来实现。后者通常源自物理上彼此接近的走线。对于平行走线，串扰具有两种模式：正向串扰和反向串扰。对于 PCB 来说，反向串扰比正向串扰更值得考虑。在电路中，电源和受干扰走线之间的阻抗越小，串扰水平就越高。电感串扰可以通过增加走线和传输线或引脚之间的边到边距离或最小化走线和参考平面之间的距离来控制。

信号线的布线原理，即使在短距离的线路之间和线路上，也存在容性和感

性串扰。当电容耦合时，源端的上升沿会导致受扰端的上升沿。在电感耦合期间，受扰端的电压变化与源端的变化相反。大部分串扰是电容性的，噪声的大小与平行距离、频率、源电压幅度和受干扰的阻抗成正比，与两条线路的距离成反比。因此，减少串扰的措施是：

1）保持与微处理器相连的射频噪声承载线远离其他信号。

2）可能受噪声影响的信号返回地线应在其下方布线。

3）不要将噪声线路留在 PCB 外缘。

4）如有可能，将一些噪声线一起布线，并用地线环绕。

5）非噪声线路远离 PCB 上容易接收噪声的区域，如连接器、振荡电路、继电器和继电器驱动器。

12.1.2 数字信号频谱分析

数字信号的属性是方波，方波信号由基波和大量谐波正弦波组成。傅里叶变换可用于捕获数字信号的频率范围波形。因此，脉冲重复周期越短，其重复频率越高，谐波频率也越高。理论上方波上升时间为零，谐波含量无限大。但是，它是具有上升沿和下降沿的梯形波形。

脉冲时域频域转换（傅里叶变换）如下。

傅里叶变换将矩形脉冲分解为余弦或正弦波，符合公式：

$$f(t) = \sum_{n=0}^{\infty} A_n \cos(nwt + \lambda)$$

式中，A_n 为每个余弦波形的幅度；n 为谐波次数；w 为角频率。

12.1.3 去耦和接地

1. 去耦设计

低通滤波器由电感和电容组成，能够滤除高频干扰信号。线路上的寄生电感会减慢供电速度，从而导致驱动设备的输出电流下降。适当放置去耦电容，应用电感和电容的储能功能，可以在导通和关断的瞬间为元器件提供电流。在直流回路中，负载变化会引起电源噪声。去耦电容配置可以阻止由于负载变化而产生的噪声。

2. 接地设计

对于电子设备，接地是控制干扰的关键方法。如果接地与屏蔽措施正确结合，大多数干扰问题都会得到解决。

12.1.4 元器件布局和布线

电路布局直接决定了电磁干扰的程度和抗干扰强度。适当的布局不仅可以提高电路效率，还可以改善整个系统的 EMC，电路的工作频率越高，速度越快，信号频谱越多样化。因此，高频成分的比例越高，干扰越强。从频率上看，先是高频电路，然后是中频电路，最后是低频电路。然而，从逻辑速度的角度来看，首先是高速电路，然后是中速电路，最后是低速电路。根据该理论，电路布局如图 12-1 所示。

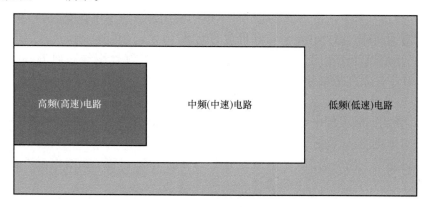

图 12-1　电路布局

除了按频率或速度分类外，还可以用功能和类型作为分类标准。即采取的详细措施将在本文的其余部分讨论。

12.2　PCB 的 EMC 设计规则

由于已经挖掘出破坏电路 EMC 性能的干扰源，因此应针对这些干扰源制定相应的 EMC 关注设计规则。以下是实现 EMC（电磁兼容性）成功的 PCB 设计规则：

1）版图布局：合理的版图布局是实现 EMC 的基础。应将高频、敏感和噪声源放置在不同的区域，同时确保信号路径短且直接。避免信号线和电源线与敏感区域交叉，并确保足够的间距来降低串扰和噪声。

2）元器件布局：选择合适的元器件布局可以减少电磁干扰。将高频元器件（如晶体振荡器、射频模块）放置在靠近天线或信号源的位置，并远离敏感区域。在布局时，应考虑到元器件的散热和相互干扰。

3）布线设计：是 EMC 的重点。使用差分对、匹配传输线长度、规避回流路径、避免信号线和电源线平行走线等方法，减少串扰和反射。使用地层和屏蔽层来隔离敏感信号和高速信号，减少干扰。

4）电源线布线：要确保足够的电源供应和地线回流路径。使用分离的电源和地线层，并保持电源线和地线的短而直接的布线，以降低共模噪声和回流电流。

5）信号线布线：应避免与高功率线和高速信号线平行布线，以减少干扰。使用差分信号线、屏蔽线和规避回流路径等方法，提高信号完整性和抗干扰能力。

6）电源设计：应考虑滤波电容和电感的使用，以减少电源噪声和尖峰。合理设计电源网络，减小供电阻抗和母线的电感。

7）地层设计：使用合适的地层设计可以有效控制地引线和回流路径。在PCB设计中，添加地层来构建屏蔽地和数字地，减小回流路径和信号回流的干扰。

8）使用高频去耦电容和铁氧体磁珠：在PCB设计中，合理布置高频去耦电容和铁氧体磁珠，以提供合适的滤波和抑制高频噪声。

通过遵循上述规则，可以有效地提高PCB的EMC性能，减少电磁干扰和噪声，确保电路的稳定运行和可靠性。

12.2.1　版图布局

PCB设计的首要任务是正确选择PCB的尺寸，如果尺寸太大，元器件之间的连接太长，导致线路阻抗增加，抗干扰能力降低。但是尺寸太小会导致元器件排列密集，不利于散热，连接太细太密集，容易造成串扰。因此，应根据系统所需的元器件选择合适尺寸的板。

PCB分为单面板、双面板和多层板。PCB层数的选择取决于电路要实现的功能、噪声指标、信号和网络线路的数量等。合理的层设置可以减少电路本身的电磁兼容问题。

通常的选择原则是：

1）中低频、元器件少、布线密度较低或中等，采用单面板或双面板。

2）布线密度高、集成度高、元器件多的多层板。

3）对于高信号频率、高速集成电路，元器件密集选用4层以上PCB。多层板在设计时可用作电源层、信号层和接地层。减小了信号环路面积，从而减少了差模辐射。因此，多层板可以减少PCB的辐射，提高抗干扰能力。

12.2.2　元器件布局

在确定PCB的尺寸后，首先要确定特殊元器件的位置，最后根据电路的功能单元，将电路的所有元器件分块布局。数字电路单元、模拟电路单元和电源电路单元要分开，高频电路单元和低频电路单元也要分开。

1. 常用PCB的布局原则

1）与分立元器件相比，IC元器件具有封装优良、焊点少、故障率低等优点，应优先选用。此外，应选择信号斜率相对较慢的元器件，以减少信号产生的高频部分。贴片元器件的应用可以减少走线长度，降低阻抗，改善 EMC。

2）元器件应根据相同的分类进行定位。不兼容的元器件应独立放置，以确保元器件在空间上不会相互干扰。

3）重量超过 15g 的元器件在通过支撑固定之前不应进行焊接。既大又重并产生大量热量的元器件不应组装在板上；相反，它们应该组装在的基板上。此外，必须保证散热，热敏感元器件应远离产生热量的元器件。

4）对于可调元器件的布置，如电位器、可调电感、可变电容、按键开关等，应考虑整个系统的结构要求，并便于调整。如果需要内调，这些元器件应该放在 PCB 上，如果需要外调，它们应该放在与机器板兼容的地方。

5）重质元器件应采用支架固定。

2. 高速逻辑电路布局原则

（1）特殊元器件位置确定原则

① 发热体应放置在便于散热的位置，如 PCB 边缘，远离微处理器芯片。

② 特殊高频元器件应并排放置，以缩短它们之间的连接。

③ 敏感元器件应远离时钟发生器、振荡器等噪声源。

④ EMI 滤波器应靠近 EMI 辐射源放置。

（2）按电路的功能单元布置电路原则

① 各功能电路应根据它们之间的信号流向确定相应的位置，以方便走线。

② 各功能电路应先确定核心元器件的位置，并在其周围放置其他元器件，尽可能缩短元器件之间的连接。

③ 对于高频电路，应考虑元器件之间的分布参数。

④ 放置在 PCB 边缘的元器件距离 PCB 边缘不小于 2mm。

⑤ DC/DC 转换器、开关管和整流器应尽量靠近变压器放置，以减少外部辐射。

⑥ 调压元器件和滤波电容应靠近整流二极管放置。

12.2.3 布线设计

在进行布线设计时，一般会按照如图 12-2 所示顺序考虑不同类型信号的布线规则：

1）时钟信号：在电路中起着同步和调度的作用，因此其布线要考虑时钟的稳定性和延迟。时钟信号通常需要短、直接和低噪声的路径，以减少时钟抖动和延迟。

2）敏感信号：通常是对噪声或其他干扰特别敏感的信号，如模拟信号和低电平信号。在布线时，应尽量避免与高速信号或电源线等可能引入干扰的信号走线相交，采用隔离和屏蔽措施来减少噪声。

3）高速信号：通常是数据传输或时钟频率较高的信号，其布线需要考虑传输速度、信号完整性和阻抗匹配等因素。采用差分传输、匹配传输线长度、控制阻抗匹配等方法可以降低传输中的串扰和反射，并提高信号的稳定性。

4）非关键信号：通常是对时序和信号完整性要求较低的信号，如控制信号和辅助信号。这些信号的布线可以相对宽松一些，但仍需要注意避免与敏感信号和高速信号干扰。

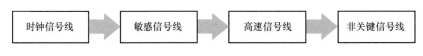

图 12-2　布线顺序

在布线过程中，还需要考虑信号走线长度、信号层次规划、绕线规则、地线和电源线规划等因素。同时，使用合适的布线工具和技术，如差分对、分地层、屏蔽罩等，可以提高布线的质量和性能。

总而言之，布线设计需要根据不同类型信号的特性和要求，按照时钟信号、敏感信号、高速信号和非关键信号的顺序进行布线规划，以确保信号的稳定性、完整性和可靠性。

1. 时钟信号线布线规则

1）时钟发生器应尽可能靠近时钟元器件。

2）晶体、晶体振荡器外壳应接地。

3）时钟、总线和片选信号应远离 I/O 线和连接器。

4）时钟线与 I/O 线垂直时的干扰比与 I/O 线平行时的干扰小。此外，时钟元器件引脚应远离 I/O 线。

5）时钟域应由包地，时钟线应尽可能短。

2. 敏感信号线布线规则

1）对于 A/D 元器件，数字部分和模拟部分的地线不能交叉。

2）模拟电压输入线、参考电压端应远离数字电路信号线，尤其是时钟线。

3）走线不应安排在晶体或对噪声敏感的元器件下。

4）绝不应在弱信号电路或低频电路周围产生电流环路。

5）任何信号都不应该产生环路。如果必须安排一个环路，环路面积应该尽可能小。

3. 高速信号线布线规则

1）关键线尽量粗，两边加包地。

2）高速线路应短而直。

4. 其他信号线布线规则

1）I/O 驱动电路应靠近 PCB 边缘的连接器。

2）元器件引脚应尽可能短，这对于去耦电容尤其有效，使用没有引脚的安装电容。

12.2.4　电源线布线

PCB 上的布线以阻抗、容抗和感抗等分布参数为特征。为了减少 PCB 布局参数对高速电子系统的影响，电源和地的布线原则如下：

1）通过增加走线间距来减少电容耦合串扰。

2）电源线和地线应平行走线，以优化分布电容。

3）根据载流电流的大小，尽量增加电源线和地线的宽度，以减小回路电阻，并在各功能电路中电源线和地线的走向和信号传输方向一致，有利于提高抗干扰能力。

4）电源线和地线应直接在上方走线，以减少感抗和最小化回路面积，并尽量使地线低于电源线。

5）地线越粗越好，一般地线宽度不小于 3mm。

6）地线形成闭环，减小地线上的电位差，提高抗干扰能力。

7）在多层板布线的设计中，可以将其中一层视为"全地平面"，可以降低接地阻抗，同时起到屏蔽的作用。

12.2.5　信号线布线

信号线的布线原则如下：

1）对输出相同但方向相反的电流信号应进行并行布局，以消除电磁干扰。

2）应最大限度地减少走线的不连续性。例如，走线宽度不应随着走线拐角超过 90° 而突然变化。

3）EMI 大多由时钟信号线产生，在走线过程中时钟信号线应靠近接地回路。

4）总线驱动器应该在要驱动的总线旁边。当涉及远离 PCB 的走线时，驱动器应放置在连接器旁边。

5）由于时钟线、总线驱动器或总线驱动器的信号线通常承载较大的瞬态电流，因此走线应尽可能短。

6）应避免在热元器件周围或流过大电流的引脚周围使用大面积铜箔，否则产品长时间处于热环境中可能会导致铜箔膨胀或脱落等问题。如果必须使用大面积的铜箔，最好利用网格，这有利于消除铜箔与基板热黏合产生的逸出气体。

7）焊盘中心的通孔孔径应适当大于元器件引脚的孔径。如果焊盘太大，往往会产生非湿润焊接。

12.2.6　电源设计

电源和地线的布线是否合理是降低整个 PCB 电磁干扰的关键。电源线和地线的设计是 PCB 中不可忽视的问题，往往也是最难的设计。不适当的电源设计会导致产生较大的噪声，最终降低产品的性能。造成电源不稳定的主要因素有两个：

1）高速开关状态下，瞬态交流电流过大。

2）电流回路上存在电感。

因此，在 PCB 设计中应充分考虑电源的完整性，除此之外，还应遵循以下规则。

1. 电源去耦滤波设计

在 IC 芯片电源的两端桥接一个电容从 $0.01\mu F$ 到 $0.1\mu F$ 的去耦电容可以大大降低整个 PCB 的噪声和浪涌电流。完成电流补偿后，去耦电容越小越好。由于其引脚电感较低，因此应最佳使用表面贴装电容。

对电源进行滤波最有效的方法是在电源引脚处布置滤波器。为防止引脚相互耦合或形成环路，滤波器的输入和输出线应从 PCB 的两侧引出，引脚应尽可能短。

2. 电源保护设计

电源保护设计涵盖过电流保护、欠电压报警、软启动和过电压保护。PCB 的电源部分可以通过熔断器的应用实现过电流保护。为防止熔断器在熔化过程中影响其他模块，输入电压也应设计为保持电容。为防止过电压非预期损坏元器件，应在电源线路与地电位之间通过放电管、压敏电阻等保护装置建立等电位，实现过电压保护。

12.2.7　地层设计

PCB 各功能电路的接地方式分为单点接地和多点接地。根据连接形式，单点接地可分为单点串联接地和单点并联接地，如图 12-3a 和 b 所示。单点串联接地常用于保护接地线，因为接地线的长度不同，各电路的接地阻抗也不同，降低了电磁兼容性。单点并联的每个电路都有单独的接地线，相互之间的干扰小，但可能会延长接地线，增加接地阻抗，常用于信号接地、模拟接地和电源接地。多点接地是指每个电路都有一个连接点，如图 12-3c 所示。多点接地常用于高频电路中，接地线短，接地阻抗小，以减少高频信号的干扰。

对于与电位基点等电位的元器件，地线具有电位不定的特点。使用万用表测量地线上各点之间的电位时，可能会观察到比较大的差异，最终会导致电路

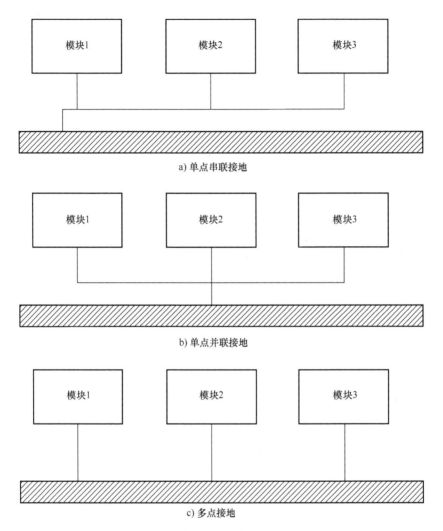

a) 单点串联接地

b) 单点并联接地

c) 多点接地

图 12-3　接地方式

工作时出现错误。

　　地线产生 EMI 的主要原因在于地线的阻抗。当电流流过地线时，会产生电压，这实际上是地噪声。在这种电压的驱动下，会在地线上产生回路电流，进而产生地回路干扰。如果两个电路共用同一根地线，就会发生共模阻抗耦合。

　　地环路干扰的解决方案包括地环路切割、地环路阻抗的添加和平衡电路的应用。克服共模阻抗耦合的方法在于减少共模地线或并联单点接地的阻抗。地线设计的具体规则如下：

1. 数字地与模拟地分离

　　如果 PCB 上既有模拟电路又有数字电路，则应相互隔离。低频电路应更多地依靠单点并联接地。当实际布线过程中出现问题时，可先部分串联接地再并联接地。高频电路往往依赖多点串联接地，接地线应短而粗。高频元器件周围应大量应用网格状铜箔。

2. 地线应尽可能粗

接地线应尽可能粗，以便可以通过比 PCB 允许电流大 2 倍的电流，以增加抗噪能力。如果采用铺铜制作地线，应避免死铜。此外，功能相似的铜线之间应通过粗引脚连接，以保证地线质量并降低噪声。

3. 地线构成的闭环电路

对于仅包含数字电路的 PCB，通过将接地电路设计为圆形回路可以提高抗噪声能力。

1）接地线尽量短，接地要大。

2）避免不必要的接地回路，降低公共地的干扰电压。

3）接地原则是对不同的信号采用不同的接地方式，不能全部接地在同一个地方。

4）在多层 PCB 的设计中，电源层和接地层尽量放在相邻的层，这样可以在电路中形成该层的电容，减少电磁干扰。

5）尽量避免强弱电信号、数字和模拟信号。

12.2.8 网格设计

网格是两层面板最重要的设计技术。网格化就是在 PCB 上延长地线，利用地线填充的方式，构建与地相连的网格网络，形成有效的地平面，可以降低噪声，四层板也一样。

它有两个目的：

1）模拟四层板的层数，并在底部为每条信号线提供返回路径。

2）减小微处理器与稳压器之间的阻抗。

网格设计中需要注意的原则是：

1）每一根网格地线都尽可能地延伸以填满 PCB 的空间。

2）在两层板上尽可能多地放置栅格。

3）使用尽可能多的孔，适时连接上、下栅格。

4）网格线不必是直角或等宽。

12.2.9 使用高频去耦电容和铁氧体磁珠

在数字电路中，当逻辑门的状态发生变化时，会在电源上产生很大的峰值脉冲，形成瞬时噪声电压。在这种情况下，通常使用去耦电容或铁氧体磁珠来限制电流的突变并减少辐射。通常，高频去耦电容的容量约为 $0.01\mu F$。在每个芯片的电源和地之间施加 0.1μF，并在靠近芯片的电源线上放置一个铁氧体磁珠，以阻挡电源线的射频干扰。在设计的时候应该尽量做到：

1）使用钽电容代替内部电感较大的铝电解电容。

2）电容离芯片越近越好，去耦电容的引脚不要太长。

3）铁氧体磁珠只用在电源线上，不需要在地线上。

4）铁氧体磁珠尽量靠近噪声源。

12.3 PCB 层和 EMC 设计

PCB 分为单面板、双面板和多层板。PCB 层数的选择取决于电路要实现的功能、噪声指标、信号和网络线路的数量等。合理的层设置可以减少电路本身的电磁兼容问题。

当考虑按 PCB 顺序有多少层是理想的时，需要考虑使多层有利于单层或双层的因素；反之亦然。

12.3.1 适当的 PCB 层数

在层数方面，单层 PCB、双层 PCB 和多层 PCB。

1）单层 PCB 和双层 PCB 适用于中/低密度布线或低完整性电路。

基于制造成本考虑，大多数消费电子产品依赖于单层 PCB 或双层 PCB。然而，由于它们的结构缺陷，它们都会产生大量的 EMI，并且它们对外部干扰也很敏感。

2）多层 PCB 倾向于更多地应用于高密度布线和高完整性芯片电路。

当信号频率较高且电子元器件分布密度较高时，至少应选择四层 PCB。在多层 PCB 设计中，电源平面和地平面应专门布置，信号线和地线之间的距离要减小。结果，所有信号的环路面积都可以大大减少。从 EMC 的角度来看，多层 PCB 能够有效降低辐射，提高抗干扰能力。

12.3.2 单层 PCB 设计

单层 PCB 通常工作在几百 kHz 的低频，由于缺乏射频电路返回和完全闭合所需的控制条件，明显的线路趋肤效应或不可避免的磁性和环形天线问题。因此，单层 PCB 往往对射频干扰敏感，如静电、快速脉冲、辐射或传导射频。在单层 PCB 设计中，没有考虑信号完整性和端子匹配。首先是电源线和地线设计，然后是应放置在地线旁边的高风险信号设计，越近越好，最后是其他线条的设计。具体的设计措施包括：

1) 电源线和地线必须保证沿关键电路信号网络中的电源箱接地点走。

2) 应根据子功能对走线进行布线，并且必须严格考虑敏感元器件和相应的 I/O 端子和连接器的设计要求。

3) 关键信号网络中的所有元器件应相邻放置。

4) 当 PCB 需要多个接地点时，确保这些点相互连接并包括连接方法设计。

5) 对于其他线路走线，射频承受能力较高的线路应采用微孔设计方法，射频回程路径畅通。

12.3.3 双层/多层 PCB 设计

1) 关键电源平面应与产生耦合电容的相应接地平面相邻布置。关键电源平面配合 PCB 去耦电容，有利于降低电源平面的阻抗，获得优良的滤波效果。

2) 相邻平面上的关键信号不允许跨越分裂区，以阻止信号环路扩大，减少强辐射，降低干扰灵敏度。

3) 时钟信号、高频信号和高速信号等关键信号需要相邻的接地层。例如，可以将与地平面相邻的信号平面视为信号布线的最佳平面，从而可以缩小信号环路面积和屏蔽辐射。

4) 应符合 20H 规则，电源平面通常应小于接地平面。

PCB 的 EMC 设计源于技术、知识和经验的复杂性。本文中列出的所有设计规则旨在为工程师提供基本和概念指导，以确保他们在 EMC 设计中取得首次成功。事实上，优秀的 EMC 设计要求工程师在 PCB 设计中考虑尽可能多的要素，工程师应该知道它们是什么以及如何对它们做出反应。

12.4 消除 PCB 设计中的干扰方法

随着信息技术的不断发展，电子产品在功能、种类、结构等方面日趋复杂，推动 PCB 设计朝着多层、高密度方向发展。因此，PCB 设计的电磁兼容性（Electromagnetic Compatibility，EMC）不仅要保证 PCB 板上所有电路的正常稳定工作，互不干扰，更要重视 PCB 设计的 EMC 还有效降低了 PCB 的辐射传输和传导发射，以防止电路受到外部辐射和传导的干扰。

12.4.1 PCB 干扰的分类

在 PCB 干扰分类方面，可以分别从布局规则、叠层策略和布线规则等方面采取一些抑制措施，减少甚至消除 PCB 干扰的影响，以确保与 EMC 设计标准的兼容性。PCB 干扰可分为三类：

1）布局干扰是指由于元器件在 PCB 上的放置不当而引起的干扰。

2）叠层干扰是指图层设置不合理造成的噪声干扰。

3）走线干扰是指 PCB 信号线、电源线和地线之间的距离设置不当、线宽或 PCB 走线方式不合理造成的干扰。

12.4.2　基于 PCB 干扰分类的相应抑制措施

阻止布局干扰的优先事项在于合理的 PCB 布局，应符合以下六项规则：

1）各功能模块的电路位置应根据信号电流位置合理设置，并尽可能保持其流动方向一致。

2）模块电路中的核心元器件应设置在中心，元器件之间的引脚应尽可能缩短，尤其是高频元器件。

3）热敏元器件和芯片之间的集成应远离加热元器件进行。

4）连接器位置应根据板上元器件位置确定。连接器应放置在 PCB 的一侧，以防止电缆从两侧引出并减少共模（CM）电流辐射。

5）I/O 驱动器应紧密靠近连接器，以阻止板上 I/O 信号的长距离布线。

6）热敏元器件不能彼此靠得太近，输入和输出元器件也应远离它们。

12.4.3　叠加干扰抑制措施

首先，要掌握 PCB 设计信息，综合考虑信号线密度、电源和接地分类等要素，确定电源和层数，保证电路功能的实现。叠层策略的质量本质上与地平面或电源平面的瞬态电压以及电源和信号的电磁屏蔽有关。根据实际叠层设计经验，叠层设计应符合以下规则：

1）地平面和电源平面应彼此相邻，并且它们之间的距离应尽可能小。

2）信号平面应紧靠接地平面或电源平面。单层或多层都可以。

在单层或双层 PCB 设计过程中，电源线和信号线要精心设计。为减小电源电流的回路面积，接地线与电源线应紧密靠近，并保持相互平行。对于单层 PCB，重要信号线两侧应布置包地。一方面，它旨在缩小信号的环路面积。另一方面，可以避免信号线之间的串扰。

对于双层 PCB，也可以设置包地，或者在重要信号的像面上进行大面积接地。尽管 PCB 制造和组装调试简单方便，但混合模拟数字电路和数模电路等复杂 PCB 是不可接受的，因为在没有参考平面的情况下，辐射会随着环路面积的增加而增加。

如果成本足够，建议使用多层 PCB。多层 PCB 设计过程中必须遵循三个规则：

1）对于重要的信号线，例如辐射强的总线或时钟线，以及高灵敏度的线，应在两个地平面之间或紧靠地平面的信号平面上进行布线，有利于信号环路面积的缩小，辐射强度降低和抗干扰增强。

2）应确保边缘辐射得到有效控制。与相邻的地平面相比，电源平面应在内部减少 5～20H（H 指电介质厚度）。

3）如果底层与顶层之间存在高频信号线，则应将其布置在顶层与地平面之间，以防止高频信号线向空间辐射。

12.4.4 布线干扰抑制措施

为了抑制干扰，在布线方面必须遵守以下规则：

1）输出端和输入端的引脚应避免长距离平行。可以通过添加接地线或增加线间距离来减少平行串扰。

2）布线宽度不会突然改变。转角应为弧形或角度为 135°。

3）载流环的外部辐射随着环路面积、电流和信号频率的增加（减少）而增加（减少），因此有必要减小电流流过时的引脚环路面积。

4）应减少引脚长度，增加宽度以降低引脚阻抗。

5）为了尽量减少相邻线路之间的噪声耦合和串扰，可在线路之间进行隔离处理，以保证走线隔离。

6）应设置分流隔离关键信号，关键信号由保护电路保护。

另外，信号线、电源线、地线走线时，请根据其特点和功能遵循走线规则：

1）共模接地线应布置在 PCB 边缘，网状或环纹；接地线尽量粗，多敷铜箔，以加强屏蔽效果；模拟地应与数字地隔离，模拟地的低频地应采用单点并联。高频接地应采用多点串联。在实际布线中，串联连接可以与并联连接相结合。

2）应尽可能增加电源线的宽度，减小回路电阻，以保证地线和电源线方向与数据传输方向同步。对于多层 PCB，电源线与地平面或电源平面之间的距离应减小。各功能单元应独立供电，由公用电源供电的电路应相互接近、兼容。

3）信号线应尽可能短，以保证减少干扰信号耦合路径。应先走时钟信号线和敏感信号线，然后走高速信号线，最后走无关紧要的信号线。如果信号线不兼容，应进行隔离处理，杜绝耦合干扰的产生。关键信号走线不能超出焊盘和通孔造成的隔离区甚至参考平面空间，否则会增加信号环路面积。同时，为了防止边缘辐射，关键信号与参考平面之间的距离不能小于 3H（H 是指关键信号与参考平面之间的介质高度）。

12.5 高速数模混合电路的信号完整性分析和 PCB 设计

在电子系统时钟频率不断提高的过程中，时序不当、传输线反射不当等信号完整性问题逐渐出现，严重影响了电路系统的正常运行。此外，PCB 上的走线变得如此紧凑，会产生串扰噪声，从而影响信号传输。对于高速数模混合电路，应根据信号运行的实际情况，合理进行 PCB 设计，解决信号完整性问题，不断提高信号传输质量，为不同行业和领域的发展提供重要的信息来源。

12.5.1 高速数模混合电路的信号完整性

信号完整性是指信号线上信号的质量。为了保证信号的完整性，必须满足一定的要求，包括空间完整性保障和相应的电路要求。例如，为了最大化输入，必须满足低电平的要求。另外，必须获得时间完整性并且必须留下电路的最小维护时间。

1. 影响电路信号完整性的要素

（1）延迟

一般情况下，信号传输依赖于 PCB 上的引脚，在传输过程中可能会造成传输延迟。一旦传输信号发生延迟，就会影响电路系统的时序，进而影响信号的完整性。传输延迟源于一些因素，包括引脚长度和相邻介质的介电常数。

（2）反射和串扰噪声

在电路系统运行过程中，如果信号网络出现过孔和弯曲问题，就会产生反射噪声。如果电路网络和配电系统之间发生电磁耦合，会产生串扰噪声，从而使信号受到干扰，从而影响信号传输。

2. 电路信号完整性需要解决的问题

（1）电源调配

在高速数模混合 PCB 设计过程中，配电网络必须从头到脚进行分析。它需要为低噪声电路提供必要的电源，包括 VCC 和接地。此外，它必须提供相应的信号电路，以在 PCB 上产生和接收的信号为主要对象。

（2）EMC 的串扰问题及应用

串扰是指走线之间的冗余信号耦合，具有电容和电感的特性。电容串扰是信号线之间的电容耦合，一旦不同的线路相互靠近，就会产生串扰问题。电感串扰是冗余变压器线圈之间的信号耦合，在电流回路的作用下产生串扰问题。借助 EMC 设计，各种电气元器件和系统都可以存在于电磁环境中。从某些角度来看，电路系统信号不会因 EMC 的作用而受到影响，可用的性能和功能不会被破坏，从而导致周围环境中产生大量的电磁量，从而影响相邻元器件的正常运行。

12.5.2 高速数模混合电路 PCB 设计

基于对 EMC 的完整理解，必须遵守规则。PCB 设计时，要求电流回路捕获的面积尽可能小，以保证电路信号能够顺利通过，避免大规模的环形天线。此外，在设计过程中不能应用多个参考平面，避免了偶极天线的形成，以免影响信号传输。

1. 布局和布线

在元器件布局期间，模拟电路和数字电路应该相互隔离。以数字信号为例，布线在数字电路内部实现的。因此，数字信号不会进入模拟信号区，以免干扰模拟信号，影响信号的正常传输。如果走线频率相对较高，则需要手动布线。因此，应注意输入和输出连接器的放置位置，并妥善处理模拟电路和数字电路的布局，以避免相互影响。应采用低阻抗的电源和接地网络，以避免数字电路引脚和模拟线路上的电容耦合产生较大的感抗。而且，设计过程中不能采用多参考平面，避免形成偶极子天线，以免影响信号传输。

2. 电源线和地线

在电路设计中，地线布线和处理是非常重要的一部分，特别是在优化高速数模混合电路设计时。对地线的合理布线和处理可以有效地提高电路性能和稳定性。

首先，地线布线应尽量短且粗。短地线可以减少电路中的环路，降低电磁干扰和互感耦合的影响。而粗地线可以减小地线的电阻和电感，提高电路的信号完整性和稳定性。

其次，在高速数模混合电路设计中，还需要特别关注地线的信号回流路径。信号回流路径是指信号返回到地线的路径，通常是通过地线回流至电源或共地点。为了最小化信号回流路径的不稳定性和干扰，需要在设计中合理地规划地线的走向和连接方式。

另外，对于高速数字信号和模拟信号的混合电路设计，还需要考虑地线的分离。由于数字信号和模拟信号具有不同的特性和频谱要求，分离地线可以减少它们之间的干扰和串扰，可以采用分离地平面或分离地线的方式来实现地线的分离。

此外，在高速数模混合电路设计中，还需要注意地线回流路径的共模噪声抑制。共模噪声是指同时在正负信号线上出现的噪声，它可能会对电路产生不良影响。通过合理的地线布线和处理，可以有效地抑制共模噪声的传播和影响。

最后，对于优化高速数模混合电路设计，电路工程师需要对地线的布线和处理方法有全面的理解。这涉及地线的走向、长度、粗细、分离与接地方式等方面。通过合理的地线布线和处理，可以最大限度地提高电路的性能、稳定性和抗干扰能力。

3. 混合元器件的处理

一般来说，混合元器件都带有晶体振荡，元器件内部由数字电路和模拟电路组成。在设计过程中，DGND（数字地）和 AGND（模拟地）的引脚应连接到相同的低阻抗，并且引脚应尽可能短，以确保所有 DGND 都能通过。转换器内部的数字电流虽然会进入模拟地平面，但不会对信号产生较大的干扰，可以保证信息的正常传输。基于此，数字和模拟电路的引脚需要连接到模拟电源平面并靠近旁路电容。

第 **13** 章

PCB 设计后处理及生产文件输出

大多数 PCB 设计师创建制造和组装文件来配合他们的板设计。问题是，有时这些设计师并不知道合同制造商（EMS）在这些图纸中所需要的一切。使用 PCB 设计 CAD 工具创建一个简单的绘图非常简单，但是如果必要的制造数据不全，一个简单的绘图是不够的。这是大多数 EMS 花大量时间来掌握缺失的细节的唯一原因。

PCB 的制造、组装和测试需要一套特定行业的信息，包括原理图、叠层图、BoM 等。制造商还可以根据他们的能力和客户的需求来定制这些可交付的产品。

13.1　丝印处理

13.1.1　板名、版本丝印

板名、版本丝印是指在 PCB 上标示板名和版本信息的印制。以下是关于板名、版本丝印的规则：

1）板名、版本应放置在 PCB 的元器件面上，板名、版本丝印在 PCB 上应水平放置。这样可以方便使用者和制造商在使用和生产过程中正确识别和辨别不同版本的 PCB。对于双面布局的 PCB，也需要在正反面上都有板名和版本丝印，以确保信息的完整性。

2）以方便读取为原则，板名丝印的字体大小一般比元器件序号丝印大。板名丝印通常是用来标示 PCB 的名称，如产品型号或项目名称。为了确保易读性，板名丝印的字体大小应适中，一般要比元器件序号丝印的字体大小大一些，这样在使用和维护过程中能够更容易地辨认 PCB 的名称和版本信息。

通过在 PCB 上添加板名、版本丝印，可以方便使用者和制造商正确识别和辨别不同版本的 PCB。这有助于提高生产效率和减少错误，并确保产品的质量和一致性。在设计过程中,确保板名、版本丝印的位置、方向和字体大小都符合标准和要求,可以提高 PCB 的可读性和可靠性。

13.1.2　条形码丝印

条形码丝印是在 PCB 上标示条形码信息的印制。以下是关于条形码丝印的规则:

1)条形码丝印可以水平或垂直放置在 PCB 上。具体放置的方向可以根据实际需要和设计要求来确定。一般来说,条形码应尽量与其他元器件丝印垂直或水平放置,以确保读取的准确性和方便性。

2)条形码的位置应考虑不盖住焊盘、测试孔,也不应被拉手条盖住。条形码的放置位置应优先考虑方便读取信息,同时不影响其他元器件的正常焊接和测试。通常,距离板边 5mm 以及距离拉手条 15mm 的位置是常用的选择。放置顺序可以根据具体需求和设计规范来确定。

3)对于单面元器件板,条形码丝印的放置顺序可以按照以下顺序:Top 面实线框 → Top 面虚线框。对于双面元器件板,条形码丝印应均为实线框。这样可以确保信息的完整性和一致性。

4)在设计过程中,所有新增的单板都必须预留条形码的位置。这样可以确保在后续生产和使用过程中可以方便地添加和读取条形码信息。

5)条形码丝印框大小的优先次序为:42mm × 8mm → 42mm × 6mm → 7mm × 9mm。42mm × 8mm 的尺寸适用于需要经过自动线的单板,可以确保条形码的清晰度和可读性。

通过在 PCB 上添加条形码丝印,可以方便地标示和读取 PCB 的相关信息,提高生产和使用的效率。在设计过程中,确保条形码的放置位置和框大小符合标准和要求,可以提高 PCB 的可读性和可靠性,并确保信息的准确性和一致性。

13.1.3　其他丝印

除了板名、版本丝印和条形码丝印外,还有其他类型的丝印需要在 PCB 上标示。以下是关于其他丝印的规则:

定位识别点通常用于帮助确定 PCB 在生产过程中的定位和对齐。这些点的位置序号通常统一用 ID ∗ ∗ 来表示,其中 ∗ ∗ 为数字。这有助于提高生产的准确性和效率。

1)安装孔和定位孔在 PCB 上的位置可以通过特定的代号来标示。建议将安装孔标记为"M ∗ ∗",将定位孔标记为"P ∗ ∗"。对于需要扣板的 PCB,需要在正反两面都标示出相应的孔位信息,以确保扣板的正确安装和定位。

2)对于射频(RF)PCB,建议在 PCB 上标注"RF"的丝印字样。这有助于使用者和制造商在操作和生产过程中识别和辨别射频 PCB，确保正确处理和操作。

3）对于有光纤盘绕的 PCB，需要在 PCB 上标示出光纤的盘绕途径。这样可以确保光纤的正确安装和布线，避免光纤在使用过程中受到损坏或干扰。

4）对于需要进行波峰焊的 PCB，如果有明确的过板方向规定，需要在 PCB 上表示出过板方向。这适用于 PCB 上设计了偷锡焊盘、泪滴焊盘或元器件波峰焊接方向有特定要求的情况。这样可以确保焊接的准确性和一致性。

5）如果 PCB 上有扣板或散热器，建议使用丝印将扣板或散热器的轮廓按照真实大小标示出来。如果丝印与元器件干涉，可以使用间隔的丝印将扣板轮廓进行标识，以确保正确安装和使用。

6）当 PCB 上的芯片功耗较大，需要安装散热器时，如果空间允许，建议在 PCB 上用丝印将散热器的轮廓按照真实大小标示出来。如果丝印与周边元器件干涉，可以使用间隔的丝印将散热器外形进行标识，以确保散热效果和安装的准确性。

7）安规的防静电标记丝印通常采用标准库中提供的符号，优先放置在 PCB 的元器件面上。这有助于确保 PCB 在使用过程中的安全性和符合相关的安全标准和要求。

通过在 PCB 上添加这些丝印，可以帮助使用者和制造商在操作、生产和维护过程中准确识别和辨别 PCB 的特定要素和特性。这有助于提高生产效率、减少错误，并确保产品的质量和一致性。在设计过程中，确保这些丝印的位置、方向和符号都符合标准和要求，可以提高 PCB 的可读性和可靠性。

13.2 PCB 板层标注

PCB 板层标注是指在 PCB 设计中对各个层进行标注，以便于制造厂商和电子工程师在制造和调试过程中正确理解和操作。PCB 通常由多层堆叠而成，包括信号层、电源层、地层等。层标注主要包括层名称、层功能、层顺序和层颜色等信息。

首先，层名称标注是将每个层命名，通常使用简洁明了的英文缩写，如"Top"表示顶层信号层，"Bot"表示底层等。这样做可以方便快速识别和定位各个层。

其次，层功能标注是对每个层的功能进行描述，如"Signal"表示信号传输层，"PWR"表示电源层，"GND"表示地层等。这样可以帮助工程师更好地理解 PCB 的结构和功能，从而准确设计和排布电路。

层顺序标注是指标注每个层在 PCB 堆叠中的位置顺序。通常，顶层是信号层，其次是电源层和地层，最后是内层信号层。标注层顺序可以帮助制造厂商正确理解 PCB 的堆叠结构，避免错误制造。

最后，层颜色标注是对每个层使用的颜色进行标注。不同的 PCB 设计软件和制造厂商可能采用不同的颜色标准，但通常会使用颜色来区分不同的层，如红色表示顶层信号层，蓝色表示地层，绿色表示电源层等。这样做可以方便设计师和制造厂商在查看和操作 PCB 时快速识别所处的层。

13. 2. 1　PCB 板层标注要求

PCB 板层标注要求如下：

1）元器件和焊接面应有 PCB 或 PCBA 的编号和版本号。在板的焊接面标明光板号，在元器件面标明装焊号，装焊号一般是在光板号的后面加 1。

2）标注时，顶层（第一层）应该是元器件面且是正图形，焊接面则为反图形（水平镜像），比如字符"b"，元器件面中显示为"b"，焊接面显示为"d"。

3）如要做丝印，丝印字符要有 1.5 ~ 2.0mm 的高度和 0.2 ~ 0.254mm 的线宽。

4）为了满足多层板生产检查（如在层压中）的需要，要对 PCB 的不同板层加上层标识。

13. 2. 2　PCB 板层标注信息

多层板的边缘层标记，也称为边缘标记（Edge Marking），是指在多层板边缘上标注的一些信息，以帮助识别和组装多层板。边缘层标记通常包括以下内容：

1）边界线：是在多层板边缘上标注的一条线，用来界定多层板的外形轮廓。边界线的作用是帮助制造厂商准确切割多层板，并确保多层板的外形符合设计要求。

2）层标识：是在多层板边缘上标注的一些符号或文字，用来表示多层板的不同层。例如，可以使用 L1、L2、L3 等来表示不同的层，或者使用符号来表示信号层、电源层、地层等。层标识的作用是帮助制造厂商准确识别多层板的不同层，以便正确组装和布线。

3）序号标记：为了帮助识别多层板的顺序和组装顺序，可以在边缘上标注序号标记。序号标记一般是以数字或字母的形式标注，用来表示多层板的序号或组装顺序。

图 13-1 所示为边缘层标记示例。边缘层标记的目的是为了提供关键的信息，帮助制造厂商准确识别多层板的外形轮廓、层次和叠层顺序。这样可以确

保多层板的正确组装和布线，提高制造和组装的效率，并减少错误和误解。标准化的边缘层标记要求可以确保标记的一致性和准确性，从而提高多层板的质量和可靠性。

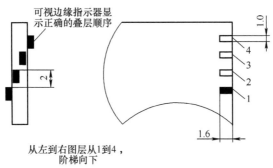

图 13-1 边缘层标记示例

在板的边缘上，将长 1.6mm、宽 1.0mm 的铜片放在各层上。每层的边缘层标记排列为从顶层到底层分别为从左到右依次排列。

13.2.3 多层板的层标识和命名

为了满足 PCB 生产的过程要求，增加 PCB 的可读性，在多层板上要加上层的编号。

对于顶层和底层分别有固定的编号。顶层为 KK。底层为 KA。对于中间层的编号，从底层到顶层为：KA，KB，KC，KD…KK（其中 KI 不用，KA、KK 表示底层、顶层）。最多可以表示 10 层板。

2 层板的层编号见表 13-1。

表 13-1　2 层板的层编号

层	编号	
顶层	KK	1
底层	KA	2

4 层板的层编号见表 13-2。

表 13-2　4 层板的层编号

层	编号	
顶层	KK	1
中间 1 层	KC	2
中间 2 层	KB	3
底层	KA	4

对于 6 层板，见表 13-3。

表 13-3　6 层板的层编号

层	编号	
顶层	KK	1
中间 1 层	KE	2
中间 2 层	KD	3
中间 3 层	KC	4
中间 4 层	KB	5
底层	KA	6

13.2.4　多层板层的编号原则

对于各层的标注应放在各自的层上，用当前层的文字（TEXT）表示。其中顶层的标注，从顶层向底层看是正的字符（正字符）；而底层的标注，从顶层向底层看是反的字符（反字符）。其他各层为从顶层向底层数，奇数为反字符，偶数为正字符。下面是一个 6 层板的标注，示例如图 13-2 所示。

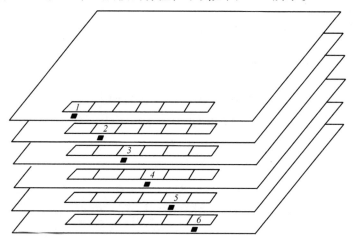

图 13-2　叠层标注

其中的黑色小方块为边缘的层标志。

13.3　尺寸和公差标注

PCB 尺寸和公差标注是指在 PCB 设计中对 PCB 的尺寸和公差进行标注，以确保设计师和制造厂商在制造和组装过程中能够准确地理解和操作。PCB 的尺寸和公差标注主要包括整体尺寸、边界线、孔距、引脚间距等信息。

首先，整体尺寸标注是对PCB的整体尺寸进行标注，通常以长宽尺寸表示，如100mm×80mm。这样做可以帮助制造厂商准备适当大小的基板材料，并确保整体尺寸符合要求。

其次，边界线标注是将PCB的边界线标注出来，以明确PCB的实际工作区域。边界线通常是一个闭合的轮廓线，可以是实线或虚线。标注边界线可以帮助制造厂商正确切割PCB，并确保PCB的外形符合设计要求。

孔距标注是指在PCB上标注孔的中心到中心的距离。这对于组装过程中焊接和安装元器件是非常重要的，因为它可以确保元器件之间的间距符合规范，避免因孔距不准确而导致的组装错误。

引脚间距标注是指在PCB上标注元器件引脚之间的间距。这对于焊接和插件式元器件的安装非常重要，因为它可以确保元器件的引脚与PCB上的引脚孔对齐，避免因引脚间距不准确而导致的组装问题。

此外，PCB尺寸和公差标注还可以包括其他一些相关信息，如孔径公差、层厚公差、线宽和线间距等。这些标注可以帮助制造厂商更好地理解PCB的制造要求，确保PCB的质量和性能符合设计要求。

13.3.1 尺寸标注的标准化要求

标准化的尺寸标注要求对于PCB的设计和制造过程非常重要。它们确保了尺寸的准确性和一致性，提高了制造和组装的效率，并确保了PCB产品的质量和性能。其具体要求如下：

1）PCB的尺寸和公差要求标注在钻孔图文件（Drillchart）中。

2）有公差要求的孔径的大小尺寸、公差、镀层厚度要求在钻孔图中注明。

3）PCB尺寸标注基准和结构要素图相同。

4）尺寸的单位采用毫米为单位，精度为三位小数。

5）PCB加工通用尺寸公差表。

6）PCB的公差要求（板厚、外形尺寸、孔径）超过通用要求时，应该在钻孔图文件中注明。

13.3.2 需要标注的尺寸及其公差

1）PCB的外形尺寸，四角的倒角尺寸，包括所有切口和倒角。

2）定位孔、安装孔（螺钉安装孔、铆接孔）的位置尺寸和公差。

3）板厚的尺寸和公差。

4）开窗的位置和大小尺寸。

5）特殊孔的孔径大小尺寸、特殊公差和特殊镀涂要求。

6）插板连接器、扣板连接器的位置尺寸和公差。

7）导销、导套的安装位置尺寸和公差。

8）结构元器件有组装关系的网口连接器、光纤连接器、指示灯等的位置尺寸和公差。

13.4　制造和组装的关键文件

通常对于一个电子设计来说，需要输出大量的文档。这些文档包含了光绘文件、钻孔文件、板子加工制造的图纸、贴片文件、组装图纸、测试点信息和组装元器件清单等。

输出文件的架构和格式同样可以提前设置好，例如配置 ASCII 光绘文件、IPC-356 格式的测试点文件、客户定制格式的零器件清单文件、生产制造以及组装用的 PDF 文件。

当输出文件定义而且配置好之后，用户即可以直接单击输出，直接输出相应文件。

制造加工文件的发布，是设计项目从设计领域转移到制造领域的关键点。对于一个成功的发布来说，完整而且准确的数据是必不可少的。一个小小的错误，例如错误的数据格式或者缺失了一个文件，都有可能导致错过生产加工的时间或者产品发布的时间。

我们在整个过程中使用的数据取决于我们在设计中的具体角色。当每个人都以各自的角色一起工作时，我们会以不同的方式看待整个事情。PCB 设计包含复杂的流程，如果不引入这些角色，我们就无法谈论敏感数据。

13.4.1　初始数据和 PCB 设计开发

曾经，由于电子系统不像今天那么复杂，同时元器件要简单得多。它们由原理图符号、封装和一些基本参数组成。随着时间的推移，需要更复杂的元器件以及更多的信息和细节来支持高端系统。

至少，应该在每个元器件中包含以下信息：原理图符号、封装、3D 模型、电路仿真（可选）、参数信息、采购和支持文件。此时，共有三个角色：电子工程师、库管理员和 PCB 设计师。表 13-4 为特定角色使用数据。当然，这些不是绝对的，可能会有一些交叉。

表 13-4　责任矩阵

元器件部分	电子工程师	PCB 库管理员	PCB 设计师
原理图符号	X	X	X
封装		X	X
3D 模型		X	X
电路仿真	X		
参数	X	X	X
采购	X		
支持文档	X	X	X

注：X 表示此项工作的责任人。

在整个设计过程中，在某些点使用特定数据。例如，电子工程师使用参数信息来选择设计的主要元器件。选定的元器件将交给库管理员来构建必要的部分。PCB 设计师使用原理图中的元器件将其推到 PCB 布局中。

在设计的关键点，确保包括机械工程师（ME）、采购和质量等团队成员参与，见表 13-5，他们使用特定的数据来履行他们的职责。

表 13-5　扩展的责任矩阵

元器件部分	电子工程师	PCB 库管理员	PCB 设计师	机械工程师	采购专员	质量工程师
原理图符号	X	X	X			
封装		X	X			
3D 模型		X	X	X		
电路仿真	X					
参数	X	X	X			
采购			X		X	
支持文档	X	X	X	X		X

注：X 表示此项工作的责任人。

13.4.2　PCB 输出数据

PCB 设计的输出数据，见表 13-6，通常要输出两个数据包。第一个数据包是制造数据包，其中包括制造 PCB 所需的数据。第二个数据包是组装数据包，用于 PCB 的组装，见表 13-7，这两个数据包最终拥有构建 PCB 设计所需的所有信息。作为一种常见的做法，两个数据包会分开，可以将它们分别发送给多个供应商。通常，没有一个供应商（当然，除非用户完全信任他们）同时获得这两个数据包。在任何情况下都不会出现的文件是原理图。不然，任何人都可以复制用户的设计。

了解制造和组装的具体需求会派上用场，有多种输出数据格式可供选择。这里提供的是典型的，用户的项目制程可能会有所不同。关于每个条目（item）可以说很多，每个条目都会起到作用。

表 13-6　制板数据

制板数据
文件输出
PCB 图
PCB 制板图
制板输出
Gerber 文件（或其他格式）
NC Drill
ODB + + 文件
测试点报告

13.4.3　组装文件

表 13-7 为组装文件，应包括制造厂需要的关键项目，包括钻孔尺寸、PCB图纸、钻孔图、层堆叠、特殊制造需求，例如传输线表（用于受控阻抗线）和详细的制板说明。

表 13-7　组装文件

组装文件
组装图
贴片文件
测试点报告
Gerber 文件（Solder Paste Mask Stencil）
物料清单

组装图指导组装车间。在这份文件中，你应该重视而不是低估它们，不给出具体要求很可能会延迟构建。组装图主要为 BoM 提供准确的信息，否则，错误显著增加。PCB 设计过程中的每一条数据都有它的位置和用途。要知道它们的原因和含义，但前提是我们知道如何使用它们，更重要的是，知道为什么。

286

加工数据文件的生成及 PCB 的制板说明

13.5.1　PCB 的制板说明

当需要对 PCB 进行特性阻抗控制时，可说明各层材料的厚度，或要求生产厂商对特性阻抗进行控制。

PCB 的厚度种类有 1.0mm、1.5mm、1.6mm、2.4mm、3.2mm、4.4mm 等。

对于普通 PCB 厚度通常为 1.6mm。

对于背板厚度通常为 3.2mm（特殊为 2.4mm 或 4.4mm）。

PCB 的铜箔厚度种类有 17.5μm，35μm，70μm，105μm。

对于普通 PCB 内层铜箔厚度通常为 35μm，外层为 17.5μm；对于特殊的PCB 可以用 35μm、70μm。

13.5.2　加工数据文件的生成

当设计师完成 PCB 的设计后，必须生成生产和组装所需的文件。

生成生产所需的文件是 PCB 设计师完成设计后的关键步骤之一。以下是PCB 生产所需的文件列表：

1）Gerber 文件（光绘文件）：是用于 PCB 生产的标准格式文件，包含了各层的电路图案、导线、焊盘、过孔等信息。通常，每个层都会生成一个对应的 Gerber 文件，如顶层（Top Layer）、底层（Bottom Layer）、内层（Inner Layers）等。这些文件描述了 PCB 的布线和电路元件的位置。

2）DRILL 文件（钻孔文件）：包含了 PCB 上的钻孔位置和尺寸信息。它指导制造商在 PCB 上钻孔以安装元件或连接不同层之间的电路。DRILL 文件通常是一个文本文件，其中列出了每个钻孔的坐标、孔径和类型。

在生成 Gerber 文件时，还需要注意以下几个额外的 Gerber 数据文件：

1）阻焊（Solder Mask）Gerber 数据：描述了 PCB 上的阻焊层的图案，用于控制焊盘的覆盖区域，以避免焊接时的短路或误操作。

2）助焊（Solder Paste）Gerber 数据：描述了 PCB 上的助焊层的图案，用于指导焊膏的施加位置和量，以确保元件能够正确焊接到 PCB 上。

3）丝印（Silkscreen）Gerber 数据：描述了 PCB 上的丝印层的图案，包括元件的标识、引脚号码、公司标志等。丝印可以提供元件安装和组装指导。

这些额外的 Gerber 文件通常是根据客户的要求和制造商的要求决定是否提供。在提供这些文件时，需要明确注明各文件的内容和用途，以确保制造商能够正确使用这些文件进行生产和组装。

除了 PCB 生产所需的文件，组装过程中还需要一些额外的文件。以下是组装所需的文件：

BoM（Bill of Materials）：是一个清单，列出了 PCB 上使用的所有元件及其规格、数量和位置信息。BoM 对于组装厂商来说非常重要，可以确保他们获得正确的元件，并按照正确的顺序和位置安装它们。BoM 还可以帮助组装厂商进行材料采购和库存管理。

Pick and Place 文件：是一个文本文件，提供了元件的坐标和方向信息，以指导自动贴片机器在 PCB 上正确放置元件。这些文件通常是以标准格式（如 CSV 或 TXT）提供，并包含元件的标识符或 CAD 工具生成的位号和坐标。

Assembly Drawing（组装图）：是一个图纸，展示了 PCB 的组装要求和元件的安装位置。它通常是从 PCB 设计工具中导出的，包括 PCB 的物理尺寸、元件的布局和相对位置，以及必要的组装指导。组装图对于组装厂商来说是非常重要的参考资料，确保正确的元件安装和连接。

3D 模型文件：一些组装厂商可能要求提供 PCB 的 3D 模型文件。这些文件是 PCB 的三维表示，包括元件、焊盘和机械尺寸等。提供 3D 模型文件可以帮助组装厂商更好地理解 PCB 的整体结构和元件布局，从而更好地安装和组装。

这些文件都是组装过程中必不可少的。它们提供了 PCB 元件、位置和连接的关键信息，确保组装厂商能够按照设计要求正确地组装和连接 PCB。因此，在将 PCB 交付给组装厂商之前，设计师必须准备好这些文件，并确保它们的准确性和完整性。

13.5.3　PCB 加工技术要求

对于多层 PCB，其内层的铜箔之间应满足电气间距爬电距离的要求（污染等级按照 I 级计算）；对于多层 PCB，其导通孔附近的距离（包括内层）应满足电气间距和爬电距离的要求；对于多层 PCB 层间一次侧与二次侧的介质厚度要求≥0.4mm；层间厚度指的是介质厚度（不包括铜箔厚度），见表 13-8，其中 2—3、4—5、6—7、8—9、10—11 间用的是芯板，其他层间用的是半固化片。

裸露的不同电压的焊接端子之间要保证最小 2mm 的安规距离，焊接端子在插入焊接后可能发生倾斜和翘起而导致距离变小。

表 13-8　默认的对称结构及层间介质厚度的设置

层数	厚度	层间介质厚度/mm										
		1—2	2—3	3—4	4—5	5—6	6—7	7—8	8—9	9—10	10—11	11—12
四层板	1.6mm	0.36	0.71	0.36								
四层板	2.0mm	0.36	1.13	0.36								
四层板	2.5mm	0.40	1.53	0.40								
四层板	3.0mm	0.40	1.93	0.40								
六层板	1.6mm	0.24	0.33	0.21	0.33	0.24						
六层板	2.0mm	0.24	0.46	0.36	0.46	0.24						
六层板	2.5mm	0.24	0.71	0.36	0.71	0.24						
六层板	3.0mm	0.24	0.93	0.40	0.93	0.24						
八层板	1.6mm	0.14	0.24	0.14	0.24	0.14	0.24	0.14				
八层板	2.0mm	0.24	0.24	0.24	0.24	0.24	0.24	0.24				
八层板	2.5mm	0.40	0.24	0.36	0.24	0.36	0.24	0.40				
八层板	3.0mm	0.40	0.41	0.36	0.41	0.36	0.41	0.40				
十层板	1.6mm	0.14	0.14	0.14	0.14	0.14	0.14	0.14	0.14	0.14		
十层板	2.0mm	0.24	0.14	0.14	0.14	0.14	0.14	0.24	0.14	0.24		
十层板	2.5mm	0.24	0.14	0.24	0.21	0.24	0.14	0.24	0.14	0.24		
十层板	3.0mm	0.24	0.33	0.24	0.33	0.36	0.33	0.24	0.33	0.24		
十二层板	2.0mm	0.14	0.14	0.14	0.14	0.14	0.14	0.14	0.14	0.14	0.14	0.14
十二层板	2.5mm	0.24	0.14	0.24	0.14	0.24	0.14	0.24	0.14	0.24	0.14	0.24
十二层板	3.0mm	0.24	0.24	0.24	0.24	0.24	0.24	0.24	0.24	0.24	0.24	0.24

为了避免 PCB 扭曲问题，PCB 叠层必须有一个平衡的结构，如图 13-3 所示。为了使板从总厚度的中心线对称，增加冗余层是很好的做法。

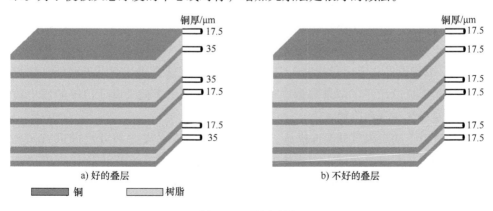

图 13-3　叠层示例

13.6 投板前需处理事项

13.6.1 质量保证评审

布局完成后，设计者应进行自检，并将自检出的问题进行正确处理，并在 PCB 投板流程上经过确认方可进入 PCB 布线设计阶段。

投板前设计者必须进行自检，并将自检出的问题进行正确处理，在处理过程中有不能单独确定的问题时应与相关人员沟通解决。关于自检的相关规定请见自检工作监控办法。

13.6.2 组内质量保证评审

组内质量保证在收到投板流程后，会按照以下步骤进行检查和评审，以确保设计的质量和准确性：

1）设计者自检：首先，质量保证团队会确认设计者是否已进行充分的自检，包括按照设计规范和要求进行检查和验证。如果自检未完成或存在问题，流程将被返回给设计者，并要求其完成相关处理后再次提交流程。

2）使用《PCB 投板评审检查清单》进行评审：组内质量保证团队会使用最新统一发布的《PCB 投板评审检查清单》进行评审。此清单包含了一系列的检查项，用于评估 PCB 的设计质量和符合性。评审过程中会记录评审结果、处理意见等信息。

3）处理意见和返回流程：如果评审结果不通过，质量保证团队将向设计者提供评审意见和建议，并要求其进行相应的修改和改进。设计者需要根据反馈意见进行修正，并再次提交流程。这个迭代的过程会持续进行，直到评审结果通过为止。

4）单板设计评审记录数据库记录：质量保证团队会将评审意见和处理结果同时填入单板设计评审记录数据库中。这个数据库用于记录设计评审的历史数据，以便后续参考和追溯。

通过以上的组内质量保证措施，可以确保设计者在提交 PCB 之前进行充分的自检和修正，以及在评审过程中及时发现和解决潜在的问题。这样可以提高 PCB 设计的质量和准确性，并确保符合预定的规范和要求。同时，评审记录的数据库也可以作为以后类似项目的参考和借鉴，有助于提升设计团队的整体能力和效率。

13.6.3　PCB 制造商 DFM 服务

PCB 制造过程中有很多步骤和流程，用户的合同制造商希望提前确保用户的 PCB 不会有任何可制造性设计（DFM）问题，例如代价高昂的生产中断和浪费的运行。PCBDFM 检查可以由 PCB 制造商执行，以确保用户的 PCB 正确制造，并提高产品的可靠性。

PCB 设计人员往往对制造知之甚少，设计文件中描述的某些要点可能与制造要求不完全兼容。在 DFM 检查过程中，PCB 制造商的 CAM 工程师会检查用户的原始 Gerber 文件是否存在可能的 DFM 问题。如果发现任何问题，PCB 制造商的 CAM 工程师会提供工程问题报告，给出修改建议。当 DFM 问题解决后，PCB 将通过 PCB 制造过程投入制造。

13.7　PCB 投板评审检查清单

PCB 设计清单有利于评审 PCB 的要求。根据 PCB 规格，清单中的参数会有所不同。

PCB 的开发有很多内容，单个元器件的错位可能会导致非预期错误。在进行下一步之前，设计师必须执行特定检查以避免 PCB 迭代。在本文中，将重点关注对构建 PCB 至关重要的多项 PCB 设计检查。如果需要，请打印一份副本，并在设计阶段或在设计阶段之后参考此清单。

13.7.1　机械检查

机械检查是 PCB 设计中的一个重要步骤，用于验证裸板的尺寸和检查各种机械细节。以下是一些常见的机械检查规则：

1）验证裸板的尺寸：确保其符合设计要求和标准。检查长度、宽度和厚度等参数，并与设计规范进行比对。

2）检查钻孔图上的非电镀孔和电镀孔：比对钻孔图上的非电镀孔和电镀孔与设计要求和标准的匹配性。确保非电镀孔和电镀孔的位置、尺寸和数量等都符合要求。

3）安装孔的尺寸和孔到孔尺寸：检查从板边缘到安装孔以及孔到孔之间的尺寸，确保它们符合设计要求和标准。

4）安装孔的默认尺寸和反焊盘：默认的安装孔尺寸应为 3.0mm，一般孔径不应小于 3.0mm。此外，安装孔和非电镀孔应有反焊盘，即清除铜区域。

5）螺钉头尺寸：应比孔直径大 1.0mm，以确保螺钉能够正确安装在安装孔中。

6）检查镀层细节：如厚度和状态（镀层或非镀层）。确保孔是否正确地进行了镀层处理。

7）除不需要的短截线：检查并删除不需要的短截线，以避免干扰信号的传输。

8）检查丝印重叠：检查是否出现任何重叠的丝印，确保丝印的清晰和可读性。

9）验证连接器的位置和布局：通过检查连接器的位置和布局，确保它们与设计要求和标准一致。检查连接器是否正确对齐和安装在板上。

10）通过 3D 视图检查元器件放置和排列：使用 3D 文件，通过在不同方向上旋转和移动光标，检查元器件的放置和排列。确保元器件没有任何冲突或问题。

11）删除不需要的层：检查并删除不需要的层，这些层通常由设计工具自动添加到设计中。

遵循这些规则可以确保 PCB 的机械部分符合设计要求和标准。这些规则应与 PCB 设计工程师密切合作，并使用专业的设计工具和软件进行检查和验证。

13.7.2　钻孔检查

钻孔检查过程旨在发现钻孔层中潜在的可制造性缺陷，见表 13-9，包括 NPTH 和 PTH（通孔、埋孔和盲孔层）并创建。

表 13-9　钻孔检查

钻孔检查	目的
孔尺寸	提供所有 PTH、NPTH 和通孔的列表，所有重要的 NPTH 钻孔
孔分离	报告重复孔、接触孔和闭孔
缺失的孔	报告非阻焊层定义（NSMD）焊盘的缺失钻孔
额外孔	报告不属于任何焊盘的冗余钻孔
电源/接地短路	报告接触多个电源或接地层的大铜网络的钻孔
NPTH 到布线	报告具有工具孔或安装孔属性的钻孔，以及靠近刨槽的 NPTH
残断过孔	报告过孔未连接到至少两个铜层的情况
热连接	报告通孔的散热缺失，并计算通过所有负电源、接地层和混合层的热连接的总铜面积

1）将最新/更新的钻孔图发送给制造商。

2）钻孔图表应该有每种钻孔尺寸的单独钻孔符号，见表13-10。

表 13-10　钻孔表示例

符号	数量	孔径/mm	电镀	公差/mm
□	3	1.1	电镀	± 0.075
○	6	0.75	电镀	± 0.075
◇	94	0.9	电镀	± 0.075
⊠	1	0.9	电镀	± 0.075
✚	58	0.8	电镀	± 0.075
◇	3	1	电镀	± 0.075
☆	4	3.3	非电镀	± 0.05
☆	170	0.6	电镀	± 0.075
☆	4	2.5	非电镀	± 0.05
△	1	0.51	电镀	± 0.075
	总数 344			

3）可以根据通孔和焊盘尺寸调整通孔的公差。通常通过公差设置为 ± 0.05mm。

4）检查所有钻孔是否序列化。

5）验证每个钻孔是否与所需值匹配。

13.7.3　元器件放置检查

1）生成3D文件并检查元器件和连接器方向是否正确。将配合的3D模型连接器放在PCB连接器上，并确保它们正确配合，并且连接器之间有足够的空间。

2）在电源引脚附近放置去耦电容。

3）验证ESD元器件是否靠近连接器放置。

4）包括串联电阻靠近源端的以避免EMI问题。

5）根据数据表指南设计电源系统。

6）尽可能为连接器引脚添加信号名称。

7）检查连接器封装的位置界限是否大于板连接器的配对连接器，有时配合连接器比PCB连接器大。

8）确保模拟和数字电路彼此远离。

13.7.4　布线检查

1）布线完成率应该是100%。

2）走线宽度：帮助用户了解走线的阻抗和载流能力。

3）走线间距：有助于抑制串扰并保持不同信号的受控阻抗。走线间距还取决于铜的厚度，例如，2oz 铜线需要 0.2mm 的走线间距。

4）长度匹配公差：这可确保偏斜在可接受的范围内。

5）布线拓扑：检查关键网络上的布线拓扑，如图 13-4 所示。

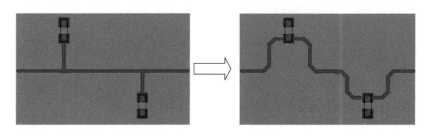

图 13-4　高速 PCB 布线实践

6）过孔数：每个过孔或互连上都存在一定量的损耗和反射，特别是在高速信号的阻抗控制走线上。过孔数应限制在少数，以避免信号失真。背钻是防止高速网络上非常高带宽的传输线中的短截线的合适方法。

7）通过运行 DRC（设计规则检查）检查未布线的网络。

8）良好的布线技巧：

① 保持信号路径短而直接；

② 确保关键信号以正确的宽度、空间和正确的层布线；

③ 隔离时钟线和其他敏感走线以避免串扰；

④ 通过使用交替的水平和垂直走线对相邻层进行布线来避免宽边耦合；

⑤ 以正确的间距完成差分对布线；

⑥ 检查跨分割平面布线的任何走线的重定位；

⑦ 将连接到去耦电容的走线尽可能短。

13.7.5　阻焊层和助焊层检查

阻焊层和助焊层是 PCB 制造中常用的两种覆盖层。进行阻焊层和助焊层的检查是确保 PCB 质量和可靠性的重要步骤。以下是一些常见的检查规则：

（1）检查所有 SMD 元器件是否已定义阻焊层和助焊层

检查所有表面贴装器件（SMD）是否已在设计中定义了相应的阻焊层和助焊层。阻焊层用于保护 PCB，防止短路和氧化，而助焊层则有助于焊接过程中的焊料流动和润湿。

（2）验证通孔元器件是否有阻焊层

对于通孔（PTH）元器件，如插件电阻或插件电容等，确保它们的通孔孔径上有阻焊层。这有助于保护通孔的质量，并防止焊膏和焊料进入通孔。

（3）确保阻焊层桥接的DRC设置为0.2mm（最小0.127mm）

阻焊层桥接是指在焊盘之间形成的阻焊层之间的连接。在设计中，要确保阻焊层桥接的设计规则检查（DRC）设置为0.2mm（最小0.127mm）。这可以避免阻焊层桥接过于接近，导致短路或焊接质量问题。

（4）QFN封装的IC的外露中心焊盘应有小块焊膏

QFN封装的IC具有外露的中心焊盘。为了确保良好的焊接质量，这些中心焊盘应有适量的小块焊膏。这有助于提供足够的焊接面积和润湿。

通过进行阻焊层和助焊层的检查，可以确保PCB上的元器件得到适当的保护和连接，并避免由于焊接问题导致的故障。这有助于提高PCB的可靠性和制造质量。同时，与制造商保持密切的合作和沟通也是确保阻焊层和助焊层的质量的关键。

13.7.6 丝印检查

丝印检查是PCB设计中一个重要的步骤，用于验证丝印印制的准确性和可读性。以下是一些常见的丝印检查规则：

（1）验证序列号/组装号的修订号、日期和空格

验证丝印印制的序列号或组装号是否包含正确的修订号、日期和空格，确保这些信息的准确性和标准化。

（2）检查连接器引脚、功能组和高密度芯片的标签

检查连接器引脚的标签是否清晰可见，并与设计文件一致。同时检查功能组和高密度芯片的标签，确保它们清晰可读。

（3）标明板上的熔断器尺寸和类型

在丝印上标明板上的熔断器的尺寸和类型，以便在组装和维修过程中能够正确选择和更换熔断器。

（4）标记LED、按钮、安装孔和跳线

确保在丝印上标明LED、按钮、安装孔和跳线等元器件的位置和标识，以便在组装和使用过程中能够正确识别和操作。

（5）图例文本的大小和方向

检查所有图例文本的大小，确保它们具有相同的大小，并以一个或两个方向阅读。这有助于提高丝印的可读性和一致性。

（6）检查极化元器件的极性标记

确保所有极化元器件（如电解电容、二极管等）都有明确的极性标记，并且清晰可见。这可以避免在组装过程中插入错误的极化元器件。

（7）确保IC引脚1指示清晰可见

检查所有集成电路（IC）是否有引脚 1 指示，并且清晰可见。这有助于正确识别和安装 IC，并确保其正常工作。

通过进行丝印检查及丝印设置，见表 13-11，可以确保丝印印制的准确性、可读性和一致性。这有助于简化组装过程，减少错误和故障，并提高 PCB 的质量和可靠性。

表 13-11 丝印设置

板类	高度	宽度	线宽
低密度	1.651mm（65mil）	1.143mm（45mil）	0.152mm（6mil）
中密度	0.889mm（35mil）	0.635mm（25mil）	0.127mm（5mil）
高密度	0.635mm（25mil）	0.5588mm（22mil）	0.127mm（5mil）

13.7.7 制板说明检查

制板说明应包括：

1. 制板图

（1）制板的等级（IPC 等级 1/2/3）

（2）分层阻抗细节

（3）阻焊层的颜色（蓝色/绿色）

（4）最小钻孔尺寸和孔环的细节

2. 层堆叠

（1）标记板厚度

（2）铜和介电层厚度

（3）绝缘层、材料名称和厚度

（4）添加关于盲孔和埋孔的说明（通孔数量和层详细信息）

（5）提及有关过孔填充的详细信息，尤其是 BGA 中的盘中孔

（6）基准点（至少 3 个基准点）

堆叠规则：

1）要使用的对称介电厚度；

2）层数不能为奇数，使用偶数层数（如 2、4、6、8）；

3）介电层厚度应大于 0.1mm；

4）偏移周边平面图层边缘，以避免机械损坏电介质，最小为 0.635mm（25mil）；

5）每个芯层两侧的铜重量应相等，如图 13-5 所示；

6）铜分布应在每一层上进行。

除了这些必须拥有的信息，还有其他的细节，以简化制造过程，制板说明

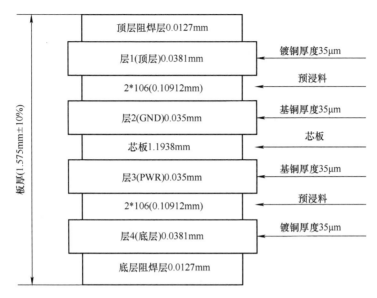

图 13-5　叠层说明示例

注：示意图，非比例。

还可以包括：

1）控制阻抗要求：为了达到预期的控制阻抗，走线厚度、走线宽度、与参考平面的走线距离和介电常数应相应变化。

2）PCB 制造规范。

3）指定 PCB 的主面。

4）PCB 的原材料规格。

5）这些材料应满足所有要求的标准。

6）镀层详细信息。

7）阻焊层及相关规格（颜色、表面成型等）。

① 表面成型：如果没有特别提到表面成型，则在基板默认为 ENIG。

② 金手指：如果金手指是 PCB 结构的一部分，那么它们可以选择在制板图中被提到。

8）所有与钻孔位置相关的关键机械规格书。

① 盘中孔。

② 盲孔埋孔的构造。

9）公差。

① 板厚公差（通常为 ±10%）。

② 蚀刻等级和电镀公差。

13.7.8　生产文件检查

这些文件包括质心文件、物料清单（BoM）、网表文件和 Gerber 文件。执行以下检查以确保生产文件无错误。

1）验证内层的数量以及电源和接地层的位置。

2）检查数控（NC）钻孔文件，该文件参考了有关通孔和钻孔的尺寸和位置的信息。

3）验证贴片文件以准确组装 SMT 元器件和通孔元器件。此文件需要以下信息：

① 元器件参考标识符。

② 元器件质心的 *XY* 坐标。

③ 以度为单位的元器件旋转方向（顺时针旋转表示正值，逆时针旋转表示负值）。

④ 需要放置元器件的 PCB 一侧（顶部或底部）。

4）检查 IPC‐356 网表文件，其中包含引脚编号、网络名称以及起点和终点的 *XY* 坐标。该文件基于 Gerber 和钻孔数据，并以 ASCII 文本格式设置。

5）验证对于在 CAD、CAM 和 PCB 制造之间交换数据至关重要的 ODB + + 文件。

6）创建一个数据包含以下详细信息的 pdf 文档：

① 顶部和底部元器件。

② 生产图纸。

③ 钻孔图。

④ 自述文件，包含 24h 联系信息，任何已知的问题，如预期的开路和短路，以及任何特殊问题，如整板厚度、公差等。

7）请求制造商发送最终的 Gerber 进行批准。这对于可能经历了设计变更的重新下单尤其重要。

13.7.9　BoM 检查

在 PCB 设计和组装过程中，进行 BoM（物料清单）的检查是非常重要的。以下是一些常见的 BoM 检查步骤：

1）检查是否标记了 DNI 元器件：在 BoM 中检查是否标记了 DNI（Do Not Install）元器件，这些元器件在底层元器件制作中通常需要单独列出。这样可以确保制造商知道这些元器件不需要安装。

2）检查物料清单并交付给制造商：仔细检查 BoM 中列出的元器件，并确保准确性和完整性。将用户的批准交付给制造商，以确保他们按照正确的清单和要求进行采购和组装。

3）更新 BoM 文件：确保将更新的、最新的 BoM 文件发送给制造商。有时设计人员在设计过程中进行了变更，但忘记更新 BoM 文件。因此，跟踪并及时通知制造商任何变更是至关重要的。

4）检查过时和缺货的元器件：仔细检查 BoM 中的元器件，确保没有过时或缺货的元器件。如果发现这样的元器件，准备好使用替代品，并及时通知制造商。

通过进行 BoM 检查，可以确保在整个设计和组装过程中使用正确的元器件，并避免延误和问题。同时，与制造商保持密切的沟通和合作也是确保 PCB 质量和交付的关键。

第 **14** 章

可测试性设计（DFT）

14.1 概述

生产一个完整的 PCB 的总成本可以分为几个基本类别：裸 PCB 的制造成本、元器件成本、组装成本和测试成本，其中测试完成板的成本，可占生产产品总成本的 25% ~ 30% 。

可测试性设计（DFT）是通过设计具有最高测试覆盖率的产品和快速隔离制造错误和元器件故障的能力来实现设计盈利能力的一个关键方面。DFT 的主要考虑因素包括在设计中添加测试点、测试接口和 PCB 测试引脚，以及确保设计符合测试要求和标准。通过考虑测试的需求和要求，设计人员可以提前识别和解决制造和测试过程中可能出现的问题，从而减少测试成本和时间，并提高产品的质量和可靠性。

14.2 可测试性设计指南

在选择合同制造商（EMS）时，他们应始终提供 DFT 指南。确保用户得到并阅读每个合同制造商的这些指南。审查来自不同 EMS 的 DFT 指南，可以提供对 EMS 的专业知识、质量和能力水平的洞察力。因此，在决定哪个合同制造商最适合生产组织的产品时，这些指南是一个有用的工具。

14.2.1 可测试性规划

在 PCB 设计的测试点规划中，一般会包括两个阶段：原理图阶段和布局阶段。在原理图阶段，测试点规划的目标是在 PCB 的电路原理图中确定适当的位置和接口来连接测试设备。在布局阶段，测试点规划的目标是将在原理图阶段确定的测试点位置和接口合理布局到 PCB 的布局中。

1. 原理图阶段

在设计过程中，测试点是用来方便测试和验证电路功能的点。测试点的规划应该在原理图阶段进行，以确保在 PCB 布局和布线阶段能够方便地接入测试点。

在原理图阶段，可以通过在电路图中标记出测试点的位置。测试点可以是连接到电路中的关键信号点，例如输入和输出信号，或者是用于测量电压或电流的点。在标记测试点时，还可以考虑添加适当的连接器或引脚，以便在实际测试中能够方便地接入测试设备。

通过在原理图阶段规划测试点，可以更好地考虑测试需求，并确保测试点的位置与电路功能和布局的要求相匹配。这样可以避免在后续的 PCB 布局和布线阶段需要做大幅度的修改或调整，从而提高设计的效率和准确性。

2. 布局阶段

DFT 指南将有助于布局的初步规划。但是，最好是直接联系 EMS，并与测试专长的测试工程师讨论用户的具体需求。测试工程师将能够讨论他们的能力，并让用户知道他们能够提供的不同的测试方法。边界扫描（JTAG）、自动 ICT 测试、X 射线成像（AXI）和视觉检查（手动和机器视觉）的结合将提供最全面的测试覆盖率。它还将让用户获得关于制造过程的即时反馈，以便根据需要快速调整工作流，并可以发现和拒绝有缺陷的元器件。

接下来，应该考虑如何保证成品的质量。用户的应用可能需要或不需要使用可用的全部测试能力，事实上，全部测试可能成本过高。

通过在原理图阶段和布局阶段进行测试点规划，可以确保测试点的合理布局和连接，从而提高 PCB 的测试效率和准确性。

14. 2. 2　ICT

ICT（在线测试）可以检测到制造和组装两方面的许多缺陷。ICT 系统有两种类型，第一种系统利用一个测试夹具，它夹住被测试的印制电路组装（PCBA），并探测各种网络来进行测试；第二种是飞针测试，其中探头由计算机系统控制，以与被测 PCBA 的特定网络进行电接触。

一些可以测试的项目包括短路/开路、缺失的元器件、放置方向错误的元器件，甚至是错误值的元器件，以及其他一些方面。ICT 人员还可以为被测 PCBA 供电，并使用模拟和数字电路以验证正常运行。ICT 系统可以以高容量的吞吐量执行这种测试方案。

14.2.3 ICT 的设计注意事项

对于使用测试探头的测试系统，将会有 DFT 准则来指示测试点的特征。当用户绘制 PCB 的位置和布局时，确保手头有一份 DFT 指南的副本，它将决定最终的组装测试。

ICT 治具将探测 PCB 上的各种特征，以进行测量，并在被测试的 PCBA 上提供电源、激励和测量信号。测试系统可以探测 PCBA 的两边，如图 14-1 所示。但是，将测试点保持在 PCB 的一侧将会降低测试治具的复杂性，从而降低产品的成本和更高的投资回报。

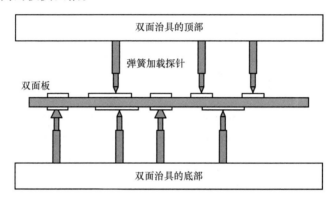

图 14-1　ICT 治具

一旦为 PCBA 开发了测试治具，为了方便对产品变更而对测试治具进行的任何额外修改都将导致额外的成本。这些额外的成本可能会叠加起来。因此，在对 PCBA 进行任何修改时，必须注意不要移动任何现有的测试点位置。PCBA 的许多特征可以用作 ICT 点。有不同类型的弹簧加载探头（大头针），如图 14-2 所示，便于与 PCBA 上的网进行适当的电气连接。

通常可以探测具有突出导线的通孔焊盘，例如突出到板的次侧（底部）的连接器引脚。专用测试焊盘通常用作测试点，如图 14-3 所示。然而，当使用测试夹具时，连接焊接元器件的 SMT 焊盘不能被认为是有效的测试点。

如果应用了 SMT 技术，并且没有可用的通孔作为测试点，则必须将测试点焊盘纳入设计中。ICT 台的几何形状和间距应在执行测试的 EMS 提供的 DFT 指南涵盖的项目中。

DFT 文件将提供的其他相关信息包括测试点之间的间距、到板边缘的间距以及可用作测试点的内容。

用于执行 PCB 布局的 EDA 工具将有一套设计规则来定义什么构成了一个测试点，以及所需的测试覆盖率。通过在布局的规划阶段正确地配置这些规则集

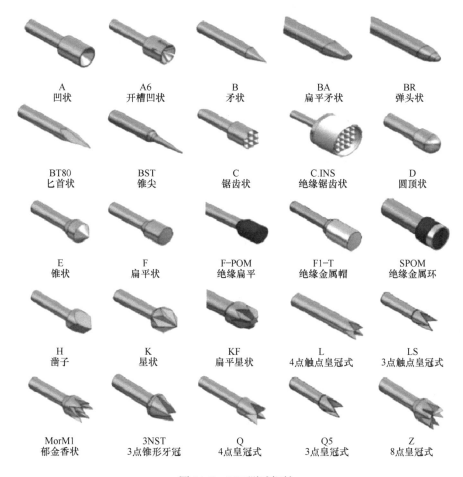

A 凹状	A6 开槽凹状	B 矛状	BA 扁平矛状	BR 弹头状
BT80 匕首状	BST 锥尖	C 锯齿状	C.INS 绝缘锯齿状	D 圆顶状
E 锥状	F 扁平状	F-POM 绝缘扁平	F1-T 绝缘金属帽	SPOM 绝缘金属环
H 凿子	K 星状	KF 扁平星状	L 4点触点皇冠式	LS 3点触点皇冠式
MorM1 郁金香状	3NST 3点锥形牙冠	Q 4点皇冠式	Q5 3点皇冠式	Z 8点皇冠式

图 14-2　ICT 测试探针

（根据 DFT 的指南），生成测试文档将成为一个自动化的过程。

一旦配置了测试点，EDA 工具将自动分配设计中的测试点。一般来说，生成的文档将是一个测试点文件或报告，其中包含每个测试点的坐标。此报告可以以多种文件格式生成，包括 IPC – D – 356A 格式。执行测试或创建夹具的合同制造商可能还需要使用其他文件格式。需要咨询测试合同制造商，以验证生产测试夹具所需要的数据。

14.2.4　飞针测试

飞针测试仪不需要测试夹具，因此将是成本最低的 ICT 解决方案。此外，在 PCBA 上的焊接 SMT 元器件引脚也可以被探测。在评审 EMS 进行 ICT 时，可以谨慎地询问他们是否具有飞针 ICT 能力。这只需要对测试系统进行编程，

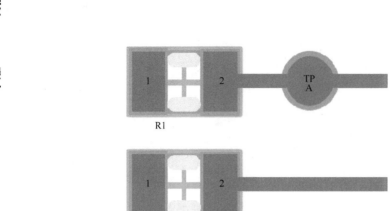

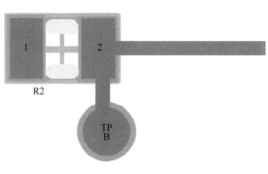

图 14-3　ICT 点

而不需要生产测试夹具的工装成本。此外，对 PCBA 的工程变更（ECO）将不需要避免对测试点的变更，因为新旧 PCBA 件之间的任何差异将只需要编程变更。

14.2.5　PCB 可测性的设计参考

对 PCB 可测性的要求：SMT 的基板测试设计要求比传统元器件的要求更加严格。

其原因如下：

1）被动元器件的体积太小，且无引脚。

2）SMT 的半导体用大量的 1.25mm（甚至更小）的 IC 引脚代替 2.54mm。

3）单位面积内的组装密度增加，使元器件放置得更紧密，且大量地采用两面贴元器件。

4）缺乏可提供测试的途径。SMT 的基板测试不如传统的生产方式那样方便，能自动地在焊接面（Solderside）提供测试。

因此在 PCB 设计未完成之前，应该考虑到可测性（Testability）和可生产性（Productability）。可测性必须在产品发展早期阶段就考虑到。

如依照可测试性的要求，电路将保证其测试性，但偏移了设计参考的指引或没有考虑到可测试性，虽不会妨碍生产，但一定会造成如下情况：

1）增加故障修理的时间。

2）提供不准确的测试结果。

3）测试效率较低或测试应用较差。

4）使用令人不满意的替代方法。

最后的结果是增加生产费用，产生效益较低。但增加的成本不能转嫁到消费者身上，否则组织的竞争力将会衰退。

 PCB 可测性设计

对可测试性的考虑，可分为两个方向讨论：

1. 探测性的考虑（机械）

工具孔是用于定位和安装 PCB 上的元器件或工具的孔洞。具体的工具孔要求如下：

1）直径和公差：工具孔的直径应为 3.175mm，并且公差应为 ±0.05mm。这意味着孔的实际直径可以在 3.170~3.180mm 之间变化，以确保元器件或工具的准确安装。

2）对角线相对：工具孔应该对角线相对，这意味着当两个工具孔放置在一起时，它们的中心点之间应该存在对角线关系。这样可以确保元器件或工具在固定位置上的准确对位。

3）元器件自由面积：工具孔应该包括一个半径为 3.175mm 的元器件自由面积。这是为了确保元器件或工具在安装过程中有足够的空间来进行旋转或移动，以达到最佳安装位置。

4）公差：工具孔直径的公差应为 ±0.075mm。这意味着孔的直径可以在 3.098~3.251mm 之间变化。公差的目的是确保工具孔的尺寸在可接受范围内，以适应不同的制造偏差或工具的尺寸。

工具孔的要求包括直径和公差、对角线相对、元器件自由面积等。这些要求旨在确保元器件或工具正确安装，并提供足够的空间和容错能力。

2. 电气设计的考虑（电气）

在 PCB 设计中，对于元器件的放置也有一些特定的要求和考虑因素：

首先，元器件不应放置在距离板边缘 3.81mm 内。这是为了确保在制造和组装过程中有足够的空间，以避免元器件与板的边缘之间的干涉。此外，离边缘一定距离也可以提供足够的空间来实现 PCB 边缘的加工和固定。

其次，在工具孔周围应该有一个 3.175mm 的间隙，这个间隙不应有元器件和测试点。这是为了确保工具可以准确地放置在工具孔中，而不会与周围的元器件或焊盘发生干涉。这个间隙也可以为工具提供足够的空间来执行相应的操作，如测量、调整或充气。

此外，在进行元器件放置时还需要考虑其他因素。例如，需要考虑元器件之间的间距，以确保足够的空间用于焊接和组装，还需要考虑元器件的方向和位置，以实现电路的正确连接和功能。另外，还需要考虑元器件的热敏感性和位置与其他元器件或元器件之间的电气和热学影响。

元器件的放置在 PCB 设计中也有一些特定的要求。这包括避免将元器件放置在板边缘附近一定距离内，以及在工具孔周围留出一个 3.175mm 的间隙。同时在元器件放置过程中还需要考虑间距、方向、热敏感性和与其他元器件的影响等因素。遵循这些要求可以确保元器件的正确放置和 PCB 的正常运行。

在 PCB 设计中，测试点的设计也有一些特定的要求和考虑因素：

首先，每个节点至少应有一个或最好是两个测试点。这是为了确保在测试电路时可以可靠地连接测试设备。每个节点的测试点都应该能够提供足够的电气接触和信号传输。

其次，每个电源节点至少应有三个测试点，并且对于每增加 0.5A 的电流，至少使用一个额外的测试点。这是为了确保能够准确地测试和监测电源供电能力。通过增加测试点的数量，可以提供更好的电流传输和更准确的测量结果。

地平面测试点应至少有两个测试点，或者每平方英寸一个测试点。地平面测试点的数量的增加可以提供更好的接地连接和信号质量。

另外，元器件或元器件引线不应用作测试点。这是为了避免干扰元器件的正常功能和性能，并确保测试点的稳定性和可靠性。

此外，在设计测试点时还需要避免在任何一个区域使用过高密度的测试探针。高密度的测试探针可能导致测试点之间的短路或干涉，影响测试的准确性和可靠性。

最后，测试点的最小焊盘尺寸应为 0.889mm。这是为了确保测试点的稳定性和可靠性，以及适应常见的测试设备和探针尺寸。

测试点的设计在 PCB 设计中也有一些特定的要求。这包括每个节点至少有一个或最好是两个测试点，每个电源节点至少有三个测试点，地平面测试点应至少有两个测试点或每平方英寸一个测试点。此外，不应使用元器件或元器件引线作为测试点，避免使用过高密度的测试探针。测试点的最小焊盘尺寸应为 0.889mm。遵循这些要求可以确保测试点的质量和可靠性，以及测试过程的准确性。

14.3.1　机械设计的考虑

在下列的第一项参考中，所说明的是影响探针与待测物（Device Under Test，DUT）实际接触的最大可能因素。公差的分析尺寸是单点探针（Spear Head）、探针与安装点（Mounting）之间的最严重情况，有关于 DUT 放置排列上的公差及测试点的直径。

但是，没有考虑统计分析接触上的错误，因为在做任何测试点上的接触错失所形成的公差是不被接受且造成测试无效。

在较大的 PCB 中，下列的公差将比小的基板更不容易控制。

规则一：提供精确的定位孔。

由 DUT 基准至测试点的公差应在 ±0.05mm 内。

定位柱的位置要严格要求，且每个定位柱皆要求减小此项公差，如果基板是整片的制造后再分开，基准孔就必须设定在主板及各块单独的基板上。基准孔至少要两个，要精确的设定在主板上，用以提供生产的精确度及随后的测试与可能的重工（Rework）。如果有空间考虑，则可将基准孔放在可分离的断签上以提供制造的分板工作及 DUT 的测试。在组装元器件、放置基板测试上，一定要采用相同的基准孔以证探针的准确性。至少在 DUT 上放置两个以上的定位孔，距离越远越好，每个孔的公差应在 ±0.05mm，如图 14-4 所示。

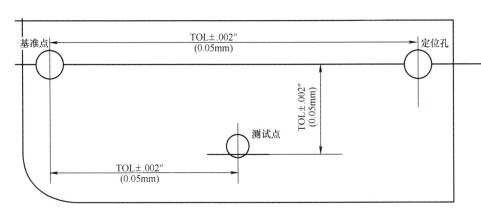

图 14-4　定位的公差示意图

定位孔最好在相对的对角线上，以取得最好的探测精度，同时必须在第一阶段的钻孔作业中执行。定位孔不可以基板的边缘定位，因为基板外形的距离通常是无精确地控制以取得精确的基准。

定位应该至少为 3.1mm 的直径孔，使治具能稳定的维持及校正基板。如果需要用到双面治具的方式时，定位孔必须够长，以穿过治具的压板。

最好采用非金属（不镀锡或金）的定位孔以减少因焊锡的增厚而不能达到的公差要求，喷锡或镀金的贯穿孔是非常难控制的。

规则二：测试点的直径不可小于 0.89/1.00mm，如图 14-5 所示。

采用规则一的公差范围，此为保证探针接触性的最小测点的直径。影响测试点的因素有：定位的精确性、基板制造程序、基板大小的物理性。如采用较小的基板，那用较小的测试点（0.61mm）是可能的，但设计者最好确认一下治具的价格及设计规格的公差。

规则三：DUT 探测侧的元器件高度不可超过 6.4mm。

基板测试侧的高元器件，可以针对治具挖孔。虽然这样可以适用，但特别处理所产生的成本及减少治具强度的损失要考虑，治具挖孔也会限制测度探针的放置性。

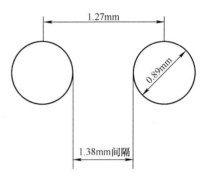

图 14-5　显示焊盘到焊盘最小限度的距离要求

治具孔最好将测试点放在元器件周围 5.0mm 外，以防止偏差。

规则四：在 DUT 边缘 3.2mm 范围内不可放置元器件或测试点。

如此可以保证元器件不会干涉治具及探针。通常在输送带式的生产设备，SMT 设备也同样要求可使用的边缘关系。

规则五：在每个测试点环状周围 0.46mm 内，不可有元器件或其他障碍物。

这是在防止当最坏的公差产生且探针不是使用单尖针头时，会将元器件或测试点短路，这是假设没有超过 6.4mm 高度的元器件。如果有高的元器件在测试点 5.1mm 范围内时，应该避免有放置探针座的空间存在，如图 14-6 及图 14-7所示。

当元器件大于 6.4mm 高度时，测试点的自由空间应进一步扩大。

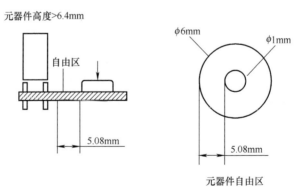

图 14-6　元器件与测试点的位置关系

规则六：元器件面的测试点边缘至少 0.1mm 范围内不能有任何元器件。

这是避免撞击元器件，造成探针或元器件被破坏。

规则七：所有探测范围最好镀锡或是相等且不会氧化的传导物。

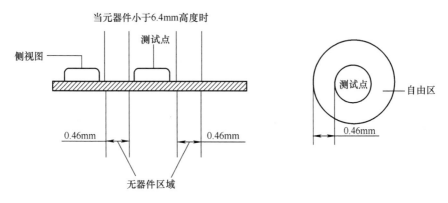

图 14-7 测试点与其他布线的关系

锡点是被证实为最好的探测原料，锡点的氧化物较轻且易贯穿，可以提供好的探测接触，也可帮助延长探针尖端的寿命。

规则八：测试点不可被阻焊或油墨覆盖。

如果测试点被阻焊或文字油墨覆盖，则此区可使用的接触点将被缩小。对采用较大接触头的探针，如锯齿或皇冠状，将妨碍接触，参考图 14-8a 及图 14-8b。

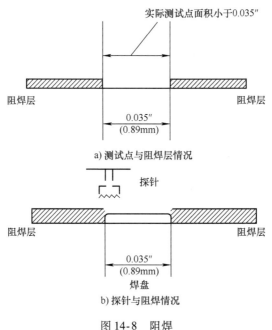

图 14-8 阻焊

规则九：所有贯穿孔，应该被填满（压床式之治具不在此限）。

填满所有的孔，可减少真空式治具空气的外泄，且预防单尖型的探针刺入空的小孔。如不填满这些孔，也会助长探针断续的接触，因为当空气由这些未填满的小孔（过孔）外泄时，探针可能会污损且造成断续的接触。

没有填满的孔在在线测试（ICT）时，需用橡皮垫子或其他替代物覆盖。这样可以保证真空的密封性及治具的操作，这样可能会阻碍治具修改或测试侦错时的测试工作。

如采用回流焊锡方式，在基板的空间允许下，可以依不同需求区分，将通孔用阻焊覆盖上，以锡覆盖测试点。

规则十：在定位孔的环状周围 3.2mm 内，不可有元器件或测试点。这是用以预防从治具上移开或放置基板时，对元器件的损害。

规则十一：避免在元器件或元器件脚上探测，应探测测试点或过孔。

探针接触的压力可能引起开路，或使冷焊接合处变为好的。元器件贴着位置的变化，也可能造成探针目标不准，造成治具引起的短路或探针的损坏。

规则十二：避免在两侧探测，尽可能利用过孔将测试置于同一边（以非元器件侧为佳，即焊接面）。

最好将基板设计成只需用非元器件面测试，如此可使用较简单便宜更可靠的治具，双面治具的制作、故障排除，有许多的限制性困难。

规则十三：探针点间距（中心距离）最好在 2.54mm 以上，最好不要小于 1.27mm。

距离测试点中心较宽的测试点，可以使用较低成本（可信赖的探针）。同时钻孔及治具的绕线费用也较便宜。配合 1.27mm 空间的较小探针较贵、较不可信赖，且易受损。

规则十四：若以通孔为测试点时两面要开阻焊。

以通孔为测试点时，上下两面要开阻焊，测试侧开阻焊是防止油墨覆盖上，另一侧开阻焊则为防止油墨，经由贯穿孔流到测试侧而影响测试。探测的考量见表 14-1。

表 14-1　探测的考量

编号		描　　述	规格
一		提供精确的定位孔（工具孔）	3.1mm
	A	由 DUT 基准至测试点间的公差	0.05mm
	B	在 DUT 放置两个工具孔，两者距离越远越好，且不同边	0.05mm
	C	工具孔的直径公差	±0.05mm
二		测试点的直径	0.89mm/1.00mm
三		在探测侧的所有元器件高度	≤6.4mm
四		在 DUT 的边缘不可有元器件或测试点	3.2mm

（续）

编号	描　述	规格
五	在每个测试点的环状周围不可有元器件及其他遮蔽物	0.46mm
六	在元器件面的测试点，其边缘需与元器件保持距离	1.0mm
七	所有探测的区域应该爆料包覆或等效传导物，表面不可氧化	
八	测试点不可阻焊或被油墨覆盖	
九	所有通孔应填满（真空式治具适用）	
十	在工具孔的环状周围不可有元器件与测试点	3.2mm
十一	探针测试点或引脚，不可在元器件或元器件脚上	
十二	避免在两侧探测，利用引脚将测试点引至另一边（焊接面最佳）	
十三	各测试点间的距离最小不要小于1.27mm	2.54mm以上最佳

14.3.2　电气设计的考虑

除了上述的探测外，如再加上电气的参考，可使可测性更为提高。

规则一：每个电气节点都必须有一个测试点。

节点的定义：指两个或两个以上，模拟或数字元器件的连接点，包括：IC、连接器脚这些不被使用的部分。而测试点也提供所有的 I/O、电源、地及信号（Return Signal）。

每个 IC 也必须有电源及地的测试点，且尽可能接近此元器件。当治具有更多的电源及地时，就可附加一些测试点。一般而言，电源及地最好在距离 IC 2.54mm 范围内。当测试频率超过 5MHz 时，将需要在每个 IC 上放置电源及地，以便取得更佳的电源。

注意：跳线（0Ω 电阻）、熔断器、开关被当作两端元器件，由两个电气节点连接，因此每个接点皆须有测试点。

规则二：不要依赖边缘连接器或电路的走线为测试点。

在边缘连接器的接脚处或电路的走线上探测，会产生差和不可依赖的接触性。金手指也很容易被探针伤害。

最好的途径是采用分离的焊锡式测试点。如必须直接探测走线时，可把要导通点的走线放大到 1mm 宽。

规则三：将测试点均衡地分布在 PCB 上。

如果探针没有均衡的分布在压板上或集中在一区域时，高的压力会使 DUT 或治具变弯曲。如此会造成部分探针不能接触到测试点，结果可能产生真空密封的问题或基板破损。因此要尽量将探针均匀地分布在治具上。

规则四：不要把 IC 的控制线直接以共电阻接于地或 VCC 上。

不要把 IC 的控制线直接以共电阻接于地或 VCC 上是一个重要的设计准则，这是因为这种连接方式可能导致以下问题：

1）信号冲突：如果将多个控制线通过共电阻连接到地或 VCC 上，可能会导致信号之间发生冲突。当其中一个控制线被拉低或拉高时，其他控制线上的信号也会受到干扰，从而可能导致不正确的操作或功能故障。

2）信号失真：共电阻连接可能导致信号失真。由于共电阻的存在，当多个控制线同时使用时，它们之间会存在电压下降或增加的影响。这可能会导致信号的电平不稳定或偏移，从而影响系统的正常功能。

1）在 CPU 的部分，至少有三种主要形态的点要考虑到：

① 外部指令访问引脚（EA）：用于控制 CPU 是否从外部存储器中读取指令。在设计中，EA 引脚应根据需要连接到适当的电平，而不是通过共电阻连接到地或 VCC 上。

② 初始化引脚：用于对 CPU 进行初始化，以确保其正常启动。在设计中，初始化引脚应正确连接到适当的电平，并避免将其直接连接到地或 VCC 上的共电阻。

③ 输出使能引脚：用于控制 CPU 输出的使能。在设计中，应根据需要连接到适当的电平，而不是通过共电阻连接到地或 VCC 上。

通过遵循不将 IC 的控制线直接通过共电阻连接到地或 VCC 上的准则，并正确连接 CPU 的这些关键引脚，可以确保系统的正常运行和可靠性。设计人员应该参考 IC 的规格书和设计指南，并根据具体的应用需求来选择适当的连接方式。

2）在基板设计的时候，可以考虑将控制端开路串接防止噪声的电阻，不要对这些信号线采用共电阻方式，尽可能使用下拉或上拉的电阻隔离。电路测试的考虑见表 14-2。

表 14-2　电路测试的考虑

编号		描　述
一		在每个电路节点都需要有测试点
	A	为每一个节点定义测试点
	B	每个 IC 皆应有电源与地的节点为测试点，且越近越好，一般皆在 2.54mm 以内
二		不需要依赖边缘连接器或电路走线为测试点
	A	此种测试点极容易接触不良且易伤害金手指
	B	最佳方式为采用专用的测试点，将探测的走线扩大为 1mm 以上
三		将测试点均衡地分布在 PCB
四		不要将 IC 的控制线直接以共电阻连接地或 VCC

14.3.3　测试点确定

确定测试点的方法可以根据 PCB 的规模、可测试性要求和设计师的经验来选择。无论选择哪种方法，都应确保测试点的准确性和高效性，以确保 PCB 的可测试性。一般来说，测试点的确定可以采取以下方法：

方法 1：对于 200 个节点或小于 50 元器件的板，最好的技术是在放置元器件布局时为每个节点添加一个测试点或过孔。这将确保完全的可测试性。

方法 2：首先布置 PCB，而不考虑任何可测试性。在进行设计规则检查之前，将放置在方便位置自然发生的测试点。根据一些研究，需要添加的最大测试点数量通常小于 150 个，冗余也很少。

方法 3：使用自动布线工具来确定测试点的位置。自动布线工具可以在布置 PCB 时自动添加测试点，以确保全面的可测试性。这种方法可以节省时间和人力资源，并确保测试点的最佳位置。

方法 4：根据经验和专业知识，在设计阶段时就确定测试点的位置。设计师可以根据 PCB 的布局和要测试的功能来确定最佳的测试点位置。这种方法需要设计师具备一定的经验和技能，但可以确保测试点的准确性和高效性。

方法 5：使用模拟和数字仿真工具来确定测试点的位置。通过在仿真中模拟电路的行为，可以确定哪些节点需要进行测试。这种方法可以帮助设计师快速识别测试点，并确保测试的准确性和有效性。

选择适当的方法来确定测试点需要考虑 PCB 的规模、可测试性要求和设计资源。无论采用哪种方法，都应确保测试点的准确性和高效性，以保证 PCB 的可测试性。

14.3.4　测试点的放置

以下是测试点放置的通用规则：

1）测试点均匀分布于整个 PCBA 上。

2）元器件的引出引脚、测试点、连接器的引出脚及过孔均可作为测试点，但是过孔是最不良的测试点。

3）贴片元器件最好采用测试点作为测试点。

4）布线时每一条网络线都要加上测试点，测试点离元器件尽量远，两个测试点的间距不能太近，中心间距应有 2.54mm；不可选用底层上的贴片元器件的焊盘作为测试点使用。

5）对电源和地应各留 10 个以上的测试点，且均匀分布于整个 PCBA 上，用以减少测试时反向驱动电流对整个 PCBA 上电位的影响，要确保整个 PCBA 上等电位。

6）对带有电池的 PCBA 进行测试时，应使用跨接线，以防止电池周围的短路无法检测。

7）测试点的添加时，支线应该尽量短，如图 14-9 所示。

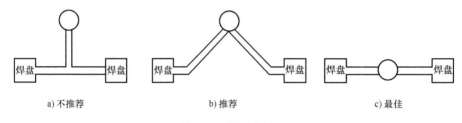

a) 不推荐　　　　　　　　b) 推荐　　　　　　　　c) 最佳

图 14-9　测试点放置

测试点的尺寸选择。测试点有三种尺寸，见表 14-3。测试点参数设置如图 14-10 所示。

表 14-3　测试点参数设置

类型	自由铜	参数		
		焊盘直径	阻焊窗口	孔直径
1	1.2mm	1.2mm	1.4mm	0.6mm
2	1.0mm	1.0mm	1.2mm	0.4mm
		1.2mm	1.2mm	0.6mm
3	0.8mm	0.8mm	1.0mm	0.3mm

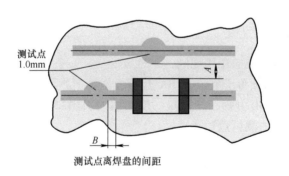

测试点
1.0mm

测试点离焊盘的间距

图 14-10　测试点间距设置

注：$A = 1.0$mm，$B = 0.40$mm。

注：测试点可以是通孔焊盘、表面焊盘、过孔，但过孔必须有可以接触的铜。当使用表面焊盘作为测试点时，应当将测试点尽量放在焊接面。

14.4 ICT 测试针床的设计

14.4.1 测试探针的选用

测试夹具的探针的选用对夹具成本关系最大，探针的质量主要对测试夹具制作中的测试次数及接触是否良好有关。通常 PCB 的探针有很多的规格，探针主要是有三个部分组成的：

1）针管：主要是以铜合金为材料外面镀金。

2）弹簧：主要是琴钢线和弹簧钢外面镀金。

3）针头：主要是工具钢（SK）镀镍或者镀金。

以上三个部分组装成一根探针。另外还有外套管，可以连焊接线。

选用探针主要是根据 PCB 的中心距和被测点的形状而定的，PCB 上所要测试的点与点之间越近，选用探针的外径也就越细。表 14-4 是常用探针外径和相对应的测试点中心距对照。

表 14-4 探针外径与测试点中心距对照

探针外径/mm	测试点中心距/mm	备注
0.15	0.30	
0.26	0.50	
0.31	0.60	
0.38	0.70	
0.42	1.00	
0.48	1.00	
0.58	1.27	
0.68	1.27	
0.72	1.27	
0.95	1.78	
1.0	1.78	
1.37	2.54	

目前最细的探针外径可以做到 0.11mm，另外针头的选择也是很有讲究的，常用的探针头类型主要有以下一些。

探针头部形状适用测试点的形状：

1）尖头：被测点是凸状的平片状或者有氧化现象。

2）伞形头：被测点是孔或者是平片状或凹状。

3）平头：被测点是凸起平片状。

4）内碗口平头：被测点是凸状。

5）皇冠头：被测点是凸状或平片状。

6）九爪头：被测点是平片或者凹状。

7）三针头：被测点是凹状。

8）圆头：被测点是间距较密且凸状或平片状。

实际使用是看用户对测试点的认识和经验，对一个工艺工程师来说，尽量减少探针的种类，用最少的品种解决问题。太多的品种对采购备货及制作都不是很有利，虽然精确的使用可以提高测试的准确率并可以降低成本，但总的来说不利于管理和制作，同时反而提高了制作时间和成本。

14.4.2 测试用板材的选用

测试夹具中所选用的板材一般有亚克力（有机玻璃）、环氧树脂板等。普通的探针孔径大于 1.00mm 的治具，其板材以有机玻璃居多，有机玻璃价格便宜，同时有机玻璃相对较软钻孔时有胀缩探针套管与孔的结合紧密，由于有机玻璃是透明的夹具，出现问题检查十分容易。但是普通的有机玻璃在钻孔时容易发生溶化和断钻头，特别是钻孔孔径小于 0.8mm 时问题很大，一般钻孔孔径小于 1mm 时都采用环氧树脂板材。环氧树脂板材钻孔不容易断钻头，其韧性及刚性都好但价格较贵一些。环氧树脂板没有胀缩所以如果钻孔孔径不精确，则会造成探针套管与孔之间很松动产生晃动。环氧树脂板不透明如果夹具出现问题检查较困难一些，另外有机玻璃温差变形比环氧树脂板大一些，如果测试的密度非常高的需采用环氧树脂板。板材的选用及钻孔的精度对整个测试夹具的精度起关键的作用。

14.4.3 夹具的底座

夹具的底座大部分是用电木或有机玻璃制作的，在测度 PCBA 时，都有 ESD 要求，一般都会选择 ESD 材料，例如：黑色的 FR4、合成石等材料，电木和有机玻璃不属于 ESD 材料。大部分的厂家制作夹具底座时是根据测试板材的大小临时制作的，所以底座的质量及底座的重复使用率不是很好，所以建议统一底座大小及标准，配备几种不同的标准大小，这样在设计选择上会有很大的帮助，不需要反复的去设计夹具的动作部分。夹具的制作要根据实际的情况选用适当的材料，这样可以大幅度的降低成本，同时通用可重复使用的底座也可大幅度的降低成本，并且使治具制作标准化，方便制作，提高夹具的质量。

14.4.4 夹具的箱体选材

绝大多数夹具的底座下有一个用来安装一些 PCBA 的箱体，通常选用制作箱体的材料是电木、有机玻璃和金属类，在箱体这个部分，也同样统一大小及标准，与底座相配合。在市面上会有一些制作好的不同大小的金属箱体，价格比较便宜，在制作上可以省去很多时间。

14.5 总结

由于一个完整的 PCB 的测试阶段占总成本的 30%，全面规划比以往任何时候都更重要。首先是了解制造商的能力，以及保证成品质量所必需的测试范围。一旦计划阶段确定，一个全面的 ICT 测试将允许板完全制造之前检测到一些缺陷。

第15章

可组装性设计

15.1 DFA 定义和概述

可组装性设计（Design for Assembly，DFA）是一种设计方法和原则，旨在产品设计阶段考虑到产品的装配性能，以确保产品在实际生产中具有高度的可组装性和装配效率。DFA 强调通过合理的设计选择和优化来简化产品的装配过程，从而降低制造成本、提高生产效率和产品质量。

DFA 的核心目标是最小化产品的装配时间、减少装配过程中的错误和故障，并降低制造成本。为实现这些目标，DFA 方法涉及以下几个方面：

1）元器件精简：通过减少元器件数量和复杂度来简化产品的结构和组成。简化的产品结构可以降低装配的复杂性，并减少装配所需的时间和劳动力成本。

2）模块化设计：将产品划分为模块，每个模块可以独立设计和组装。模块化设计可以提高组装的灵活性和效率，并使产品更易于维修和升级。

3）元器件标准化：通过减少元器件种类和尺寸的差异，可以简化供应链管理和装配过程。标准化的元器件可以更容易地进行采购和装配，减少出错的可能性。

4）元器件定位和连接优化：通过合理的定位和连接方式，可以实现元器件的精确匹配和快速组装。考虑到定位和连接的优化可以提高装配的精度和效率。

5）防错装配：通过设计防错装配机制，可以减少装配中可能发生的错误和故障。例如，使用易于区分的颜色、形状或标记来帮助操作员正确地组装元器件。

6）自动化装配考虑：考虑到自动化装配的需求，设计可以适应自动化装配设备的元器件形状和结构，提高装配效率和一致性。

通过应用可组装性设计的原则和方法，可以改善产品的装配性能，提高装配效率，降低制造成本，并最大限度地减少装配过程中的错误和故障。这对于各个行业的产品都具有重要意义，特别是在大批量生产和高度竞争的环境中。通过 DFA，企业可以提高产品的竞争力，并提供以用户为中心的良好用户体验。

15.1.1　概述

可组装性设计（DFA）是一个系统的过程，它通过简化产品的设计来降低产品的组装成本。这是通过减少产品设计中的元器件的种类或元器件数量并确保元器件容易组装来实现的，图 15-1 所示旨在获得一个更简单的产品结构和组装系统。

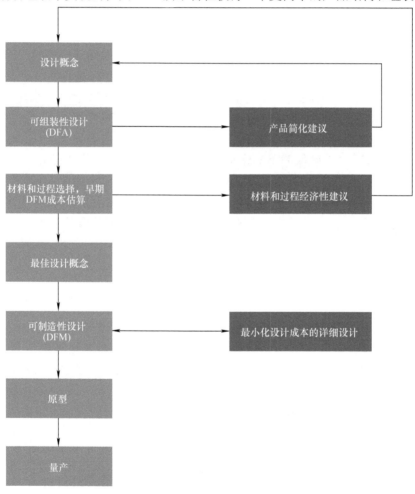

图 15-1　DFA 和 DFM 在 PCB 制造中的作用

可组装性设计包括一种独特的设计方法，该方法考虑了产品的功能以及产品组装过程的成本和效率。设计选择对确保最终产品的质量和可靠性大有帮助。

PCB 预制造和组装 DFA 包括：

首先，检查产品的物料清单（BoM），识别过时和报废元器件。同时，识别不可清洗的元器件和通孔元器件。

其次，确定 BoM 中的元器件号是否与 PCB 上的封装相匹配。

最后，确认各元器件之间是否太接近，并检查组装问题。

15.1.2　PCB 可组装性设计

设计师和生产人员需要对 DFA 有一个非常清晰的了解，以降低元器件采购和元器件放置成本。这是造成 PCBA 组装成本的大部分原因。DFA 方法可以帮助减轻项目交期，并防止可能需要返工或重新设计的组装问题。

DFA 是任何 PCB 制造企业的一个关键考虑因素。当准确地实施时，DFA 的优势是相当大的，如最小化开发成本，缩短开发周期。它还确保了从原型到制造的生产阶段的无缝流动。产品工程团队放弃了大量生产因素的重要性，如元器件的放置和固定装置，而有利于加速设计和开发的时间框架。反之，它可能导致在组装阶段发生返工方面的不可预见的成本，并增加组装时间和成本。这就是为什么 DFA 对于确保 PCBA 组装过程在生产开始前得到优化至关重要。

值得注意的是，原型板组装和生产板组装之间的 DFA 考虑是不同的。原型和批量的 PCBA 组装在每个阶段要求不同的设计技能集和适当的设备为每个阶段。PCB 原型阶段需要关注电路和 PCB 功能的验证，从而导致高质量的 PCB 原型。PCB 生产阶段重视可测试性和生产指南，确保平稳和精确的生产组装。

15.1.3　DFA 的目标

DFA 的目标如下：

1）在 BoM 中选择的元器件是可用的，并且不会过时或即将报废。

2）元器件的制造商元器件号（MPN）必须与 PCB 的封装相匹配。

3）元器件的放置、尺寸和元器件之间的距离与组装制造过程相兼容。

4）阻焊层、助焊层正确，满足生产要求。

5）DNI（Do Not Install）元器件被正确标记和验证。

15.1.4　PCBA 可组装性设计提示

通过以下几点建议，PCBA 组装可以大大简化和提高效率：

1）选择容易获得的元器件，并确认其继续生产。这将排除或减少未来可能出现的生产延迟。

2）实施元器件间距指南。元器件的放置会影响如何组装 PCB，可使用的焊接技术和所需的散热类型。它也可能会影响信号的完整性。

3）坚持元器件制造商对封装的建议。这是为了防止焊盘的不匹配，并确保有准确的标记和识别。

4）遵循在用户的制造商能力范围内的间距和公差，如图 15-2 所示，这确保了可制造性设计。

5）坚持使用留在制造商能力范围内的钻孔的尺寸、间距和公差。这也确保了设计的可制造性。

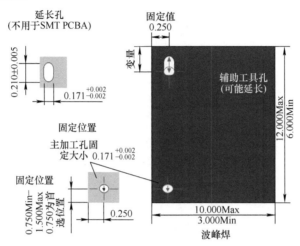

图 15-2　PCB 尺寸规格表

考虑一下 PCB 的工作环境，受显著振动的板需要通孔元器件，因为与 SMD 相比，它们可以更安全地连接。

1）确保使用足够的热释。这保证了良好的焊点质量，并排除了某些焊接问题。

2）采用高效的走线布线技术。走线与焊盘或通孔不一致可能导致焊接连接不足和返工。

3）实施板边指南。板的形状和元器件的放置会在很大程度上影响所使用的拼板化方法。

15.2　DFA 方面

15.2.1　减少和简化

DFA 的一个主要方面是查看任何元器件是否可以与其他元器件组合或消除。只要有可能，确定 PCBA 组装所需的最小元器件数量。决定组装需要什么元器件数量的一种技术是检查此清单：

1）如果该元器件可以使用与其他元器件相同的材料来制造。

2）如果与其他元器件结合时是否会影响易于拆卸，如果与其他元器件结合时是否更容易制造。

当减少 PCB 上的元器件数量时，组装步骤的数量也会按比例减少，如图 15-3 所示。这进而又会减少在组装过程中可能导致的组装错误的数量。

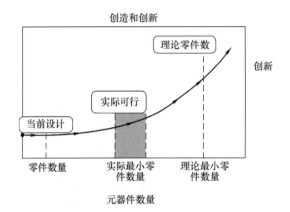

图 15-3　设计中的创新性与元器件数量之间的关系

15.2.2　元器件的标准化

在 PCB 设计中使用标准元器件有许多好处，如减少了开发时间和成本。反之，使用复杂的定制解决方案将提高产品的成本，这是一个基本概念。这甚至在需要进行大批量生产时也可能导致可行性问题。

使用标准元器件有助于简化产品的供应链，并最小化元器件供应问题。使用标准元器件和易于获得的元器件的另一个明显优点是，与设计中的其他元器件相比，它们可以很容易地进行验证。

15.2.3　高效的紧固方法

使用紧固件的 PCBA 组装将推高组装成本。因此，最好减少紧固件在 PCBA 组装中的使用。一种尽量减少其使用的方法是在 PCB 设计中使用表面安装元器件和散热器。

15.2.4　单面或双面 PCB

单面板是指将所有元器件放置在 PCB 的一侧的 PCB。双面板是将所有元器件安装在 PCB 两侧的 PCB，如图 15-4 所示。设计师将必须决定哪一种是更好的制造和组装：

1）一个较小的板，将元器件放置在板的两侧。

2）一个更大的 PCB，元器件只放置在 PCB 的一侧。

组装类型	图例	工艺流程
单面：通孔组装		1. 引脚插入 2. 波峰焊或浸焊 3. 选择性焊接
单面：SMD组装		回流焊 1. 锡膏印刷 2. SMD贴片 3. 回流焊接
双面：SMD器件位于顶面和底面		双面回流焊 1. 锡膏印刷底面　5. 锡膏印刷顶面 2. 点胶(如有必要)　6. SMD贴片 3. SMD报告　　　　7. 回流焊接 4. 回流焊接
双面：通孔器件位于顶面，SMD器件位于底面		回流焊和波峰焊　　　或 1. 通孔插入、折弯　1. 点胶 2. 胶点，第二层SMD　2. 贴片组装+胶水固化 贴片+胶水固话　　3. 手动插入 3. 选择性波峰焊　　4. 选择性波峰焊
双面混装：通孔器件位于顶面或底面，SMD器件位于顶面和底面		回流焊和波峰焊　　　4. SMD组装于顶面 1. 锡膏印刷底面　　5. 胶点或推动弹簧 2. SMD贴片　　　　和通孔插入 3. 回流焊接　　　　6. 选择性波峰焊

图 15-4　单面和双面基板组装

单面 SMT 的工艺流程如图 15-5 所示。对于双面 SMT 元器件，将印制板翻转，重复刚才描述的过程序列。双面 SMT 的组装过程是 SMT 工艺的一个简单的顺序组合，然而，应该计算元器件重量和表面张力，以确定重型元器件是否需要在第二次回流焊前进行额外的强化。

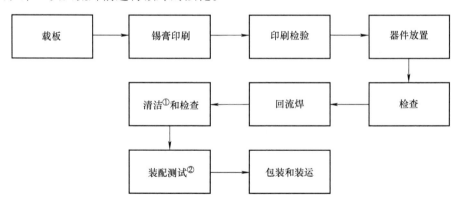

图 15-5　单面 SMT 工艺流程

注：① 需要清洁时　② 测试可能包括功能测试，在线测试，老化以及组装后编程

通孔（Pin – In – Hole，PIH）元器件表面贴装工艺流程如图 15-6 所示。应用黏合剂并放置表面安装元器件。胶黏剂固化后，将印制板倒置以自动或手动插入通孔元器件引脚。焊铅后（如果需要），通孔元器件顶部和表面安装元器件

下面，印制板通常是波峰焊。一个可选的序列是反转初始阶段，即插入（和夹紧）通孔元器件，再连接表面安装元器件，然后波峰焊。最后，可以对元器件进行清洗、检查、必要时进行修理和测试，但不一定按此顺序进行。

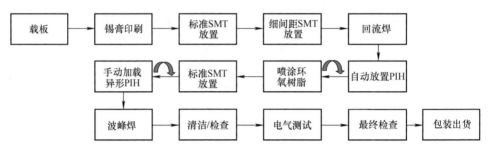

图 15-6　PIH 双面表面贴装工艺流程

15.2.5　PCB 的重新定位和处理

在组装过程中重新定位 PCB 将显著增加组装时间，如图 15-7 所示。在双面 PCB 上，元器件需要安装在 PCB 的两侧。

良好的做法是只使用表面安装元器件的一侧，以促进单一的回流焊接步骤，随后安装带有波峰焊或手动焊接的通孔元器件。

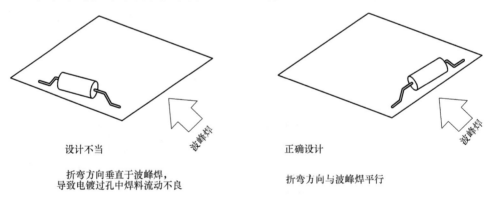

图 15-7　波峰焊的元器件方向

15.2.6　自动化设计

如图 15-8 所示，自动化组装的目的是最小化组装的成本，元器件的库存，并提高组装的质量和可靠性。要为自动组装准备元器件，用户需要使用质量一致的元器件。这些元器件应符合紧密的几何和尺寸公差，以减少由于元器件不匹配而导致的组装缺陷的机会。

324

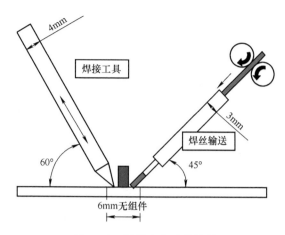

图 15-8　机器人自动焊接站

以下是一些设计师可以结合的步骤，以实现轻松的组装自动化：

1）只要可能，选择连接在一起的元器件（压接配合）。

2）尽量减少在组装中使用的紧固件的数量。相反，请使用自对齐和自定位功能，包括导向柱、凹槽（沉头孔）和倒角。当不能排除紧固件时，请确保在整个设计过程中使用的螺钉头保持一致。

3）在设计过程中选择的每个元器件都应能够承受在组装过程中将施加的力。

4）选择可以轻松导向的元器件将减少周转时间，从而节省成本和时间。这将消除或至少减少在输送到组装线路之前重新定位站的要求。

15.2.7　可测试性设计（DFT）

制造过程中的自动化测试是确保 PCB 质量和性能的重要手段。其中，裸板测试和在线测试（ICT）是两种常见的自动化测试类型，它们都需要使用测试点来进行测试。

1）裸板测试：裸板测试通常在 PCB 制造的早期阶段进行，目的是检测和验证 PCB 的基本功能和质量。测试点通过测试设备与 PCB 上的关键电路节点连接，然后进行电气测试。裸板测试可以检测到裸板上的短路、开路、电阻、电容和电感等问题，以确保 PCBA 在组装前具备良好的基础性能。

2）在线测试（ICT）：是在 PCBA 组装过程中进行的，目的是验证已经组装的电子元件是否正确连接和工作正常。测试点通过测试设备与 PCB 上的元件引脚连接，然后进行电气和功能测试。在线测试可以检测到焊接问题、元件安装不良、短路、开路、逻辑错误等问题，以确保 PCBA 组装后的功能和性能符合要求。

测试点的设计和布局对于自动化测试的有效性至关重要。在设计 PCB 时，需要预留足够数量和合适位置的测试点，以确保测试设备可以准确地连接到 PCB 上的关键节点。测试点的位置应该考虑到易于接触和连接，同时不影响 PCB 的正常运行和布线。有时候，为了满足测试需求，还需要在设计中添加专门的测试点引脚。

通过裸板测试和在线测试（ICT），制造过程中的自动化测试可以及早发现和解决 PCB 的问题，提高生产效率和产品质量。这些测试可以确保 PCBA 在组装前具备良好的基础性能，并验证组装后的 PCB 的连接和功能正常。同时，合理的测试点设计和布局可以提高自动化测试的效率和准确性。

裸板测试是在组装之前完成的，目的是确保所有节点之间具有良好的电气连接。ICT 是组装后功能更强大的测试，以确保元器件正常工作。在这两种情况下，来自测试夹具的探头将与 PCB 上的测试点接触，以便进行测试。

DFT 方法作为一套整体的技术来设计一个 PCB 布局，以可靠、经济和快速地测试完整的 PCB。

在 PCB 的设计和布局过程中，DFT 的实现有 3 个阶段。

1）决定 PCB 上的什么连接需要进行电路在线测试。

2）定义 PCB 配准的机械要求，以及如何分配测试探针接触 PCB 的区域。

3）为夹具制造和测试程序生成必要的数据，以装备测试机械。

PCB 测试分两部分进行，分别在组装前（裸板测试）和组装后（在线测试，或 ICT）。

1. 组装前测试——裸板测试和隔离测试

1）连续性测试：这包括检查开路，这基本上是隔离测试的一个变体。

2）短路测试：这包括检查由于制造或设计错误而引起的任何不需要的电气连接。

裸板测试是使用网络列表生成的，而网络列表又是由设计数据生成的。当用户以 ODB + +数据格式向设计数据发送时，设计文件也将包括一个网络列表。对于 Gerber 设计文件，CAM 团队将使用 Gerber 文件和原理图生成一个网络列表。裸板测试可采用飞针测试或针床测试。

2. 后段测试 – ICT

电路在线测试（ICT）是 PCBA 组装的一种测试，也称为白盒测试。在这种方法中，使用探针来验证 PCB 的开路、短路和电容、电阻和其他参数的值。

传统的 ICT 使用基于治具的测试，也被称为"针床"。每个 PCBA 组装都需要一个定制的 ICT 夹具，包括一组弹簧探针，在所需的测试点与板元器件接触。每个弹簧探针意味着在测试时连接到元器件中的一个节点或测试点。这种方法成本昂贵且耗时，这就是为什么它导致采用飞针测试的原因。

（1）飞针测试

顾名思义，飞针测试是根据测试软件的指示从一个测试点"飞"到另一个测试点。由于不要求一个定制的夹具，这种方法也被称为无固定的在线测试。众所周知，这种方法对于低成本生产的原型具有很高的成本效益。

飞针测试是为裸板测试而开发的，并成了默认的标准。该测试包括检查裸 PCB 上的铜走线特性之间的开路和短路。评估的主要电参数是两个节点或测试点之间的电阻。

飞针测试已经发展到分析电感和电容以及电阻，使它们成为板组装不可或缺的。对 PCB 采用这种测试模式的各种原因如下：

1）在较小的生产运行时具有成本效益。

2）消除了在使用安装在治具上的弹簧探针的测试方法中存在的可访问性问题。与夹具测试相比，飞针测试探针可以访问更小的测试点。此外，虽然测试点需要专门为基于设备的测试而设计，但飞针测试不需要这种成本密集型的措施。

3）飞针测试探针由一个易于修改的软件程序控制，从而易于实现灵活的测试策略。探针着陆位置更容易这样调整。

4）通过自动探测和独立于特殊设计的测试点，通过更好地访问测试点而获得了增强的测试覆盖率。

（2）飞针测试过程

在飞针测试中测试一个 PCB 需要一个飞针测试程序。这个程序通常在 PC 上生成，离线运行，类似于使用 SMT 编程应用程序为贴片机器创建的 SMT 程序。

程序的创建：每个飞针测试都提供了一个在 PC 上运行的测试程序生成应用程序。此应用程序需要 PCB 的 BoM 和 EDA 文件。EDA 为 ODB＋＋格式/IPC－2581 格式/根据设计板所用软件所要求的本地 EDA 设计文件格式。另一方面，BoM 需要采用 Excel 格式。

创建测试程序后，然后将其加载到飞针测试仪中。待测试的 PCBA 组装被放置在输送机上，以便在存在探针的测试区域内移动。

测试程序启动后，探针将根据预加载程序接触焊盘和未阻焊孔，应用测试信号和电源进行测量。

然后在测试仪内处理这些测量，以确定电路部分是否提供在给定公差内的期望值。通过这种方法，飞针测试将检测出单元上的缺陷。飞针测试硬件包括各种类型的传感器、频率计数器、直流和交流电源、信号发生器等。这种仪器用于提供信号来激发节点，并对元器件中的元器件和互连节点进行测量。

飞针测试试图在探针和 PCB 的其余部分之间隔离元器件部分。这种将元器件与板上其他互连的虚拟隔离，可以在 PCB 上精确测量元器件值。

该测试仪还配备了一个摄像头，以帮助自动检查元器件的极性。它还对功能超出飞针测试的集成设备的输入进行二极管阻抗测试。目前可用的大多数飞针测试都能够使用电容探测技术在元器件体下方的 IC 焊盘上进行测量，如 BGA 和 QFN。

（3）飞针测试间距要求

此外，在需要修改电路拓扑的情况下，在组装图上识别测试过孔和图案是有用的。在不移动测试场地的情况下进行变更，避免了对夹具的修改，节省了成本和时间。

在二次侧安装元器件时，应注意避免覆盖指定测试场地的通孔。另外，如果通孔离任何一个元器件太近，在探测过程中可能会导致元器件或夹具损坏（见图 15-9）。

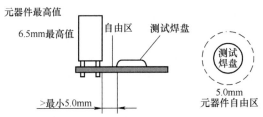

图 15-9　测试探针特性与元器件的距离

15.2.8　防错

防错是一个指防错误的术语。这是一种使用工具、传感器或其他设备来消除或设计出过程中的错误的方法。防错的目的是降低质量差的成本，包括维修、返工、拒收和退货。这些质量差的元器件可以通过加入有效的防错解决方案来根除。

1. 缺陷和工艺变化

缺陷主要是由工艺变化引起的。工艺变化的原因是：

1）工艺不完善。

2）人为错误。

3）设备。

4）不合格材料。

5）工具、夹具和治具。

除了人为错误，可以预见其他过程变化的原因，并通过纠正措施来消除缺陷的原因。防错是指识别过程的变化，并在错误发生之前关闭过程。它意味着在缺陷产品制造/组装之前，通过关注过程而不是质量控制来捕捉错误。

2. 防错系统的类型

防错过程有两种方法：

（1）控制系统

该方法消除了人为错误。这方面的一个例子是四槽偏移工具孔系统，如图15-10所示，这使得生产人员不可能以错误的方式将面板放在机器上。

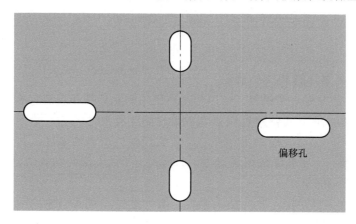

图15-10　防错通过偏移工具

（2）警告系统

当过程自动关闭不可行时，可使用警告系统。这些可以包括视听警告，如灯光和蜂鸣器，它们可以提醒过程操作员异常情况。该方法无法根除人为公差，不如控制系统方法可靠，但在一定程度上是有效的。

3. 何时使用

防错可以应用于任何容易出现人为错误的过程，并且可以应用于制造业中的任何过程。可以从防错中获益的错误包括：

1）过程错误：遗漏的操作或未执行的任务。

2）安装错误：使用了不正确的工具或不正确的机器设置。

3）缺失元器件：当分层或电镀过程中缺失元器件或元器件等。

4）不正确的元器件：在加工过程中使用不正确的元器件。

5）操作错误：流程的实现不正确。

6）测量公差：检验公差或测试公差。

15.2.9　影响组装速度的因素

PCBA组装构成了PCB设计和制造过程的一个重要组成部分。有各种各样的方面都决定了组装过程的速度。考虑到组装过程的速度也会影响制造成本，因此了解影响该组装过程的因素（见图15-11）是至关重要的，以下是几个方面：

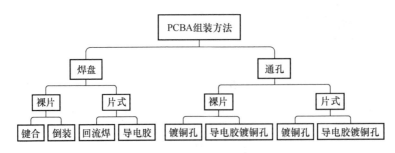

图 15-11　PCBA 组装的安装方法

1. 通孔元器件的 PCBA 组装

PCBA 的组装是一个过程，可以根据所使用的元器件和组装过程来节省或花费大量的成本。SMT 元器件可以自动放置，因为其尺寸均匀，易于自动化，并使用焊膏回流。这个过程对元器件的高效大规模生产非常重要。另一方面，通孔元器件需要一个更复杂的组装过程。下面列出了通孔组装的各个方面：

（1）元器件放置

即使有许多自动化元器件插入系统，但大多数元器件制造商由于元器件数量，更喜欢表面安装元器件。在焊接前，手动插入通孔技术（THT）元器件与使用用于放置表面安装元器件的贴片机器相比是昂贵的，如图 15-12 所示。

（2）自动化焊接

THT 元器件通常通过波峰焊工艺进行焊接。波峰焊是传统的焊接形式，经过多年测试和验证，是可靠的。SMT 元器件不能使用波峰焊工艺进行焊接。这需要使用一个专门的托盘来掩盖不需要暴露于波峰焊中的 SMT 元器件。只有需要焊接的 THT 元器件才会暴露在波峰焊中。

（3）手动焊接

高密度通孔元器件或无法受到阻焊的区域将被手动焊接，这是比自动焊接更昂贵。

2. 不贴装元器件

不贴装（Do Not Install，DNI）元器件是制造商既不会采购，在组装过程中也不会放置在板上的元器件。在 BoM 上被指定为 DNI 的所有元器件都应保存在 BoM 内部。这些元器件可以安装在其他变型板上。

DNI 被标记为涉及较大或较重物体的元器件，如电池等，以尽量减少运输成本。一些客户为其原型 PCB 上的元器件选择 DNI 状态，以测试可能在板位置发挥作用的元器件。

3. PCB 封装创建错误

PCB 封装的创建是 PCB 设计过程中的一个关键部分。如果没有正确地创建封装，用户可能会看到以下问题：

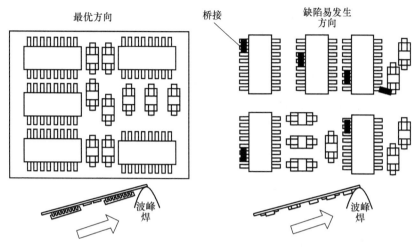

a) 波峰焊施加的元器件方向

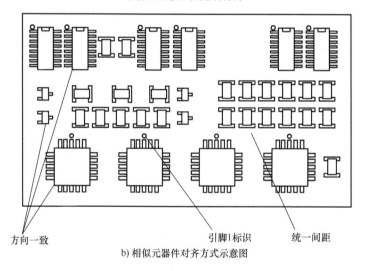

b) 相似元器件对齐方式示意图

图 15-12　元器件放置

（1）焊盘尺寸不正确

小于要求的焊盘可能会导致通孔元器件的断裂问题和 SMT 元器件的焊点不良。大于要求的焊盘可能会占用走线布线所需的空间，甚至会导致 SMT 元器件在焊接过程中浮出位置。

（2）焊盘间距不正确

通孔焊盘在一起太近或距离太远会导致组装过程中插入元器件的问题。SMT焊盘距离太近或距离太远，会导致焊点的形成不足。这将导致可用于焊接过程的元器件引脚的部分不足。

（3）元器件轮廓不正确

如果封装的本体轮廓小于需要的，可能会导致自动化生产线的组装问题。这些错误可以通过手动组装来解决，这将需要额外的时间和成本。较大的本体轮廓错误甚至可能不适合返工，并将被制造商拒绝。

15.2.10　PCB 制板说明

PCB 制板说明通常包括与设计相关的信息，旨在帮助制造商无错误地执行制板过程。具体内容如下：

1）IPC 等级（1 级、2 级、3 级）。

2）层数。

3）整体板厚。

4）应遵循的 IPC 标准。

5）阻焊层颜色。

6）丝印的颜色。

7）分层的阻抗细节。

8）打 X（XOUT）细节。

9）叠层详细信息。

10）钻孔详图（钻孔图）。

11）版本号和日期。

制板说明中提供的所有信息对于帮助制造商生产 PCB 至关重要。这也是未来在 PCB 设计方面的必要参考。

如果 PCB 是为客户设计的，建议在上述步骤后获得客户的批准。

15.2.11　基准标记

基准标记是与光学识别系统的电路光绘在相同的过程中创建的印制光绘特征。基准和电路图案光绘必须在同一步骤蚀刻。

基准点为组装过程中的所有步骤提供了共同的基准点。这使得用于组装的每一件设备都能准确定位电路模式，有两种基准标记。

1. 面板基准和全局基准

全局基准标记用于确定单个印制板上所有电路特征的位置。当以面板形式处理多图像电路时，全局基准称为面板基准（见图 15-13）。

校正偏移量（x 和 y 位置）和旋转偏移量（位置）至少需要两个全局基准标记。这些应该位于对角线对面，并尽可能相距远，在电路或面板上。

校正非线性失真至少需要三个基准标记（缩放、拉伸和扭曲）。这些应该位于一个三角形的位置，在电路或面板上尽可能地分开。

2. 局部基准

局部基准标记用于定位需要更精确放置的单个元器件的位置。至少需要两个局部基准标记来校正平移偏移（x 和 y 位置）和旋转偏移（位置）。这可以是两个对角线相对的标记，位于丝印线框之外（见图15-14）。

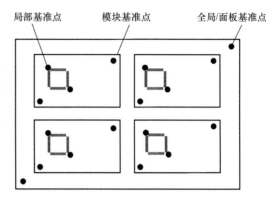

图 15-13　全局/面板基准

在如图15-15所示的三点网格基准系统中定位全局基准或面板基准是良好的设计实践。第一个基准位于（0，0）位置。第二个和第三个基准位于正象限的（0，0）处的X和Y方向。全局基准应位于所有印制板的顶部和底层，包括表面安装和通孔元器件，因为甚至通孔组装系统开始使用视觉配准系统。

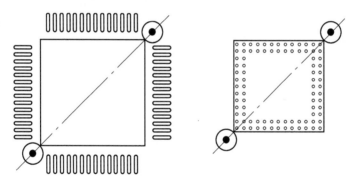

图 15-14　局部基准

所有细螺距元器件都应该有两个局部基准系统设计到元器件焊盘图案中，以确保每次元器件在面板上放置、移除或替换时都有足够的基准。所有基准都应该有一个足够大的阻焊层开口，以保证光学目标完全不含阻焊层。如果阻焊层到达光学靶上，由于靶上的对比度不足，一些视觉配准系统可能会受到影响。

如果空间有限，可以与位置限制内的相邻元器件共享基准（见图15-15）。

基准的大小和形状最佳的基准标记是一个实填充圆。基准标记的首选直径为1.0mm。标志的最大直径为3.0mm。基准标记在同一印制板上的大小差异不应超过25μm。基准标志周围应有一个没有任何其他电路特征或标记的安全间距区域。安全间距区域的最小尺寸应等于标志半径的两倍（见图15-16）。

局部基准为了确保多个表面安装元器件的精确位置，这些元器件不接近

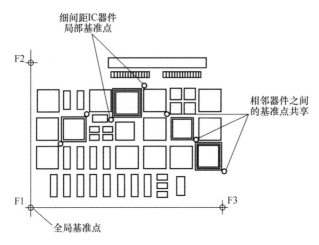

图 15-15 印制板基准位置示意图

"特定局部基准"或"全局基准",额外的"局部基准目标"可以放置在 PCBA 组装的一个或多个区域内,以补偿 PCB 的尺寸稳定性。

基准标志可以是裸铜,裸铜有有机涂层保护或金属电镀。如果使用阻焊层,它不应覆盖基准标记或间距区域。应该注意的是,基准标记表面的过度氧化可能会降低其可读性。

基准点表面的平整度应在 15μm 以内。

边缘间距基准边缘与印制板边缘的距离不应小于 4.75mm 和所需的最小基准间距之和。

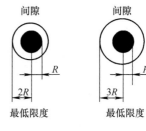

$R=0.5mm-0.75mm$
基准间隙要求

图 15-16 基准尺寸和间距要求

如果少于这个数目,可能需要一个印制板处理夹具。

当基准标记和印制板基材之间存在一致的高对比度时,可获得最佳性能。

所有基准标记的环境必须相同。也就是说,如果在表面层以下一层的基准点下保留实铜平面,所有基准点必须保持统一的环境。如果铜在一个基准下是透明的,那么所有的基准标记都必须是透明的。

15.3 DFA 要求

有各种要求,以确保正在生产的 PCBA 组装是可组装的设计。这可以从设计文件的正确格式到在组装前检查元器件的可用性。它还可以包括组装所遵循的元器件间距和其他一些设计实践。

15.3.1 组装的首选文件格式

设计文件是设计者和制造商之间的主要沟通渠道。最初，Gerber 文件自 1980 年引入以来在行业中很受欢迎。20 世纪 90 年代中期引入智能 ODB + + 格式，遵循 IPC – 2581 标准。以下是各种文件的列表，可以发送给用户的制造商进行制造：

1）Gerber 文件。

2）IPC2581。

3）IPC 网络列表。

4）钻孔文件。

5）物料清单（BoM）。

6）贴片（Pick and Place）文件。

7）生产图。

8）ODB + + 文件（可选）。

1. Gerber 文件

在一个板的布局设计完成并准备好制作后，该设计被转换为一种称为 Gerber 文件的标准格式。这种格式可用于制造商制造 PCB。

2. ODB + + 文件

ODB + + 格式是一种智能格式，有一个单独的 ODB + + 文件甚至目录，其中包含定义板层所需的所有数据。

这种特殊的文件格式为必要的设计数据提供了一个稳定的框架。ODB + + 文件不能确保所提供的数据足以制造设计。但是，它允许设计者组合所有的数据，并实现所需的对可靠性和可制造性的检查。

ODB + + 转换器将输入一个压缩文件（.tgz、tar、.gz、.zip 或 .tar）、一个 ODB + + 归档文件或一个来自电路布局程序的文件目录。通常，ODB + + 文件作为一个扩展名为 gzip 的单个文件发送给制造商，所有所需的文件都存储在此主文件中。

3. ODB + + 的优势

ODB + + 层次结构框架允许程序员和企业进行的不仅仅是转移钻孔数据和标准。它可以在单个文件中为更多的数据腾出空间。

例如，该文件可以包括有关元器件放置，物料清单，材料的数据、叠层，以及尺寸和制造数据。

由于 ODB + + 可以使用大多数 PCB 设计软件访问，如 Expedition、PADS、和 Allegro，它被大多数设计师认为是一种通用的格式。这使得简单和有效的生产板，而没有任何增加的复杂性。CAM、CAD 和 DFM 工具的每个主要供应商都支持这种高度通用的格式。

4. ODB++文件和 Gerber 文件的区别

GerberRS274X 是最流行的 PCB 设计格式。它是一个单独的板文件，包括所有层数据、图纸和焊盘形状，提供一个准确的设计。

与 ODB++文件不同，Gerber 不能定义叠层，也不包括钻孔文件。此外，ODB++还可以包含大量的数据。大多数制造商现在更喜欢 ODB++，因为它有助于减少人为错误。使用 ODB++，PCB 制造商可以消除处理大量低级文件的必要性。

15.3.2 良好的丝印实践

要创建一个好的 PCB 丝印，第一步是使用最佳的尺寸和线宽。当字体大小太小或画得太宽时，它可能看起来更像一个墨水斑点，而不是可读的文本。最终太窄的线宽度可能无法正确地画在板上。

下一个主要的问题是丝印间距到焊盘或其他 PCB 功能。当丝印最终出现在一个焊盘上时，它会变得不可读，更重要的是，它会影响 PCB 的可焊性。大多数 PCB 板制造商使用这些值为最好的丝印（见图 15-17）：

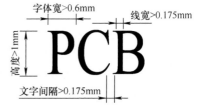

图 15-17　PCB 上的丝印

1）字体大小：最佳结果要求使用 1.27mm 的字体大小。此外，字体大小不应小于 0.635mm。通常，使用三种大小的字体：大 1.27/1.27/0.203，中 0.889/0.635/0.1778 和小 0.635/0.559/0.127（文本高度、文本宽度、线宽度，单位为毫米），如图 15-17 所示。

2）线宽：字体的线宽不应小于 0.127mm。虽然较宽的线宽可以使用较大的字体，但元器件号和其他用户信息应该使用较小的字体。这些标记可以包括参考标识符、引脚号和极性标记。

3）间距：丝印应放置在距离 PCB 焊盘和其他功能最小 0.127mm 的距离。

参考标识符应靠近其元器件并旋转以易于阅读。除非另有要求，否则指示器只应采用 90°的旋转。

丝印元素应该是一次性可读的板上，而不旋转板太多次。同样重要的是，确保关键的丝印信息不被放置的元器件覆盖。当丝印标记被元器件覆盖时，技术人员和检查员很难定位引脚标记或元器件。

15.3.3 元器件间距

SMD 元器件间距见表 15-1，根据间距指南的元器件放置对于创建满足性能预期的 PCB 至关重要。例如，旁路电容应与其相关设备足够近，以提供一个瞬时的电力存储，并最小化它们之间的寄生电感。必须实现信号路径，以提供引脚之间尽可能短的距离（在高速信号板中尤其重要）。元器件的放置还必须确保关键布线不跨越拆分电源平面，从而防止返回路径的丢失。

表 15-1　SMD 元器件间距　　　　　　　　　　（单位：mm）

封装尺寸	0603	0805	1206	≥1206	SOT 封装	钽电容	钽电容	SOIC	通孔
0603		1.27	1.27	1.27	1.52	1.52	2.54	2.54	1.27
0805	1.27		1.27	1.27	1.52	1.52	2.54	2.54	1.27
1206	1.27	1.27		1.27	1.52	1.52	2.54	2.54	1.27
≥1206	1.27	1.27	1.27		1.52	1.52	2.54	2.54	1.27
SOT 封装	1.52	1.52	1.52	1.52		1.52	2.54	2.54	1.27
钽电容 3216、3528	1.52	1.52	1.52	1.52	1.52		2.54	2.54	1.27
钽电容 6032、7343	2.54	2.54	2.54	2.54	2.54	2.54		2.54	1.27
SOIC	2.54	2.54	2.54	2.54	2.54	2.54	2.54		1.27
通孔	1.27	1.27	1.27	1.27	1.27	1.27	1.27	1.27	

如果由于性能原因，元器件放置得太近，可能会影响制造商制造板的能力。这可能会导致额外的时间和成本费用，甚至是重新设计。为了防止此类问题，可以实现一些元器件间距指南，以帮助确保 PCBA 组装的成功。

1. 元器件间的间距

如图 15-18 所示，每个元器件封装的图案设计和间距将影响 PCBA 的综合可靠性和进度要求，以及 PCB 的可修复性。板上的元器件之间有足够的间距可以防止可能的故障，如焊膏桥接，同时更容易手工焊接或返工。虽然更大的间距更容易组装，但一些应用需要紧密的间距来完成较小的形状系数。

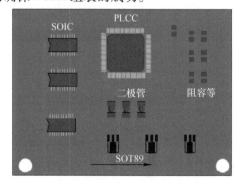

图 15-18　PCB 上元器件的推荐布局

在一些特殊的情况下，需要特别注意敏感的元器件封装，比如更大的 QFP/QFN、POP 或 BGA。

如图 15-19 所示，最好是放置 IC 插座尽可能远离敏感的元器件封装。这是必要的，因为反复插拔电路插座可能会对附近的焊点施加不必要的应力。

避免将敏感元器件封装放置在 PCB 的中心，因为在该板区域最大强度的弯曲和扭曲会导致连接断裂。

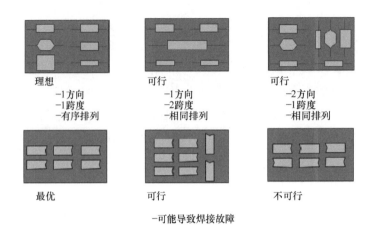

理想
  -1方向
  -1跨度
  -有序排列

可行
  -1方向
  -2跨度
  -相同排列

可行
  -2方向
  -1跨度
  -相同排列

最优

可行

不可行

-可能导致焊接故障

图 15-19　可接受和不可接受的 PCBA 组装放置

建议只在 PCB 的一侧放置 BGA 和其他无引脚封装。如果不能避免将这些元器件放置在板的两侧，那么它们不应该背靠背地放置在板上，应尽可能的错开放置在板的两侧。反之，这可能会使 x 光检查和返工复杂化。

在 PCBA 组装过程中，有些元件的放置是可接受的，而另一些元件的放置则是不可接受的，如图 15-20 所示。以下是一些常见的可接受和不可接受的元件放置情况的示例。

2. 可接受的元件放置情况

1）元件正确放置：元件应按照正确的方向和位置放置在 PCB 上，以确保其连接正确且与其他元件相互作用良好。元件的引脚或焊盘应与 PCB 的相应位置对齐。

2）元件与 PCB 有适当的间距：元件之间和元件与 PCB 之间应保留适当的间距，以确保它们之间没有短路或干扰。这个间距可以根据元件的尺寸和特性来确定。

3）元件与机械结构无冲突：放置的元件应与 PCB 的机械结构（如插槽、固定螺钉等）无冲突。这样可以确保组装后的 PCB 能够正确安装到设备或外壳中。

3. 不可接受的元件放置情况

1）元件放置错误：如果元件放置错误，即方向或位置不正确，可能会导致连接错误或功能故障。此时，组装过程应检测并纠正这些错误。

2）元件之间过近：如果元件之间的间距太近，可能会导致短路或干扰。在这种情况下，组装过程应进行调整，以确保适当的间距。

3）元件与机械结构冲突：如果放置的元件与 PCB 的机械结构冲突，可能会导致无法正确安装或损坏元件。此时，组装过程应调整元件的位置或 PCB 的机械结构，以解决冲突。

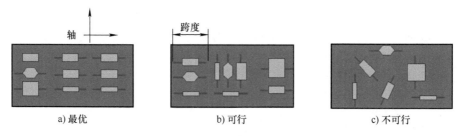

a) 最优   b) 可行   c) 不可行

图 15-20　可接受和不可接受的 PCBA 组装放置

4. 元器件到边缘间距

如图 15-21 所示，从板上给定元器件到板边缘的距离。这个因素对于 PCBA 组装完成后的单板化过程至关重要。在单板化过程中，靠近板边缘的元器件将受到可能影响焊点的应力。

通常的做法是增加辅助板侧的元器件到板的边缘间距。这是因为在施焊过程中使用了压紧夹具，以防止在使用施焊膏时 PCB 移动。该区域的表面安装元器件可能会被夹子堵塞，并留下不充分的焊膏。另一种可能性是，SMT 元器件可能会被损坏。

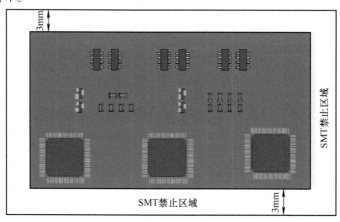

图 15-21　PCBA 的元器件到边缘的间距

值得注意的是，自动化组装过程和手动组装过程的间距是不同的。这是因为手动组装允许元器件放置在更靠近板的边缘，因为它们可以安装后回流和单板化。

铜的走线也可以更接近 PCB 的边缘。铜的走线和手动安装的元器件都需要距离板的边缘至少 10mm，以允许阻焊层间距和防止焊盘侵占。

某些设计要求在板的边缘镀铜，这被称为铸造孔。这样的设计将需要额外的成本和前置时间来实现所需的镀铜。

5. 通孔间距

PCB 通孔和通孔元器件都需要元器件到孔的间距。该要求确定元器件焊盘/本体与两种孔类型之间的最小间距。这样的间距包括两个特定的参数，必须满足，以实现一个高质量的组装：

1）元器件到孔壁：从 PCB 实际孔边缘到焊盘边缘测量。

2）元器件到孔环：从孔的孔环边缘到焊盘边缘测量。

15.3.4　元器件界位

最大元器件边界是指元器件的最外层边界以及包的边缘和引脚。最小布局界位围绕本体和基本焊盘确定，如图 15-22 所示。

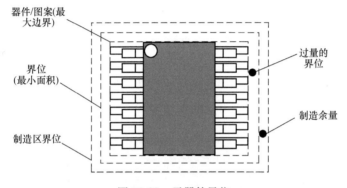

图 15-22　元器件界位

最外层的区域是制造区界位，作为其他元器件、板边和硬件的间距。该区域还为返工提供了空间。

1）除非另有规定，否则间距为 0.25mm。

2）BGA 元器件需要一个 1.0mm 的间距。

3）小于 0603 封装的元器件需要有 0.15mm 的间距。

4）连接器、晶体和罐装电容需要包括 0.5mm 的间距，以及与连接器配合所需的间距。

15.3.5　元器件可用性

在设计 PCB 时，设计者将现有的元器件视为虚拟实体，这使得它很容易忽略其实际物理可用性的重要性。有时，数据库中可能包含不再可用的元器件，从而导致 PCBA 组装和原型设计过程中出现重大问题。也有可能在生产开始之前，一个关键元器件到达其生命周期的结束。这些问题可能会影响设计和制造计划，但这些问题可以通过根据设计阶段的可用性优化元器件选择来避免，见

表 15-2。

表 15-2　产品状态类别

产品状态	类别描述
预发布	此产品的原型/实验产品可供出售，但尚未量产。正式量产前，该产品在工程验证流程中可能会有变更
正在供货	此产品已上市，且可供购买。可提供某些产品的较新替代品
不推荐用于新设计	为支持现有客户，该产品仍然在生产中。产品页面可能保留有相关的配套资料、软件和工具，但是原厂对此产品不提供或仅提供有限的设计支持
最后期限采购	此产品处于停产状态。客户仍可通过联系原厂销售代表或授权经销商购买有限数量产品。请查看原厂的过时策略，了解提交最终订单和接收最终出货的详细信息
已停产	此产品不再投入生产

元器件的生命周期，如图 15-23 所示，包括以下几个阶段：

预发布（Pre – release）：在这个阶段，元器件可能还没有正式发布或供货。通常情况下，只有少数供应商或合作伙伴可以获得这些元件进行评估和测试。

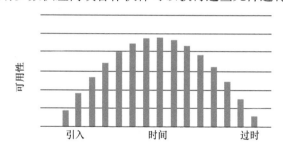

图 15-23　元器件生命周期

正在供货（In production）：在这个阶段，元器件正在正常供货，并且供应商可以满足市场的需求。这是元器件的主要使用阶段，可广泛应用于新设计和现有产品。

不推荐用于新设计（Not recommended for new design）：在这个阶段，供应商建议不再将该元件用于新的设计。原因可能是因为元件存在一些问题，或者供应商计划逐步停产该元件。

最后期限采购（Last – time buy）：在这个阶段，供应商通常宣布元件即将停产，并提供最后的采购机会。客户可以通过最后期限采购来获取足够的元件库存，以满足未来的需求。

已停产（Obsolete）：在这个阶段，元件已经完全停产，供应商不再供应该元件。客户需要寻找替代元件或重新设计他们的产品。

这个生命周期图可以帮助设计工程师和采购人员了解元器件的状态和可用性，以制定合适的决策。例如，在元器件进入不推荐用于新设计阶段之前，设计工程师可能需要重新评估他们的设计，并寻找替代元件。在元器件进入最后期限采购阶段之前，采购人员可能需要制定采购计划，以确保足够的库存满足未来的需求。

需要注意的是，不同的元器件在不同的时间点可能会处于不同的阶段，这取决于供应商和市场的情况。因此，跟踪元器件生命周期是重要的，以确保供应链的稳定性和产品的可持续性。

1. 分配

元器件生命周期分配是指由于对电子元器件的需求超过生产能力而导致元器件短缺。分配的元器件交货期不清楚，且大多出现延迟。由于汽车电子产品和增加物联网的设备的增加，元器件短缺变得更加严重。

当元器件被分配时，供应商将无法从元器件制造商那里获得足够的元器件来满足客户的订单。

元器件分配的后果：

1）制造商和供应商不得接受新订单，包括已严格分配的元器件。

2）客户的订单可能会被部分完成。

3）如果没有关于下一个可用交货日期的信息，交货日期可能会延迟。

这可能导致由于元器件短缺导致 PCBA 价格上涨。其中一个例子是，2017年的订单在 2018 年出现了价格上涨。

2018 年元器件不可用的一个例子是，0805 封装电容基本上是大量不可用。现有的元器件的价格是市场价格的 10 ~ 20 倍。目前，多层陶瓷电容（MLCC）面临着短缺和分配问题。

2. 减轻 PCB 组装可用性问题的五大方法

以下是五种可以减少 PCB 设计和开发中断的方法：

1）在组装 PCB 之前，要不止一次验证元器件的可用性

设计的标准做法是在初始设计阶段选择元器件，或随着设计阶段的进展添加上述元器件。所有这些元器件通常都应该在布局阶段之前进行选择。

如果在选择和订购元器件之间有一段时间，那么最好在将设计文件发送到加工厂之前检查元器件的可用性。这一点很重要，因为一些元器件在订购时可能缺货，所以请确保在发送设计文件时根据元器件的可用性重新检查 BoM。

2）在发送制造文件之前，请选择替代元器件

确保 PCB 的设计和开发不受干扰的一种方法是在用户的物料清单中包括替代品。在最后检查期间通过 BoM 时，请确保在 BoM 中包括可能缺货的元器件的

备用元器件编号。通过这种方式，用户可以在流程的早期节省替代批准的时间。

3）尽可能灵活地使用元器件值

要灵活地使用元器件值，并确保用户的制造商知道。这样，元器件值的微小变化就不会影响用户的设计。

4）考虑进行针对长期制造目标的小规模重新设计

随着时间的推移，具有更大形式因素的元器件封装将被逐步淘汰，这一直是一个持续的趋势。一个很好的开始将是标准化0402大小的被动元器件。

较新的元器件，如射频和电源元器件只能在较小的 BGA 或 QFN 封装。虽然这些较小的元器件可能会带来挑战，但未来可能会看到多家使用这些元器件或较小的元器件。

5）对制板商的工程问题及时回复

这是一种可以防止生产出现重大延迟的基本做法。这将防止制造商猜测用户需要什么元器件，并跟上制造进度。

15.3.6　散热

热管理是一个成功的 PCB 设计的关键。几乎所有的 PCB，无论它是单面的还是多层的，都将使用大面积的金属作为电源平面或地平面。这些平面通常会连接到各种元器件引脚上。在这些情况下，焊接将构成一个挑战，因为大量的金属存在于平面。

当将小 SMT 元器件焊接到大面积的金属上时，焊膏的熔体比另一侧熔得更快。这将导致立碑缺陷，即元器件在一端上升。

将通孔元器件焊接到大面积的金属上可能会导致冷焊点。当将焊接的通孔元器件焊接到大量的金属上时，可能会导致过热。这反过来又可能会导致 PCB 和元器件损坏。

如图 15-24 所示，热释，即辐条可以证明在热释焊盘或热焊盘的形式有用。热焊盘在孔周围的金属中产生小间距，通过小金属辐条连接到平面。通过辐条限制与平面的连接将减少与平面其余部分的热接触。这使得通孔元器件的电源或接地引脚能够以与该元器件的其他引脚相同的速率进行焊

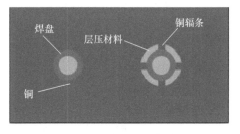

图 15-24　有和没有热释的焊盘

接。下面是一些热释焊盘（见图 15-25）的例子：

1）当将通孔引脚连接到具有大金属面积或金属面积比元器件焊盘宽的电源平面时，使用热释焊盘。

2）当 SMT 元器件直接焊接到大面积的金属上时，在焊膏焊盘和金属区域之间使用热释焊盘。

热释（辐条）是一种用于散热的元件，常用于电子设备和电路板上。它们的形状可以根据不同的应用和散热要求而有所变化，如图 15-26 所示。

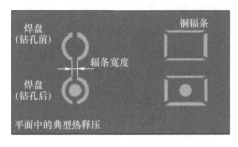

图 15-25　钻孔前后的热释焊盘

图 15-26　不同类型的热释形状

3）将热释焊盘的宽度和辐条计数与引脚的功率传导水平相匹配。例如，如果功率要求一个最小的走线宽度为 1mm，那么辐条加起来应该为 1mm，4 个辐条每个 0.25mm。

4）为了避免辐条连接问题，设置设计软件来识别最小的热释连接。当两个或多个焊盘放置得太近时，热释焊盘中的辐条可能无法正确连接。此外，当在分裂平面中使用或它们所在的金属面积太小时，可能会导致连接问题。

15.3.7　PCB 质量控制方法

PCB 制造过程中的质量是一个渐进的过程，而质量控制过程是其中的一个组成部分。以下是关于 PCB 制造中的质量控制过程。

1. IPC 认证

IPC 的培训和认证，确保了最高水平的制造质量。IPC 标准确保了对各种组装过程的一致和统一的方法。在现场 IPC 培训师的帮助下，每年和两年一次的 IPC 认证可以帮助员工了解当前的行业实践。

2. PCB 专业知识

PCB 故障是 PCBA 中的一个主要问题，例如，PCB 翘曲，如图 15-27 所示。一个文件良好的过程检查是重要的质量保证，以确保使用的 PCB 具有最高质量。其中 PCB 工程专家可以努力处理采购需求，以在一段时间内获得所需的 PCB，这将有助于减少停机时间。

3. 过程控制

PCBA 的逐步过程需要按照 ISO 对质量控制过程、可追溯性和风险管理的要

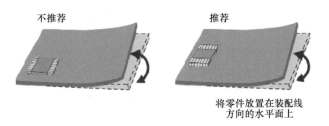

图 15-27 元器件放置，以避免板翘应力

求进行良好的文件记录。制造操作的质量需要通过监测保质期、清洁度标准和焊接温度来进行过程控制。

4. 组装检查

PCBA 期间的多个检查点允许在过程中更好地捕获错误，而不是当它结束时检查。这些检查可以是人工和自动检查的混合，以检测焊点的潜在问题和不正确的元器件放置，如图 15-28 所示。

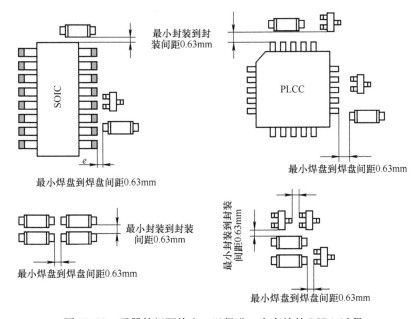

图 15-28 元器件间距检查，以促进一个高效的 PCBA 过程

5. 检验和测试

PCB 制造和组装后，在将产品发送给客户/用户之前，应有详细的检查过程。下一步是测试板，根据设计，制造商将有一个完整的测试计划，需要完整实施。

6. 功能工作区

精密电子制造板需要一个分类和组织的工作场所和更新的设备和流程。应

345

注意组装线的布置情况，以及设备对劳动力的方便程度。

15.3.8　IPC 标准

PCBA 组装需要满足 IPC 的组装和制造标准，以符合适合于设备使用的条件。以下是与板制造 DFA 实践相关的两个 IPC 标准：

1）IPCA600：PCB 的可接受性。

PCB 制造中的 IPCA610 标准涵盖了应该如何处理板，以及硬件/元器件安装的可接受技术，还规定了什么是可接受的焊接和其他几个制造方面的板与通孔和表面安装元器件。

2）IPCA610：电子元器件的可接受性。

IPCA610 是电子 PCBA 组装的标准，它详细说明了在 PCBA 组装中可接受的内容。该标准将电子元器件分为三级：1、2 和 3。

1 级是指不需要高质量制造的低端玩具等产品所需的 PCB。

2 级是指为非关键电子元器件设计更高可靠性的板。

3 级是指从层压板选择和电镀厚度到制造工艺和检验的各个方面都符合 IPC 标准。

3A 此类保留用于军事和空间应用中使用的关键电子元器件。

15.4　常见的 DFA 问题——组装错误

表 15-3 是一些常见的 DFA 问题。

表 15-3　常见的 DFA 问题——组装错误

DFA 问题	描述	可能的解决方案
封装不匹配	BoM 和 CAD 数据封装不匹配，无法组装 PCBA	检查封装数据
安装方向需要确认	丝印中缺少元器件方向标记 丝印标记与实际元器件不匹配 丝印中的引脚 1 标记与实际元器件不匹配 当元器件安装方向不清楚等	确认安装方向
需要进行阴极标记确认	丝印/组装图中的阴极标记缺失或不清晰	进行阴极标记确认
需要确认引脚 1	丝印/组装图中缺少引脚 1 标记	补充引脚 1 标记
需要进行正极端子确认	丝印/组装图纸中缺少正极端子标记 例如，电解电容、钽电容、所有极化电容、元器件，如蜂鸣器	进行正极端子确认

（续）

DFA 问题	描述	可能的解决方案
需要的机械/封装尺寸细节	该元器件无法在 DFA 中验证此数据表	记录封装尺寸
BoM 问题解决方案未完成	在元器件验证期间提出的 BoM 解决方案/问题不会由客户来解决	完成 BoM 问题解决方案
XY 数据（坐标数据）缺失	未从客户处收到 XY 数据	确认客户处的 XY 数据
Gerber 和贴片文件中缺少 BoM 元器件	BoM 中的 MPN 在 CAD 和 XY 数据中不可用	补充 BoM 中的 MPN 在 CAD 和 XY 数据
无极性标记	丝印/组装图中缺少极性标记	标记极性
元器件重叠	元器件本体接触相邻元器件或重叠，限制组装	检查元器件位置
无库存	供应商不提供 BoM 中所需的物料数量	提到来自不同制造商的替代/正确的元器件号，他们有确切的规格的库存（使用说明和截断的 MPN） 提及来自不同制造商的替代元器件号，他们有减少规格的库存（使用说明和截断的 MPN） 自己供应元器件 DNI
缺少层	在 CAD 文件中没有观察到阻焊层	提供阻焊层 提供最新和正确的修订文件，并确认修订版本
丝印或组装图中缺少参考标识符	BoM/XY 数据/CAD 数据文件中缺少参考标识符	提供更新的丝印 提供更新的 XY 数据 提供最新和正确的修订文件，并确认修订版本 DNI
当发生重大变更时，需要重新报价		重新报价
减少库存	供应商无法按物料清单提供所需数量的所需物料	提供来自不同制造商的替代/正确的元器件号，他们有确切的规格的库存（使用说明和截断的 MPN） 自己供应元器件 DNI

（续）

DFA 问题	描述	可能的解决方案
错误的极性标记	在丝印/组装图中发现了错误的极性标记	检查极性标记
备用元器件号	当被动器在市场上不可用时，它们将被与形式、适合和功能相匹配的直接替代品所取代	准备备用元器件
缺少助焊层/阻焊层	在 CAD 文件中没有观察到助焊层/阻焊层	提供助焊层/阻焊层 提供最新和正确的修订文件，并确认修订版本
焊盘缺失	CAD 中的阻焊层和助焊层中缺少焊盘开路	
缺少参考资料	BoM/XY 数据/CAD 数据文件中缺少参考标识符	提供更新的丝印 提供更新的 XY 数据 提供最新和正确的修订文件，并确认修订版本 DNI
备用元器件正在等待 BoM 解决方案	在元器件验证期间提出的 BoM 解决方案/问题不会由客户来解决	验证 BoM 解决方案
元器件编号不完整	NA	完善元器件编号
数量不匹配	工程量清单中提供的项目的参考标识符的数量不匹配	校正数量 更新参考编号 DNI
参考描述与数量不匹配	工程量清单中提供的项目的参考标识符的数量不匹配	提供更新的 XY 数据，提供最新和正确的修订文件，并确认修订版本 DNI
元器件编号和描述不匹配	NA	检查元器件编号
VPN 和 MPN 不匹配	VPN 和 MPN 之间的元器件描述不匹配	提及具有准确规格的替代/正确的元器件号（使用描述和截断的 MPN） 提及具有简化规格的替代元器件编号（使用描述和截断的 MPN）

15.5 常见的 PCBA 组装缺陷

了解组装缺陷及其根本原因可以帮助制造商提高 PCBA 的质量和提高生产产量。最常见的 PCBA 组装缺陷如图 15-29 所示。

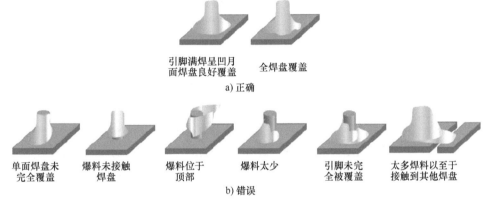

引脚满焊呈凹月　　全焊盘覆盖
面焊盘良好覆盖

a) 正确

单面焊盘未　爆料未接触　爆料位于　爆料太少　引脚未完　太多焊料以至于
完全覆盖　焊盘　顶部　全被覆盖　接触到其他焊盘

b) 错误

图 15-29　焊接缺陷和可接受的焊点

15.5.1 焊点开路

由于元器件引脚和焊盘之间缺乏连接，导致焊点开路，导致接头/连接开路。它也可能导致焊膏出现在焊盘上，而不是在元器件引脚上。

15.5.2 焊点桥接

焊点桥接，即短路，有时被称为焊膏桥接。当焊料连接两个应该分开的导线时，就会发生焊点桥接。这样的短路很难被发现。一个短路就可能导致 PCBA 严重损害，如走线烧毁和元器件或板损坏。焊点桥接原因及预防见表 15-4。

表 15-4　焊点桥接原因及预防

根本原因	预防缺陷（由设计师和生产工程师负责）
不合适或错误的回流剖面（初始斜坡率过陡）	确保正确的回流剖面
焊膏焊盘相对于焊盘之间的间距太大	确保为所需的应用使用适当的焊料金属与助焊剂重量比

（续）

根本原因	预防缺陷（由设计师和生产工程师负责）
由于钢网规格错误，焊盘上的焊料过多	确保焊料沉积的分辨率和质量良好，没有坍落度或涂片
非活跃的焊料，或不够活跃	将钢网孔径尺寸或钢网厚度减小10%，以减少沉积的锡料量
印制过程中钢网和板之间的密封不足	检查钢网孔径与焊盘的配准
钢网和PCB之间的不配准	检查钢网孔径与焊盘的配准
元器件放置不当，或元器件导线与PCB焊盘尺寸之间相关性差	确保元器件放置所需的压力和精度

15.5.3 元器件移位

元器件移位可以定义为元器件与其在PCB上的预期位置的错位，见表15-5。这可能发生在回流过程中，因为元器件漂浮在焊料上和漂移。由于熔融焊料的表面张力，具有许多诸如BGA元器件的PCBA元器件可能从其预期的安装位置漂移。这使得元器件放置成为板组装的一个关键要求。

表15-5 元器件移位原因及预防

根本原因	预防缺陷（由设计师和生产工程师负责）
元器件与焊盘几何形状不匹配导致元器件接近最近的热质量	遵循推荐的PCB设计指南，处理元器件的放置和间距参数
弯曲或畸形的引脚	执行元器件制造商推荐的温度和湿度要求
不对称元器件散热器	重新校准并提高元器件放置机器和工艺的准确性
搬运或输送系统中的过度振动或快速调整	尽量减少由输送机系统或其他处理过程而产生的移动量
焊膏沉积不良，包括位置错误、脱焊盘或焊膏体积不正确	用所需的助焊剂提高元器件或PCB的固焊性
对流率过高	降低对流率
不理想的高加热斜坡率导致助焊剂脱气	降低斜坡率
小的元器件被放置在大的元器件旁边，加热的气体从大元器件的一侧朝向一个较小的元器件	小的元器件从大的元器件旁移开

15.6 影响 PCBA 组装成本的因素

PCBA 组装成本包括不同的方面，从使用的技术到板上有细螺距的元器件的数量。要获得一个具有成本效益的 PCB，将需要考虑到所有这些因素。

1. 周转时间

周转时间是指在提交所需的输入后，完成 PCB 制造和组装过程所需的时间。值得注意的是，组装成本将随着周转时间的变化而变化。成本与组装时间成反比，与传统的组装时间相比，更短的组装时间会使成本上升到 30% 至 200% 之间。加速组装时间可能意味着制造商将不得不停止其他订单，并专注于加速组装。在某些情况下，制造设施可能不得不改变，从而进一步推高组装成本。

2. 采用通孔或表面安装的技术

影响组装成本的一个关键因素是用于组装的技术，如果它是通孔技术（THT）或表面组装技术（SMT）。在某些情况下，THT 和 SMT 同时联合使用，如图 15-30 所示。由于其较低的设置成本、更高的组装密度和更高的自动化程度，SMT 往往比 THT 更具成本效益。在某些情况下，THT 的使用是不可避免的，额外的板钻孔量和减少路线面积将导致更高的组装成本。

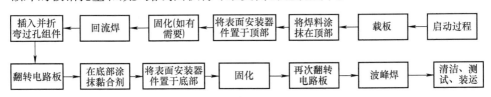

图 15-30　通孔和表面贴焊的工艺流程

3. 元器件封装

由于电子元器件有不同的封装，组装成本也可能取决于元器件的封装。球栅阵列（BGA）和四平无引脚（QFN）元器件具有更高的组装成本。这是因为元器件下面的电气连接需要更高级别的精度来放置元器件。这些元器件还需要通过 X 射线检查来寻找引脚之间的空隙和短路。更传统的封装，如 0603、0805、1206，没有上述与组装相关的更高成本。

4. 板组装成本

PCB 的组装成本取决于各种因素，如初始设置成本、钢网成本和编程。规模经济在这里发挥作用，因为大量的生产运行将降低一次性的设置成本。原型板可能需要为每次运行甚至每个板进行不同的设置，这将增加制造板的成本。

如图 15-31 所示，该基本成本因数可针对其他因素递增。基于此信息，可

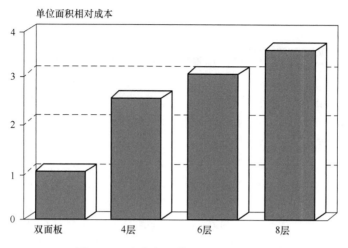

图 15-31 根据板层数进行的成本变化

以确定 PCB 的总体成本因素。将关系拟合到表 15-6 中给出的数据后，基本成本因子具有以下关系：$F_w = 0.33n_L + 0.3$。

这样，可以根据 PCB 的主要设计参数估算 PCB 单位面积的基本成本。此成本估算包括材料、电路蚀刻、层压和电路层检查的成本。额外费用来自钻孔、阻焊油沉积、字符印制和最终 PCB 测试，这些可以分别计算。

表 15-6 层数 (n_L) 对 PCB 成本的影响

层数	成本因子
单面	0.67
两面	1.00
4 层	1.75
6 层	2.25
8 层	3.00
10 层	3.50
12 层	4.25
14 层	5.25

6 层板的厚度为 1.58mm，铜厚为 17.5μm，最小走线宽度为 0.125mm，板上有 600 个孔。确定该板的成本因素。由于层数为 6，因此基本成本因子为 $0.33 \times 6 + 0.3 = 2.28$。应该添加表 15-7 中该因子的增量，最终成本因子变为 $2.28 + 0.1 + 0.05 + 0.1 + 0.05 = 2.58$。该板的单位面积成本是相同材料的简单双面板单位面积成本的 2.58 倍。

表 15-7　PCB 基本成本因子的增量

条件	成本因子累加
厚度≥1.58mm（62mil）	0.1
厚度＞2.34mm（92mil）	0.05
铜厚≥17.5μm（0.5oz）	0.05
铜厚＞35μm（1oz）	0.05
最小走线间距＜0.15mm（6mil）	0.1
最小走线宽度＜0.15mm（6mil）	0.1
500＜孔数≤800	0.05
孔数＞800	0.05
镀金边缘连接器	0.05

　　元器件的数量与组装成本成正比。在板上组装的元器件数量越多，组装的成本就越高。

　　PCB 的成本取决于许多因素，如层数，盲孔、埋孔和层压的数量，以及材料的类型。

　　在当前的市场场景中进行 DFA 实践不仅是有利的，而且对于确保生产的产品以最佳的生产成本满足需求也是至关重要的。有了 DFA 的知识，进行一些战略规划，可以确保在第一时间正确组装 PCB，有助于确保设计通过制造组装缺陷最少且无返工。

参 考 文 献

［1］ WILSON P. The Circuit Designer's Companion ［M］. 3rd ed. Amsterdam：Elsevier Ltd.，
2012.

［2］华为技术有限公司. 印制电路板（PCB）设计规范：Q/DKBA - Y004—1999 ［Z］. 1999.

［3］上海诺基亚贝尔股份有限公司. PCB 设计规范 ［Z］. 2001.

［4］中兴通讯股份有限公司. 印制电路板设计规范；Q/ZX 04. 100. 8—2002 ［Z］. 2002

［5］IPC 刚性印制板委员会（D - 30）IPC - 2221 任务组（D - 31b）IPC - 222X. 印制板通用设
计标准 ［Z］. 2003.